周蓓 主編

『民國專題史』叢書

# 近世革命史綱

楊幼炯 講演 王逢辛 筆述

河南人民出版社

詳細講述自17世紀至20世紀20年代的波詭雲譎的世界革命史。對近世革命史有着提綱挈領的介紹與羅列

**圖書在版編目(CIP)數據**

近世革命史綱 / 楊幼炯講演; 王逢辛筆述. —鄭州 : 河南人民出版社, 2016. 4(2017. 1 重印)
(民國專題史叢書 / 周蓓主編)
ISBN 978-7-215-10100-5

Ⅰ. ①近… Ⅱ. ①楊… ②王… Ⅲ. ①革命史-世界-近代 Ⅳ. ①K101

中國版本圖書館 CIP 數據核字(2016)第 080564 號

---

河南人民出版社出版發行
(地址 : 鄭州市經五路 66 號　郵政編碼 : 450002　電話 : 65788063)
新華書店經銷　河南新華印刷集團有限公司印刷
開本 710 毫米×1000 毫米　1/16　印張 24.5
字數 350 千字
2016 年 4 月第 1 版　2017 年 1 月第 3 次印刷

---

定價 : 160.00 圓

# 出版前言

中國現代學術體系是在晚清西學東漸的大潮中逐步形成的。至民國初建，中央政治權威進一步分散和削弱，加之新文化運動帶給國人思想上的空前解放，新學的啓蒙，新知識分子的産生，民國學術如草長鶯飛，進入一個自由而蓬勃的時代。中國傳統學科乃中國學術之根基與菁華所在，民國學人采用『取今復古，別立新宗』之方法，引入西方的學術觀念，積極改造，使史學、文學等學科向現代學術方向轉型。此外，大力推介西方社會科學的新學科和自然科學，在學習、借鑒乃至移植西方現代學術話語和研究範式的過程中，逐漸建立中國現代學科，使中國的學科門類迅速擴展。一時間，新舊更迭，中西交流，百花齊放，萬壑争流，開創了中國現代學術的源頭。

伴隨知識轉型和研究範式轉换而來的，還有學術著作撰寫方式的創新。中國古代的著作向來以單篇流傳，經後人整理匯編後，方以成册成集的面目出現并持續傳播。直到十九世紀末，東西方的歷史編撰體裁不外乎多卷本的編年體、紀傳體和紀事本末體等，章節體的出現標志着近代西方學術規範的産生和新史學的興起。章節體具有依時間順序，按章節編排；因事立題，分篇綜論；既分門別類，又綜合通貫的特點。以章、節搭建起論述之框架，結構分明，邏輯清晰，較傳統的撰寫體裁容量大、系統性强。它的傳入，使中國現代學術體系從内容到形式被納入了全球化的軌道。民國時期專題史的研究、譯介、編纂、出版恰恰是在這樣的背景下欣欣而發，是學術的實驗場，也是歷史的記録儀。編選『民國專題史』叢書的初衷正是爲了從一個側面展示中國學術從傳統向現代過渡的歷史進程。

專題史是對一個學科歷史的總結，是學科入門的必備和學科研究的基礎，也是對一個時代艱深新鋭問題的解答，是學術研究的高點。民國專題史著作中，既包含通論某一學科全部或一時代（區域、國別）的變化過程的，又囊括對一時代或一問題作特殊研究的，還有少部分是對某一專題的史料進行收集的。原創與翻譯并重，翻譯的底本大多選擇該學科的代表著作或歐美大學普及教本，兼顧權威性和流行性，其中日本學者的論著占據了相當比重。日本與中國同屬東亞儒家文化圈，他們在接納西方學術思想和研究模式時，已作了某種消化與調適，從思維轉換的角度看，更便于中國借鑒和利用，他們的著作因而被時人廣泛引進。

與當代學術研究日趨專業化、專門化、專家化的『窄化』道路迥乎不同的是，中國傳統學術崇尚『學問主通不主專，貴通人不尚專家』的通識型治學門徑，處于過渡轉型期的民國學術在不同程度上保留了這種特徵。民國學術大師諸學科貫通一脉，上千年縱橫捭闔之功力自不待冗言，外交家著倫理政治史、文學家著哲學史、化學家著戰争史等亦不乏其人，民國專題史研究呈現出開放、融通、跨界撰述的特點。與此同時必須看到，自晚清以來，中國的命運就在外侮屢犯、內亂頻仍的窘境中跌宕彷徨，民族存亡仿若命懸一綫。這股以創建學科、總結經驗、解決問題爲指歸的專題史出版風潮背後，包裹着民國學人企望以西學爲工具拯民族于衰微的探索精神，及以學術救亡的愛國之心。梁任公曾言：『史學者，學問之最博大而最切要者也，國民之明鏡也，愛國心之源泉也。』這種位卑未敢忘憂國的歷史使命感和國民意識是今人無法漠視和遺忘的。

『民國專題史』叢書收録的範圍包括現代各個學科，不僅限于人文社會科學，學科分類以《民國總書目》的分科爲標準，計有哲學、宗教、社會、政治、法律、軍事、經濟、文化、藝術、教育、語言文字、中國文學、外國文學、中國歷史、西方史、自然科學、醫學、工業、交通共19個學科門類。本叢書分輯整理出版，內不分科，單本發行，方便讀者按需索驥。既可作爲大專院校圖書館、學術研究機構館藏之必備資源，也可滿足個人研讀或興趣之收藏。

與目前市場已有的一些專題史叢書相比，『民國專題史』叢書具有規模大、學科全、選本精、原版影印的特點。本叢書選目首重作者的首創、權威和著作影響力，尤其注重選本的稀見性。所謂稀見，即建國後没有再版，且多數圖書館没有收藏，或即便有收藏，也是歸于非公開的珍本之列予以保存，普通讀者難以借閲。部分圖書雖有電子版，但作爲學術研究的經典原著讀本，紙質版本更利于記憶和研究之用。本叢書精揀版本最早、品相最佳的原版圖書作爲底本，因而還具有很高的版本收藏價值。

『民國專題史』的著作是民國學者對于那個時代諸問題之探究，往往有獨到之處，無論其資料、觀點短長得失如何，要之在中國現代學術史的構建與發展進程中，自有其開宗立論之地位。

# 近世革命史綱目錄

# 近世革命史綱

## 導言

近代世界史大部分記載着革命的歷史；近世革命運動之爆發，大都由於民族民權及民生三大問題，不能得到適當解決而起，我們雖不能說各國革命運動的爆發，全是由此而起，但總不出這三大範圍之外。本來一種運動之發生，必須經過兩個時期：第一個時期是客觀上雖已具備了該問題存在的條件，而人類主觀上還沒有認識該問題的存在；要等到第二個時期，才由人類主觀的意識，認識了該問題的存在，而發生一種新的運動，革命運動之發生，也自然是不出這兩種範圍。

近三百餘年以來，世界各民族因其生存方法與生存組織之不善而要求改造，於是革命風潮奔赴全世界。十九世紀以後，西歐產業先進國家，因人口增加與生產過剩，不得不向外發展，以求獲得殖民地，於是世界上便形成壓迫民族與被壓迫民族之新形勢，更因之促起世界政局新的變化。所以自拿破崙一世以後，全世界充滿了民族鬥爭的緊張局勢。一方而有民族自强的獨立運動；他方而又有民族慘遭併吞的事實，使民族問題，成為近代世界政治轉變的中心。本來一七八九年八月二十七日法國的人權宣言，開了歐洲政治史上一個新紀元。法國革命本是反對君主專制的民權運動；後來因為外國干涉，一變而為防止外侮的民族運動，後來更變為弱小民族的解放運動；但在他方面又有支配弱小民族的帝國主義發生，奪取弱小民族的統治權，强行佔據領土，劃入勢力範圍。往往帝國主義互相接觸於一地時，因利害的衝突，大則引起戰爭，小則競相干涉殖民地的政治，以掠奪其主權。這種相爭互鬥的局勢，至今猶在不斷的發展之中。自從一九一四年世界大戰以後，又有東西方弱小民族的解放運動。弱小民族因爲忍不住資本帝國主義的政治經濟的掠奪，於忍無可忍耐無可耐中，起而從事解放運動，突飛猛進，所向靡披，已成功的有土耳其，其他如印度朝鮮等還在奮鬥中，成功不過是一個時間問題而已。

各國在國內又有民權與民生兩大問題，糾紛不已。爭民權的運動發生最早，十七世紀英國的爭民權的歷史，是開政治上的新紀元。迨後一七七六年美國的獨立運動與一八三〇年的法國大革命，都是近代政治上最有影響的革命運動，使民主主義的潮流奔放於全世界，而世界政治的改變，又呈新的發展。民權運動雖得了些微的結果，但仍不能解決大多數民衆全部的要求。因爲近代民權運動的結果，祇偏重於資產階級的參政，而大多數勞動階級仍不能享受政治上的利益。加以近代資本主義奇突的發展，勞動者與資本階級的鬥爭日益劇烈。產業先進國勞動者失業的人數，一天一天加多，民生問題更成爲現代最急迫嚴重的問題了。

所以現在民族民權及民生的三大問題，已充滿了全世界的歷史。以前各國有解決了民族問題，而沒有解決民權民生兩大問題的；或有解決了民權問題而沒有解決民生問題的；縱有解決了民族問題或民權問題，而沒有解決民生問題，也是落空。總括的說起來，近代世界政局的紛擾不寧，都是由於這三大問題遞嬗堆下來，至今還不能得到完滿解決的原故。

我國向來因地理的限制，與世隔絕，僻居東亞一隅，獨自發展。自從鴉片戰爭以後，便是西歐帝國主義向長城內封建的老大帝國開始發展，也就是沉睡在長城內老大帝國封建的宗法的政治經濟制度開始大崩潰的時期。帝國主義以強力割佔領土，攘奪富源，投資投貨，實業因之破產；農民失業，流爲兵匪；手工業受外貨的影響，日就衰微，更增加失業的勞動者，中國政治經濟各方面因之混亂。而在他方滿洲政府以一民族宰割中國至二百餘年之久，其間歧視漢族，虐待平民，無所不用其極。加以歷史風俗習慣制度生活各方面缺乏同一的感覺，兩民族的感情，尤難融洽。滿洲政府更以「寧贈朋友不與家奴」之故智隨意斷送國權，喪權辱國已達極點，全國民衆久已不滿，「革命排滿」的口號，遂漸普遍於民間。

所以中國革命之產生，完全是帝國主義的侵略與滿洲政府的宰割之自然的結果，而其勃興，又是以對內的種族革命爲起點的。由對內的民族意識之覺醒，始進而爲對外的反帝國主義的運動。因之，中國革命運動之最初的形成，是極狹義的排滿的種族革命。這種革命的歷程，是由於客觀的環境與主觀的感覺有以造成的。

中國革命思想之發生，最初僅是民族熱烈情感之表現。中國民族向來對於華夷之見最深，本部以外的民族，都一概視爲夷狄蠻荒，非常加以鄙視。滿清以異族入主中夏，自然引起中國民族的反抗，而對內的種族革命，便是由於在滿洲政府專制積威之下，晤中成長的民族熱情之表現。迨後中國民衆由最初種族的自覺，進而爲整個的民族意識之認識，於是中國革命的傾向，對內政治平等之要求；進而爲對外的民族平等之要求。中國革命在此種歷史演進中，遂有偉大的意義。因爲中國革命之路向，雖以種族革命爲起點，但以帝國主義爲掊擊的總目標。十九世紀以來，歐洲各民族爲維持他們自己的生存與抵抗外力的壓迫起見，不得不先謀該民族政治上的統一。所以風靡一時的中歐各國的民族統一運動，立下了近代大民族主義的基礎。這種路向，差不多是近代各國革命普遍的趨勢，中國的革命，又何獨不然。中國革命運動所掊擊的總對象雖是帝國主義，若是國內的封建勢力不肅清，民族的地位不平等，帝國主義的勢力終難推翻。因爲帝國主義與封建制度，是有連鎖關係的，數十年以來，帝國主義以我國封建勢力爲傀儡，而我國歷來的封建勢力又恃帝國主義以生存。加以滿洲政府的宰割政策，使國內各民族不能得到平等的結合，尤不能積聚各民族的勢力，以與帝國主義抵抗。所以中國革命之最初的路向，首先要在國內政治地位的平等，謀民族的統一。更企圖集合國內各民族的勢力，以求到全民族得以獨立自由於世界，使中國在世界上有共同發展的機會，同時更須謀解除帝國主義所加於我國產業界之一切的束縛，求我國民族經濟的力量得以充分的發展，達到經濟平等的地位。綜合言之，中國革命運動之產生，既是由於民族民權及民生三大問題不能得到完滿的解決而起，則中國革命之路向，便是具有解決這三大問題的連結性。

就世界的意義說，中國革命，又自有其偉大的使命。近百年以來，世界各國革命的狂潮，雖普遍於全世界，但缺乏偉大的徹底的理想之支配，常常發生種種矛盾的現象，伏有帝國主義的禍根，因爲各國當時所行的民族革命與政治革命，不是釀成民族間的仇視與嫉妒，便是使全國政治爲資產階級所壟斷，以致達反革命的原則，走歷史錯誤的歸路。中國的革命，自始就在孫中山先生偉大的理想領導之下，不但是有深厚的歷史基礎，而且是適合時代的潮流。中國革命的目標，不是僅僅以求到我國民族之自由與獨立爲滿足，更當求進一步扶助弱小民族的獨立，使世界各弱小民族，都有自決的機會。同時更提倡民族互助的精神，中國的革命運動之成功，又須賴與一切殖民地或半殖民地的被壓迫民族，在反帝國主義的基礎上，共同聯合共同奮鬥，這種弱小民族的革命的聯合戰線，在積極方面言之，可以脫除國際帝國主義的宰割，謀各民族的獨立成功；在消極方面言之，可以促短帝國主義的生命，實現世界大同的理想。

# 近世革命史綱

## 第一篇　民族革命

### 第一章　近世民族革命之發生及其意義

#### 一　民族革命是近世革命史的開篇

自十九世紀以來，近時國際政治舞臺上最流行的是「民族主義」而百年以來的世界政治經濟的變動，有意無意間都是以「民族問題」爲中心。現代資本主義的興起，其必然的結果，自然免不了侵略的帝國主義的產生，帝國主義的國家，因爲資本主義發展的迅速，不得不求殖民地於國外，於是帝國主義的列强，以黃金黑鐵的威力，如狂風怒潮，齊向各弱小民族逼來，而所謂國際殖民地，遂普遍於亞、美、非三洲；在他方面，殖民地及一切被壓迫國家的民族，因受國際帝國主義所剝削侵略的苦況，更日益加增，爲圖民族的生存與獲得民族的獨立自由起見，不得不走向民族解放的道路上去。所以自拿破崙一世後，全世界充滿着民族鬥爭的緊張局勢。一方面有民族自强的獨立運動，他方面又有民族慘遭併吞的事實，使民族問題益逼成爲近世世界政治轉變的中心。一七八九年八月二十七日法國的人權宣言，開了歐洲政治史上一個新紀元。法國革命原是反對君主專制的民權運動後來因為歐洲各國聯合起來，抵抗拿破崙，法蘭西全民族為擁護他們民族流血所得的自由計，都起來援助拿破崙，這時法國民權運動，一變而為防止外侮的民族運動。拿破崙又利用當時的民族運動，在他軍力所及的地方叫各民族共同起來推翻他們的專制帝王。他的宣言，他的使臣，目的都在鼓勵歐洲各民族反抗他們的貴族和地主，藉以減殺各國政府聯合抗法的勢力。當時，拿氏一時雖得漁人之利，但全歐洲的民族運動，遂從此風起雲湧，盛極一時。到了這時，法國民權運動又一變為弱小民族的解放運動。至一八一五年日耳曼聯邦宣告成立，這就是歐洲民族主義最盛的時代。接着，就有一八二七年希臘的自由運動，一八六一年意大利的統一運動，都是受當時民族主義的影響。其他被壓迫的民族，如波蘭、捷克、土耳其、愛爾蘭，都紛紛發生獨立運動，波蘭、捷克、土耳其，都已復國獨立，愛爾蘭雖未獨立，但已得相當的自立。民族主義，在近百年的功用，就在鼓動民族熱烈的情感，作反抗帝國主義的運動，所以民族主義是被壓迫國家政治上的要求，由牠才可以得到國家的獨立與自由。

民族主義的思想，最初不過是極強烈的情緒，後來才逐漸成為一種強有力的民族運動。摩黎(Morley)說得好：『十九世紀政治上最顯著的運動，就是民族獨立運動，民族的情感，並不是新奇的事情，新奇的地方，就是將這種情感變為政治思想。』所以氏的結論，就是斷定：『民族主義，是一種本能，由這種本能，而變為思想，由思想而變為抽象的原則，由此抽象的原則，又變為僻見，更由此僻見而變為政治信條。』（見氏著政治與歷史

Political and History)更可見民族主義是一種民族共有的本能，由這種共有的本能，始表現成爲强有力的運動，所以近代民族運動之發生，必有其民族共同之原則，此原則即是十九世紀以來支配全世界政治的民族主義。

巳往的歷史事實告訴我們：民族主義在歐洲，因爲沒有偉大的澈底的理想支配着，常發生種種矛盾之現象，並且伏有帝國主義的根基。第一，歐洲各國的民族獨立運動最初是謀自己民族解放的，但因爲要引起自己民族抗外的精神，大半誇張自己民族的精神，於是造成人民狹隘的種族觀念，以掠奪他人土地，亡人國家爲一種當然的事，引起民族甚深的嫉妒和仇視。第二，當時民族獨立運動，大半以武力爲後盾，因擴張軍備的結果，又產生軍國主義。比如從前德國的軍國主義，便是這樣造成的，因爲一個民族要圖自强，必憑藉武力，政府方面又鼓動人民的犧牲精神，軍國主義便成爲帝國主義的工具。最後，值得我們注意的，就是現在各國所主張的解放民族，只是解放外國方面的被壓迫的民族，對於自己國內的異族，並不主張解放。比如英國贊成希臘比利時荷蘭諸民族的獨立，而不許自己勢力下的民族，如愛爾蘭印度埃及要求獨立。美國也是一樣，雖然主張弱小民族的解放，但是對於菲律賓等要求獨立，美國迄今未給予牠。此外還有一種矛盾現象，就是被壓迫的民族，一經解放，便又馬上實行壓迫國內或國外的他民族。比如德意志在被拿破崙壓迫的時候，則盛倡民族主義，謀德國民族的解放，但是一到了敗奧勝法以後，對於國內之波蘭丹麥及阿爾薩斯人，加以摧殘。又如日本的維新運動，本是由外力的壓迫而生出來的結果。豈知日本反以帝國主義的行爲，轉而加諸朝鮮台灣以及中國的民族。我們由此可知過去歐洲的民族主義，雖是被壓迫國家政治上的要求，可是因爲根本沒有偉大的思想支配，所以缺點極多，轉變而爲帝國主義，造成百年來不息的戰爭。所以我們從過去的歷史事實，知道民族主義雖是最適合於被壓迫民族的需要，惟必須使這種主義建築在反帝國主義的偉大的理想基礎上，這樣才不致蹈歷史的覆轍。我們再從最近世界歷史看：全地球人口共有十九億五百萬，其中十一億三千四百萬實爲被壓迫的殖民地與半殖民地的人口，除屬於蘇俄聯邦一億四千三百萬，中間諸國二億六千四百萬外，統制殖民地與半殖民地的資本帝國主義的人口，不過三億六千三百萬，卽佔全球人口不過百分之十九的帝國主義，統治着占數至百分之六十的殖民地與半殖民地。後者被其壓迫剝削，飲泣吞聲，無如之何。並且實際上三億六千三百萬之帝國主義國家的人口中，百分之九十都是勞動者與農民，也是同樣的忍受壓迫，所以直正屬於帝國主義資產階級，其人數在全世界人口中，不過數百分之一。此情此景，多麼痛心！現在英帝國主義所統制的各種屬地的人口，有四萬萬一千七百萬，平均英國的男女老少每人有黃椶黑各種的屬地子民十人，若單以面積爲比例，法帝國主義的各種屬地，共有四百一十三萬六千方英里，比法國的面積多了二十倍。葡萄牙雖然在各帝國主義當中比較弱小，却也有九十三萬六千方英里的殖民地，較它本國的面積，多了二十二倍。比利時在各帝國主義中，可算是最少，却也有屬地九十三萬一千方英里，而它的本國面積，不過是相當於八十分之一。這些例子，一面正可見露帝國主義勢力的雄厚，他方面又可反證弱小民族受其壓迫侵略的厲害。

過去的歷史事實已告訴我們許多國家初以民族革命爲號召，終以帝國主義爲歸宿，近代世界歷史又告訴我們全地球十九億五百萬的人口中，被壓迫者有十一億三千四百萬人之多，在這種反動的局面之下，殖民地或半殖民地的民族革命，將有繼續不斷異常猛進的爆發，這原是勢所必然不可避免的事情。本來，近代世界，是一個反動的世界，近代世界歷史是以鐵血相鬥爭的歷史，整個的世界充滿着血腥味和火藥氣，簡直沒有一些和平安樂的象徵。我們看各國裁縮軍備的聲浪，雖喊得鎮天價響，但實際上正在各自努力地求軍費的增加和軍備的充實，所謂國際聯盟，毫無忌諱的說，不過是幾個資本帝國主義國家共同侵略壓迫弱小民族後的分贓機關，全是一種「掛羊頭賣狗肉」的勾當，所謂非戰，所謂和平，都是癡人夢語而已！我們目睹實情，對於現實的人類和世界，實在抱着莫大的隱憂！

照理說起來，在今日之世界，爲今日之人類，當有一個人類共存之觀念。所謂人類共存，就是說人類當顧及己之生存，同時須顧到人之生存。把這種觀念擴充至民族間，就是各民族互相尊重，互相和好，以和平替代競爭，以友誼交換侵略，共同站在一條獨立平等的水線上，求人類社會的幸福，這樣才是人類的本旨，世界的眞義。但是近代世界充滿着壓迫鬥爭的事實，距離我們的理想正不知其幾千萬里，所以我們不妨這樣的說：民族革命是近世革命史的開篇。

## 二　民族革命是帝國主義殖民政策之反響

無論什麼事，都被因果律所支配着。有了原因，必有結果，有了結果，必有原因，二者如影之隨形，息息相關，這是大家所公認的。近代世界民族革命之發生，當然也逃不出因果律的範圍。換句話說，當然有牠所以發生的原因。牠的發生，是由帝國主義的殖民政策所逼成，所以民族革命，就是帝國主義殖民政策之反響。帝國主義的歷史根源，實隱伏於十五世紀歐洲各國向海外尋求殖民地的運動。當時，歐洲經過了幾百年的十字軍戰，上層階級，已是財窮力竭，無能爲力，而內部各國專制君王，仍是自相攻伐，斂財養兵，還要窮奢極侈。同時，意大利和沿地中海等處城市，逐漸勃興。意大利因處地中海的中心，所以它就扼着歐亞交接的咽喉，爲當時敲剝各國君主貴族僧侶軍人平民的唯一商業民族。各國君主，也急望另求金銀礦的新地和直接與東亞通商的新航路。葡萄牙在一四九八年，繞過非洲西岸南經現在的好望角，直抵印度，在尋求新航路方面，已獲成功。自是葡萄牙人，對於這條航路的商業，就專起利來，和地中海專利的意大利商人，競爭甚烈。葡萄牙王，遂密派艦隊，保護葡萄牙商人，在非洲沿海波斯海灣印度沿海，都設起商埠，荷蘭英國法國等處的商人，都向里斯本的葡商販賣貨物，葡王每年所收入的商品稅額，有七八十萬磅，而葡國的貴族官僚商人，都一天富似一天了。後來，西班牙自一四九三年，發現美洲金礦後，西班牙王國的威權，在歐洲各國，當着一個重要地位。荷蘭於一六〇二年，設立東印度公司，後把葡萄牙在非洲好望角的商業，一概奪去。從此，遂壟斷東方和東印度羣島的商業。他如法英等國，因當時未曾取得壟斷東方航路及金銀礦地，所以不得不另行設法，以與葡萄牙西班牙荷蘭諸國競爭。法在那時，講求自足國民經濟，主張自造本國所需的商品，不賴荷蘭等國的輸入，這樣，法國能夠吸收他國金錢，這種思想之普遍，可以實證於英法瑞典丹麥各國之向海外尋求殖民地扶植航業獎勵工業發展對外貿易。在法國魯易十四一代，著名的哥爾伯特，就是主張以國家力量，扶植本國之商業和殖民地發展最力之人，經濟史上所謂商業主義，就是指此。這種商業主義背後挾着君主專制的權力，而且還有以國家的財力和軍力做後盾，其結果便非純為輦金式的葡萄牙西班牙海外商人所能抗爭，簡言之，十五世紀葡萄牙西班牙等國向外經營，其目的不在殖民，而在販運東西方的貨物，售諸歐洲，或取得海外金銀輦回本國。十六七世紀的英法等國，向外經營，不獨將本國軍力和財力去殖民海外，且在殖民地內樹立經濟政治軍事宗教的一切基礎。英法兩國，用了商業主義，與葡萄牙西班牙荷蘭諸國競爭，結果將它們所得的殖民地，一併吞沒，氣勢大盛，這是十六十七世紀歐洲各國殖民的商業政策，而這種政策的發展，就成為今日帝國主義的雛形。但商業主義，如無其他的力量來培養，也不致變成今日的帝國主義。要曉得十六十七世紀，不但是商業主義的時代，同時也是開明專制發展的時代，當十六世紀末葉，君主政體已風行全歐。德意志與意大利，雖被專制王侯割據，不能統一，但西班牙已是專制國家，為各國君主所傾慕。當時英國政治，亦為君主專制。詹姆士斯圖亞特 James Stuart 曾公然宣言王權與上帝而俱尊，也可想見君主專制之威盛。將近十七世紀的，法國君主權力，漸漸伸張，有變為歐洲各國中最大而最強者的趨向。這些君王，好大喜功野心勃勃，祇想整軍經武，向外侵略，爭求殖民地，以與他國爭雄長。那時，各國君主，既都以黷武爲務，軍械軍餉的需要增多，兵士只希望多多益善，軍費力求增加，此外，又須供給殖民地政府的一切費用，因此，不得不謀有效率的海外商業礦產之開發，以便取資於商業上的稅金和海外礦產事業上所抽取的贏利。至此，我們可知商業主義外，還有君主專制的勢力，這兩種勢力展輾相因的關係，纔成後來帝國主義的基礎。然而帝國主義，尙有待於十八世紀的產業革命，纔能突飛猛進，繼續發展。從前歐洲各國，雖感殖民地和工商業發達的必要，然沒有機器的生產方法之發明和應用，帝國主義還不易大踏步的猛進。十五世紀葡萄牙西班牙荷蘭等國，在海外首先獲得殖民地。至十七世紀，大部份給君主專制最強盛的商業主義的國家英法等國奪去，但假使沒有十八世紀發明的機械，這些殖民地還不能得強有力的保障。英國是產業革命的先進國，它是一個殖民的工業的國家領袖，它不但能夠鞏固自己的殖民地，還能奪取其他國的殖民地，不但能夠自求經濟的滿足，而且足以壓制葡萄牙西班牙荷蘭法蘭西等國的工商業。在國際的經濟政治上，站一最強盛的地位。當時，英國工業的猛進，有唯我獨尊之概，而爲他國所望塵莫及。所以由十八世紀末葉到十九世紀中葉，英國的紡織、棉紗、鋼鐵等業，簡直沒有誰能同它競爭。降至十九世紀末葉，法美德諸國新發展的工商業，已略有根基，起來與英國抗衡。自後，各國間鉤心鬥角，互相角逐，帝國主義的面目，乃更顯著。帝國主義的解說，據霍勃生 J. A. Hobson 的說法，是『私人大都爲資本家，利用政治機關，向國外求得經濟的利益』的一種東西。據克爾培生 W. S. Culberson

的解釋，帝國主義是『西方文明海外經濟的一種表現。』歸納起來說帝國主義是以資本主義爲基礎。近世帝國主義突飛猛進的發達，實爲近代世界歷史上一大特色。帝國主義之所以能猛進無已，簡單的說因爲產業革命與法國革命的結果。原來產業革命之結果而有汽機電力之發明，使全世界的距離縮小，且經濟力量的中心，由地主而移轉於工商業，最後乃折入於銀行家。從前構成封建社會的要素是土地，現在一變而成資本，因有資本與機器之大規模的生產，於是產生了許多剩餘生產品與剩餘資本，因爲本國容不了這許多剩餘東西，自然只有投到國外去，因此之故，亞美非三洲，都成爲帝國主義的爭逐場，迄今鉤心鬥角，各謀開拓，而帝國主義的發展，遂有一日千里之勢。法國革命，於帝國主義前途，也有莫大關係。第一，自法國革命後，世界政治轉變，由封建殘局進於民主的雛形，第三階級及商人階級，一躍而有政治的地位，更以其國家的威力，向各殖民地發展，於是一般私人商業公司，與殖民地政府的交涉，也往往獲得大部分土地，這是由於他們根據「賤買貴賣」的原則，一方輸出歐洲貨物，一方攫取殖民地的原料的原故。第二，因法國革命以後，國家主義盛行，一般政論家，更從而獎勵，於是一時愛國主義的高潮大盛，而各階級遂共同盡力，以促其國家侵略政策的發展，以求國家的地位增高，而帝國主義，遂如狂風怒潮，齊向各弱小民族逼來，而所謂國際殖民地，遂密佈亞美非三洲。上面已說過，帝國主義是建築在資本主義的基礎上，而近代帝國主義，已達到資本主義的頂點。資本主義所以能生存與發達，除侵略手段外，尙有其他條件，就是靠着海外殖民地的追求和開拓，資本帝國主義國家所以這樣不遺餘力的進行殖民政策，實有下述幾個原因，爲其動力。第一，近代許多資本主義的大工業，具備着最新式的機械與大規模的工場，不顧消費者的實際需要，拼命地從事生產。這種生產，完全是在無政府的狀態中，因爲事實上，國內消費者的購買力和消費量，究屬有限，要盡量消費這許多產品，爲事實所不許。因此，就釀成生產過剩的現象。資本帝國主義，爲暢銷過剩物品，雄厚資本勢力起見，利用了黃金黑鐵，想盡了千方百計，毫無顧忌的極力爭求國外市場，所以在資本主義帝國間，造成空前未有激烈的市場競爭。同時，市場問題，遂成爲資本帝國主義之中心問題。但是，要求國外市場的穩定，一些沒有風險，除獲得殖民地外，別無他法。因爲殖民地，就是過剩物品的大銷場，物品連連的輸出，黃金源源的載歸，這是萬穩萬當之策。所以近世資本帝國主義之爭求國外殖民地，雖有其他種種原因，但尋覓國外市場，以銷售過剩產品，實爲最重要的一個。第二，生產事業的進行，除資本機械勢力等外，非有原料品，亦無濟於事。原料品需要的程度，與生產事業的規模，成正比例。近代大規模生產事業，對於雄厚的資金，精緻的機械，多數的勞工，看得非常重要。但對大宗原料品之供給，亦未嘗等閒視之。不過，一國因受空間時間的限制，原料種類，爲數戔戔，原料供給，亦屬有限，以供給有限之原料品，用於漫無限制的生產上，這是事實上所不允許的。資本帝國主義，爲苟延殘喘他的生命起見，殫精竭慮，找求原料之供給，而其唯一方法，就是把產業落後國，作爲殖民地，源源不絕的原料品，均取諸殖民地的寶藏，而殖民地遂變成資本帝國主義的原料供給地，購入大宗賤價原料，加以製造，再行輸出，這樣一來，就可獲得很大的利潤。第三，資本帝國主義，既有原料的供給地，與商品的大市場，安心從事於大規模生產事業，結果利潤豐厚，資金膨脹。但是，資金原有自由流通的本能，藉運用而增多，若祇藏置不用，有何意義。因此資本主義，用了直接間接的投資方法，運用剩餘資金，以求利潤。但是，投資本國，既爲事實所不許，唯有向弱小民族的殖民地一途。一面固能藉以輾轉生息，他方而又可實現政治上的企圖。第四，現代資本帝國主義國家，都有人口過剩的現象，而從此種人口過剩現象演繹下來的，就是失業人數的有增無減。吾們雖不能斷定失業人數的增加，完全是人口過剩的結果，但吾們不能不承認有相當的關係，前一年各該國失業人數，有如左述：

英國之失業人數（一九二九年）

| | |
|---|---|
| 七月 | 一、一一七、五〇七 |
| 八月 | 一、一九八、八八二 |
| 九月 | 一、二〇三、四二二 |
| 十月 | 一、二五四、四八〇 |
| 十一月 | 一、三二五、六〇五 |
| 十二月 | 一、三四四、二二〇 |

德國之失業人數（一九二九年）

| | |
|---|---|
| 七月 | 七一〇、四九九 |
| 八月 | 七二五　七五七 |
| 九月 | 七四八、六一〇 |
| 十月 | 八八九、四九二 |
| 十一月 | 一、二〇〇、三九六 |
| 十二月 | 一、七七四、五七一 |

日本之失業人數（一九二九年）

| | |
|---|---|
| 七月 | 二六八、五九〇 |
| 十月 | 二一九、二七九 |
| 十一月 | 三〇〇、一九五 |
| 十二月 | 三一五、二六五 |

去年各國失業人數，在美國全國失業者，共有三百萬至六百萬人之多。英國失業者，有一百六十二萬，較過去一年，增加四十四萬名。日本全國失業者，有三十五萬人之多，且有賡續增加之勢。帝國主義人口過剩的原因有二：一是內部的，一是外部的。內部的原因，就是自工業革命後，一面生產技能增進，一面資本的有機體，成為高度化。

在兩種情形交相逼迫之下，自能引起相對的過剩人口之增殖。外部的原因，就是自資本主義加速度的發展後，漸入金融資本主義時代，而以利貸資本的形式進行着。結果國內資本蓄積銳減，而招致過剩人口的增多。這種現象，祇有從積極實行海外殖民政策後，方得避免。我們由上看來，可知帝國主義的殖民政策，就是用以解決國外市場，原料供給，投資地方，和過剩人口等問題。易言之，就是爲維持他們「孤城落日」的生命。至此，我們可總括的說：帝國主義完全着眼在殖民政策上，所以殖民政策就是帝國主義生命的源泉。按殖民地，可分作二種，第一種，是移殖殖民地，卽移殖本國人口而成，如坎拿大澳洲等地。此種殖民地的人民，旣係由帝國主義的國家移殖而來，故與帝國主義國家的人民，同一民族，雖失獨立國的資格，仍有勞動貴族的稱呼，他們往往幫助母國，以壓迫其他弱小民族。第二種，是侵略的殖民地，以經濟侵略爲主要目的，如印度等地。此種殖民地，全係帝國主義經濟侵略及武力侵略的結果，故實際已喪失獨立自主權，而爲帝國主義所侵害壓迫，本國的一切政治經濟等權，完全喪盡。自從帝國主義的勢力突飛猛進以來，殖民地密佈着亞美非三洲，可以左表作參考。

國別殖民地分割表

| | 一八七六年 | | 一九〇〇年 | | 增（十）減（一） | |
|---|---|---|---|---|---|---|
| | 面積<br>啓羅米突 | 人口<br>千人 | 面積<br>啓羅米突 | 人口<br>千人 | 面積<br>啓羅米突 | 人口<br>千人 |
| 英國 | 二二、四七六、一〇〇 | 二五一、八六一 | 三二、七一三、〇〇〇 | 三六七、六〇五 | （十）一〇、二三六、九〇〇 | （十）一一五、七四四 |

| | | | | | | |
|---|---|---|---|---|---|---|
| 亞洲 | 三、七六五、四〇〇 | 二四一、八三五 | 五、三三四、四〇〇 | 三〇一、四五九 | （＋）一、四五九、〇〇〇 | （＋）五九、六六〇 |
| 非洲 | 七〇六、九〇〇 | 二、三三一 | 九、二〇一、三〇〇 | 五三、〇九七 | （＋）八、四九四、三〇〇 | （＋）五〇、七六六 |
| 澳洲 | 七、六九九、四〇〇 | 一、九七〇 | 七、六九九、四〇〇 | 三、九八三 | — | （＋）二、〇一三 |
| 波里內西亞 | 二三一、〇〇〇 | 五六四 | 五五八、七〇〇 | 一、四九六 | （＋）二六六、八〇〇 | （＋）九三二 |
| 美洲 | 八、七二一、四〇〇 | 五、一六〇 | 八、七二八、三〇〇 | 七、五三三 | （＋）一六、八〇〇 | （＋）二、三七三 |
| 極地 | 一、三〇一、一〇〇 | — | 一、三〇一、一〇〇 | — | — | — |
| 荷蘭 | 二、〇四四、九〇〇 | 二四、五三〇 | 二、〇四五、六〇〇 | 一七、八七四 | （＋）七〇〇 | （＋）三、三五四 |
| 亞洲 | 一、五二〇、六〇〇 | 二四、一七〇 | 一、五二〇、六〇〇 | 三七、四九四 | — | 三、三二四 |
| 波里內西亞 | 三八四、一〇〇 | 二四〇 | 三九四、八〇〇 | 二四〇 | （＋）七〇〇 | — |
| 美洲 | 一三〇、二〇〇 | 一一〇 | 一三〇、二〇〇 | 一四〇 | — | （＋）三〇 |
| 法國 | 九六四、三〇〇 | 五、九九七 | 一〇、九八五、一〇〇 | 五〇、一〇七 | （＋）一〇、〇二九、八〇〇 | （＋）四四、一一〇 |
| 亞洲 | 一六〇、〇〇一 | 二、六八三 | 六六四、二〇〇 | 一八、〇七三 | （＋）五〇四、二〇〇 | （＋）一五、三九〇 |
| 非洲 | 七〇〇、〇〇〇 | 二、八七五 | 一〇、二二一、二〇〇 | 三一、五二八 | （＋）九五二一、二〇〇 | （＋）二八、六四三 |
| 波里內西亞 | 二三、三〇〇 | 九三 | 二四、二〇〇 | 八八 | （＋）九〇〇 | （－）五 |

| | | | | | | | | |
|---|---|---|---|---|---|---|---|---|
| 美洲 | 八二、〇〇〇 | 三四六 | 八二、〇〇〇 | 四二八 | （十） | —— | （十） | 八二 |
| 極地 | —— | —— | 三、五〇〇 | —— | （十） | 三、五〇〇 | —— | —— |
| 德國 | —— | —— | 二、五九六、五〇〇 | 二、九九八 | （十） | 二、五九六、五〇〇 | （十） | 二、九九八 |
| 亞洲 | —— | —— | 五〇〇 | 八四 | （十） | 五〇〇 | （十） | 八五 |
| 非洲 | —— | —— | 二、三五二、二〇〇 | 二、四六五 | （十） | 二、三五二、二〇〇 | （十） | 二、四六五 |
| 波里內西亞 | —— | —— | 三四三、八〇〇 | 四四九 | （十） | 二四三、八〇〇 | （十） | 四四九 |
| 俄國 | 一七、〇二〇、七〇〇 | 一五、九九六 | 一七、二八六、一〇〇 | 二五、〇四五 | （十） | 二七六、一〇〇 | （十） | 九、〇八七 |
| 亞洲 | 一七、〇二〇、七〇〇 | 一五、九五八 | 一七、二八六、八〇〇 | 二五、〇四五 | （十） | 二七六、一〇〇 | （十） | 九、〇八七 |
| 美國 | 一、五五二、五〇〇 | 六〇 | 一、八七五、五〇〇 | 八、八一八 | （十） | 三二三、〇〇〇 | （十） | 八、七三八 |
| 亞洲 | —— | —— | 二九六、三〇〇 | 七、六三五 | （十） | 二九六、三〇〇 | （十） | 六、七三五 |
| 波里內西亞 | —— | —— | 一七、四〇〇 | 一六七 | （十） | 一七、四〇〇 | （十） | 一六七 |
| 美洲 | 一、五五二、五〇〇 | 六〇 | 一、五六二、八〇〇 | 一、〇二六 | （十） | 九、三〇〇 | （十） | 九五六 |
| 意大利 | —— | —— | 五一〇、〇〇〇 | 七三一 | （十） | 五一〇、〇〇〇 | （十） | 七三一 |
| 非洲 | —— | —— | 五一〇、〇〇〇 | 七三一 | （十） | 五一〇、〇〇〇 | （十） | 七三一 |

再將右表，化為各洲殖民地的比率表如后：

| 洲別 | 一八七六年 | 一九〇〇年 | 增(十) | 減(一) |
| --- | --- | --- | --- | --- |
| 非洲 | 一〇、八% | 九〇、四% | 七九、六% | |
| 波里內西亞 | 五六、八% | 九八、九% | 四二、一% | |
| 亞洲 | 五一、五% | 五六、六% | 五、一% | |
| 澳洲 | 一〇〇。〇% | 一〇〇。〇% | —— | |
| 美洲 | 二七、五% | 二七、二% | —— | 〇、三% |

資本帝國主義國家，挾着經濟政治的偉力，施行兇橫暴斂的壓迫於殖民地的弱小民族，大宗的工業原料品，不絕如縷的被他們輸出，市場完全淪為推廣他們商品的銷路，勞動者俯首帖耳的受他們役使，為他們去生產，而在政治上，又有蠶食鯨吞的野心，殖民地的弱小民族，竟吞聲飲泣，忍受資本帝國主義的壓迫剝削而無如之何，這誠不能不說是人世間最不公平的怪事！降至今日，資本帝國主義，已發展到最高度，內部所含的矛盾，日益尖銳化深刻化。同時，殖民地的弱小民族，不堪忍受壓迫，瞿然而醒，磨刀霍霍，躍躍欲試，民族革命的高潮，奔騰澎湃，不可遏抑，這是世界上正義真理的一線曙光！杜爾孤 Turgot 在十八世紀中葉有一句名言說：『殖民地如生長在樹上的果實，果到熟時，蒂就落了。』葛拉德士吞在一八七〇年也說：『等到殖民地自己發展到相當程度，

它脫離母國而獨立乃事實之所必然不應相强的』我們把上面說的總括的一句說民族革命就是帝國主義殖民政策之反響。

## 三 近代民族革命之眞義

殖民政策，是資本帝國主義的生命之泉源，而近代民族革命，就是對資本帝國主義的殖民政策之反響，這都在上面，已作大體的說明。今進而述近代民族革命之眞義。吾們要了解其眞義不能不先將資本帝國主義侵略殖民地的方式作分析的觀察。本來，帝國主義侵略殖民地的方式，因時因地而不同，但其共通點，就是以强合此殖民地於其自己的經濟機體內爲目的。其普通性質，又都是反乎一切「自由」的强權自軍事的政治的以至於純粹經濟的，往往形式上愈緩和，而實際上愈很毒。今爲便利說明起見，分作經濟的武力的文化的侵略，縷述如左：

一、經濟侵略 近代資本主義的特質有二，一爲工業非常發達，二爲生產集中。各先進的資本帝國主義，生產既日漸擴大，不得不求向外發展，各自藉其政治方法，而以「强權征收」代「自由貿易」。於是殖民地便淪爲列强侵略之對象，而資本主義國家，競競的從事侵略弱小民族。吾們試觀英人對於南非洲的經濟侵略，表面上是基於兩國人民的公共意見及公共情感，實際上英國一面收買南非洲的主要出版業，賄賂兩國的政黨，並在各地教堂及團體中，從事道德的宣傳，以博南非洲人民對英人投資的歡心。一面又努力經營銀行鐵路煤礦等業。總之其用心之苦，亦可見一斑！在美國統治下的菲律賓，經濟狀況，均被美帝國主義所把持。在一般工商業中，都有美帝國主義的合股或與它有相當的關係，即國家財政之收入與分配，亦莫不受美帝國主義的束縛。緣以菲律賓財政立法的沿革，是初見於一九〇二年，美對菲律賓政策的第五條第十五項及一九一六年美國會通過的鍾氏律 Jones act 第三條十五項，都規定關於菲島的財政立法。又於該律第七條第三項，規定菲總督有否決議案權，這就是說菲島總督，於財政上，具有無上的威權。又如印度，自英設立東印度公司後，遂變成英國蘭凱夏 Lancashire 機器棉織物的一個最大消費者。結果，印度的家庭工業及內地商業，都被破壞，印度市場，完全為英國蘭開夏而開放。當大戰時間，英對印度的經濟政策，又有很大的改革，一九一六年工業委員會的使命，就是這種改革的表現。回顧我國門戶洞開，帝國主義，恣意侵略，一面市場上充滿着外國商品，一面投資源源不絕的進來。他如境內外人經營銀行交通工業等，何一而非經濟侵略的工具？馴致國民經濟，瀕於破產。此處我們有兩點須注意：第一，帝國主義的經濟侵略，大都由於一般理財家與資本家的股份公司肇其極，他們和當地土著或國王，訂立條約，以掠取特殊利益，然後藉國家的力量以穩定之。第二，這種政策，純由於一般野心政治家贊助宣傳的結果。總之各國帝國主義的動機，都以經濟為背景，所以有「經濟帝國主義」的名目。

二、政治侵略　政治侵略，也是帝國主義對於殖民地很厲害的一種侵略。拿朝鮮來說：自一九一〇年滅亡後，統治者為日本天皇親自任命的總督。總督於必要時，得向駐鮮海陸軍請求兵力的使用。此外，總督復有發佈府令之權。日帝國主義爲掩護朝鮮人耳目起見，特設一個中樞院，約由七十人的朝鮮貴族和軍閥組成。不過這是一種諮詢機關，在政治上沒有强有力的作用。朝鮮境內駐有日軍兩個師團，以鎮海灣、永興灣爲要塞，統率陸軍的軍司令官除受總督請求而出兵外，於緊急時更有便宜行事的大權。換句話說他於全部朝鮮人民的生命，隨時隨地都可予以任意殘殺或剝奪。此外，如美政府之對於菲律賓，初設軍政府，Military rull 一九〇一年改爲民政府，Civic Government 設民政總督，由美總統委任。總督兼有立法司法行政三權，儼然成爲無上威權的皇帝。他可以自由否認菲立法院所通過一切議案，菲各省政府都是機械的執行太上皇——總督的命令。并且在美國的軍政府裏面設有島民事務局，直接受美總統和議院之統轄，這個事務局便統轄在菲一切軍事行動，總督便是指揮菲島美國軍事行動的權威者。這種現象就是盡量的把美國主義的殘暴的淫威在統治之下的菲律賓施展起來。政治侵略中復有開明的武力侵略，這種手段都實施於非洲的各殖民地。最初是用「得寸進尺」的法子，即先求一立足的根據地，再藉口他項理由蠶食鄰近諸地。如法國既得阿爾及，再併突尼士，最後又併摩洛哥，便是一個顯明的例子。嗣後發動一新方法，便是軍事遠征隊的組織，美其名曰「科學的探險隊」Scientific Expedition 這種政策，也以法國人爲最善用。他們深入內地，殆無而不成功，英國後來對於埃及北部開普蘭南部，也是以這種方法，增益土地的。

三、文化侵略 除上述經濟侵略與政治侵略外，帝國主義，於無形中還有一個厲害工具就是文化侵略。文化侵略或稱宗教誘惑，是帝國主義者利用基督教的傳播，而麻醉殖民地的人民，使他們成爲「奴隸化」的順民。在過去各世紀中，我們都可以尋出這種宗教的企圖，如五世紀時教徒聖保羅之謀使小亞細亞及希臘人的耶教化，聖潘勒非司之傳教於德意志，十三世紀時福蘭司侃之冒險入中國，十六世紀時西班牙聖查菲爾在印度日本傳道，得到千餘教徒，這些不過是最著名的。其他熱心於此種事業的教徒，正不知多少。宗教常是隨商業而輸入到殖民地去，因基督教的傳播加廣，而其勢力也隱然有控制全世界之勢。基督教每到一處，便設立教堂，發行聖經及種種宣傳圖，同時設立醫院學校，直接間接，間麻醉殖民地的人民。帝國主義對於殖民地，有上述三種兇很惡毒的侵略形式，所以最近殖民地的民族革命運動，正在風起泉湧似的進行着。我們很可看出近代民族革命之眞義，不外是主張關於該民族內一切政治經濟和社會問題，應統由該民族自己來解決，決不能容許其他民族，憑藉强力來加以干涉，致損民族獨立的精神。總括的說，民族革命就是反對帝國主義的侵略，而以民族自決爲基本原則。民族自決實爲求民族平等的唯一手段，所以近代民族革命的第一眞義，就是革命的。換言之，就是絕對不許「妥協」「和解」「屈服」，只是仗着全體革命民衆的熱血和體魄，繼續不斷的與帝國主義肉搏奮鬥，作殊死戰。所以近代民族革命，無論在任何場合，總是以反抗異族之强烈的壓迫爲前提，而求改造本國環境，以爭得發展民族特性之自由，如希臘之自由戰爭，與意大利的統一運動，就是此種革命情感最充分的表現。第二是民主的民族革命，不僅要推翻以一民族支配他民族的封建局面，而且須以人民爲主體，實現民主主義的政治。他主張一國的政治原動力，在全國人民的手掌中，沒有所謂治者階級與被治者階級的對立存在，國家的官吏，是人民的公僕，國家的政治機關，是公僕辦事的所在，眞正的國家主人翁，就是全體的民衆。這是民主的眞諦。十九世紀歐洲各國民主主義的民權運動，一時竟同民族主義的民族運動成不可分解的因緣，而法國革命，便是這條路上的先鋒。第三，是統一的，本來民族的簡單定義，即同文化血統風俗習慣的人民在一定區域內總結合，所以對內民族勢力之團結和集中，實爲民族革命最重要的因素，民族革命也就是要將人民統一於一種個體之下，享受共同的政治生活。他不是主張有所謂「割據」和「封建」的實現，因致分散整個民族的力量。他力主國內臻於統一，人民一心一德的聯合團結起來，造成一種强烈雄厚的民族勢力，以抵抗其他野心國家的侵略，而求自己民族的自由獨立。意大利之統一，與德意志聯邦之造成，即是合語言風俗文化相同的國民爲同一國家的組織，以充分發揚其民族之特性。上述革命的民主的和統一的三點，就是近代民族革命的眞義。近代民族革命，因具備這三個眞義，所以很足以打破帝國主義的經濟政治和文化的三大侵略，而求各民族的自由平等。

## 第二章　戰前民族自決運動

### 一　戰前民族自決運動之發生

民族自決運動，即是民族獨立運動，具體的說，就是一個民族，不受任何民族的牽制和干預，致陷於主權不完全民族不獨立的地位，而是由該民族全體人民，自由聯合，共謀國是，以求達到自由獨立的地位。本來，民族是由自然力所造成的，自然力就是組成民族的要素。這種自然力，又是多方面的。第一是血統，第二是生活，第三是語言文字，第四是宗教，第五是精神上的團結。民族既是由相同的血統生活語言文字宗教精神的人民所構成，則該民族的政治經濟，理應由該民族自己掌理進行，無庸外人置喙或參與。倘他民族潛入或强入該民族政治經濟的領域內，這就是侵略和壓迫的表現，也就是人羣正義公理的叛徒。所以民族自決，實爲一種合乎正理而爲各民族所應有的一種舉動，因爲各民族在地球上，應都有獨立自由的生存權，民族與民族間，祇承認有合作與互助，決不能含有其他企圖侵略的意思，以損民族之尊嚴。民族自決有二種不同的形式，第一種是以民族自決爲團結各民族，成功大民族主義的基礎。因爲鑒到各民族的分散獨立，互爭雄長，殊有礙整個的聯合的實現，故以民族自決作爲組成大民族的手段。例如普魯士以大日耳曼主義，謀德意志之統一。第二種是以民族自決爲分散大民族之標語，這種事實，大概是由大民族之實施壓迫，使他民族不得不勃然而起自決運動。如愛爾蘭對不列顛民族宣告獨立。這兩種形式不同的民族自決，也有其共通點，第一，他們承認民族自決爲人民之權利，不是一種無意識的暴動反動，而是一種情眞理當義正詞嚴的舉動。第二，民族自決，無論是由小民族成功大民族，或是分散大民族而自成一民族，他的對象，都以民族做本位，共同團結，共同聯合，以樹强有力的國家之基礎。

民族自決運動發生之原因，可從三方面申述之：第一，當初法國革命曾經過不少波折，歷八十年三次共和而告成。革命發生的原因擇其重要者約有四端（一）人民無平等自由之幸福；（二）路易十五及十六之無能；（三）中等階級思想之發達；（四）受英美革命之影響。革命開始時，人民要求規定公民權利，以限制專制，於是議會在一七八九年八月二十七日，發表人權宣言（Declaration of the rights of man）內容的要項就是：（一）人類權利，是生而平等的，且永久平等的；（二）法律是公共意志之表現；（三）人權是包括自由權財產權安全權以及反抗壓迫權；（四）人在法律前平等的；（五）言論自由須受保障，非經法律規定，不得限制；（六）國家制定法律，每一國民得由其本人或其代表行使之；（七）國家徵用私有財產，須有相當報償；這個宣言的理論基點，就是「人人平等」四個字，可說是十八世紀新思想的結晶。自人權宣言發表後，平等觀念在人民心目中，有很深刻的印象，對於一般僧侶和貴族的高壓手段，痛心疾首，憤恨塡膺；當時充滿着一種人人自由平等的風氣，洶湧澎湃，無從制止。我們知道人權宣言上的政治學說，拿現代的眼光來看，固很平凡，無甚精彩；但在當時，各國盛行開明專制政治之下，能有這樣一個光明正大的宣言，不可不說是含有莫大的意義與價值，而為以後各國民主革命預下了種子；所以人權宣言的本身有很偉大普遍的影響。當法蘭西革命正在進行中的時候，歐洲各國，如普魯士奧大利英國等，對法之激烈革命，一致反對。由奧大利統帥士卒，聯合攻法。其時拿氏適握政權，彼用兵神速，出奇制勝，對內對外，均以個人主義及軍國主義為本位，所以他就利用當時熱烈的民族思想，共謀抵抗外國的侵略。同時，法蘭西全民族爲擁護他們從流血中爭得的自由平等計，也一致起來，援助拿氏。拿氏在戰區內喚醒各民族，起來推翻他們的專制帝王貴族地主等，藉以減殺歐洲各國聯合抗法的勢力。但歐洲大陸，自被拿氏封鎖後，各國不願受拿氏蹂躪，故對法國，恨入骨髓，屢謀反抗，無形中促進了歐洲各國民族自決運動的發展。第二，自拿氏失敗後，奧德英俄等國開維也納會議，在會議席上的政治家如梅特涅（Metternich）輩，非常反動，都是一般和當時的時代精神相背馳的人。對於弱小國家的民族革命，非但不加贊助，且極力防止其民族革命的思潮，鎮壓其革命運動的勢力；並使比利時併入荷蘭，挪威併入瑞典，波蘭仍屬於俄，普奧等絲毫不顧及弱小民族的利益；各弱小民族，在這樣極端反動的局面之下，不堪忍受帝國主義的壓迫掠奪，因此大家勃然而起，獨立自由的運動。日爾曼聯邦的成立，就是此種運動最著名的。所以這次維也納會議，可說是歐洲民族獨立自決運動的發火點。本來無論何物，受壓迫愈深，則其反抗力亦愈强。這次會議原是一種分贓會議，在會議席上的許多弱小民族，從前曾受拿氏一番極端軍國主義的壓迫，他們滿擬從今以後，可得民族的自由獨立。那知開會結果，適得其反，這樣那能不使弱小民族起一種强烈的爭求自由獨立的民族運動呢？第三，歐洲各民族，自產業革命後，經濟上突有重大的變化。那時，經濟差不多是一個民族的命脈。民族的一切的一切，都是建築在經濟基礎上。各民族爲謀自己民族的永久生存計，不得不謀民族的統一，有了統一的民族，才可發生集中的力量，這種偉大力量，就是一個民族自身生存的要素，與植物之賴日光水分而生存相同。所以中歐之有德意志與意大利兩民族的統一運動，及奧匈兩國的改組運動，也可說是由經濟勢力，迫其使然，任何外力所不能阻止的。同時，在南美方面，又有西班牙的各殖民地（如智利烏拉哇哥崙比亞阿根廷波里維亞墨西哥等）的民族獨立自決運動；民族自決運動的火燄在世界各地燎原似的爆發起來這是產業革命後必然的現象。從上述三個原因歸納起來說：前二項是屬於政治背景，後一項是屬於經濟背景，由這兩重背景使民族自決運動勃然的興起。最近世界上弱小民族的解放運動之發生，就是淵源於戰前的民族自決運動，我們要研究近代弱小民族的解放運動之發生，不能不先於戰前民族自決運動的發生原因有相當的認識。

## 二　中歐各國的民族統一運動

甲、德意志的民族統一運動　德意志民族統一運動的歷史淵源，是在一八〇〇年拿破崙正當聲勢浩大，名震遐邇，先滅神聖羅馬帝國 Holy Roman Empire 又戰勝普魯士的時候，綜其經過情形有如下述：（一）溯自一八一四年的維也納會議激動了各國情感，工業革命降低了勞働階級，梅特涅反動政策觸怒了上等階級後，德意志充滿着一種强有力的共同感覺，都想聯合許多小邦成一大國，驅逐奧大利匈牙利於境外，完成自由結合。一八一五年的德意志聯邦，Germanic Confederation 原是由三十八個君主所組成的一種散漫的結合。其中尤以普魯士與奧大利兩國王，互爭優勢的鬥爭為厲害。奧大利王有意大利斯拉維克 Slavic 及德意志的權下物，普魯士王佔有波蘭，丹麥王及尼壽島 Netherlands 王則各自驕矜其為德意志聯盟中的份子。在這樣雜亂錯綜的情形之下完成統一，確是一件不容易的工作但是許多德國教授，正在各自努力地在大學中宣傳他們的愛國思想同時，德國關稅同盟 Zollverein 已於一八三三年在普魯士的領導下，奠下經濟基礎。海關的共同管理，鐵路制度的開始創設以及商業間的連鎖關係，均足以完成統一的大事。斯時中等階級，又有一種高尙的理想為低級所贊許，就是一面主張各邦各有其自主權的存在，一面又力主須有一個聯邦國會 Federal Parliament 的組合。一般上等階級，都念及一八四〇年即位普魯士王威廉第四，Frederick Willian IY 但亦不滿於他「唯我獨尊」的專制，而不將一八四七年二月三日成立的普魯士全國的國會，United Landtag or Estate-general 放在他的心目中。後來，普王漸與貧乏或失業的柏林無產階級 Berlin Proletariat 融洽，他們都是準備參與任何德模克拉西運動的份子。一八四八年三月的紛擾，使德意志聯邦，得一很淺的印象與經驗；且使各邦都想制限專制，出版自由，以完成德意志統一的事業。在 Bavaria, Hesse-Cassel Nassan, Hanover, Thuringian, mecklenburg-Schwerin. 等邦，大都已獲出版自由權選舉權及國會的改組等。在普魯士，國王極端的不信任他的國民，而圖反抗革命的發生。當一八四八年三月十三至十六日柏林道路，均被人民用障礙物阻滯，那時充滿着恐怖的擾亂的現象。國王不得已乃召集普魯士國會，並聲言將德意志成為一國的組織。成羣結隊的工人與外人，聽到國王的讓步，乃赴皇宮，那知不幸遭着皇帝衛隊的射擊；於是羣衆再行築起障礙物，並於是夜巷戰中被殺者有二百人之多。翌日，國王退回軍隊，表示讓步，而成立自由內閣。Liberal Ministry 是年三月三十一日，預備國會 Preliminary Parliament 在佛倫克福 Frankfort 召集開會並使德意志國會 German Diet 舉行憲法會議 Constitutional Convention 每委員可代表德意志五〇〇〇〇之住民。這就是在一八四八年五月十三日於佛倫克福的泊爾教堂 St. Paul's Church 舉行的佛倫克福議會。Frankfort Assembly.(二)

自一八四八年至一八七一年間的一段時間在德國歷史上很有意義的因爲在那個時候，德國人民充滿着政治統一的思潮。嗣後，普魯士終完成統一的領袖。那時，吾們要知道在維也納會議後於一八一五年組成的德意志聯盟，決不能足以完成統一。奥大利及附屬於它的許多小國如斯洛伐克 Slovaks 意大利匈牙利羅馬波蘭等，也不能負此重任。就是在南部及中部德意志邦的許多太子，雖在聯盟中奥大利與普魯士間，勢均力敵，但亦莫克從事統一事業。並且自一八四八年革命的佛倫克福議會失敗後，又證明德意志並不建築在民主原則及一致行動的基礎上。在一八六〇年德意志的愛國者都有一種信念以爲欲求德意志的政治統一，必須解散德意志聯盟，制止奥大利干涉德國政治，并於各邦君主及國家間，反動保守派與革命自由派間須求和解。其時祇有普魯士國，獨能進行上述數事。因爲，第一，普魯士是愛國思想與情感的發源地；第二，它亦爲眞正的德意志邦，境內除少數波蘭人外，都說德國語言及受德國文化；第三，它又用關税同盟完成經濟統一的基礎；第四，它是一個唯一無二的足與奥大利一決勝負的德意志邦；因爲這種種關係，普魯士終究成了一個德意志的領袖人物。

普魯士最有名的鐵血宰相，誰都知道是俾斯麥。Bismark 他曾說：『大的問題，非討論及表決所能解決，唯有鐵和血才能解決』他自執政後，整軍經武，不遺餘力，總想逐出奧大利而由普魯士另建新的德意志。(三)俾斯麥之征奧大利，是藉口於 Schleswig-Holstein 問題，問題的發生，是這樣的：在丹麥與 Elbe River 間，有 Holstein，Schleswig 及 Lauenburg 三塊公爵封地，都是丹麥王的掌治下。自一八一五年後，Holstein 成了德意志聯盟中的一邦，並且 Schleswig 又與 Holstein 頗為融洽。丹麥王很想把這三塊封地，都歸入他的版圖，但終為全德各部及 Augustenburg 的佛萊得立克公爵 Duke Frederick 所反對，且佛氏尚有主權於此封地上。一八五二年的列強倫敦會議議決 Augustenburg 的君主在封地上所有主權，他人可得收買。結果丹麥終得如願以償，但規定丹麥與封地間，祇許有普通的聯合。降至一八六三年，丹麥佛萊得立克第七 Frederick VII 逝世，克立司汀第九 Christian IX 起而秉政，於丹麥及封地間，訂立一種結合，這顯係違反倫敦會議的條約。普魯士與奧大利目擊其野心，憤恨填胸，乃於一八六四年，共同聯合，與丹宣戰，結果丹大敗。一八六四年十月訂結維也納條約，Treaty of Vienna 將封地上一切利權，無條件的歸與奧王及普王。(四)一八六四年丹麥戰事結束後，奧大利與普魯士為了分贓，又起爭執。奧大利主張將封地一併交與 Augustenburg 的公爵；德意志聯盟國會也有一部分贊同斯議。但俾氏絕對否認這次從戰爭獲得的報酬，由聯盟國會加以干涉。後來在一八六五年八月舉行艾斯汀 Gastein 會議，議決 Schleswig 由普國佔有掌治，Holstein 歸奧，Lauenburg 則由普付相當代價後，收歸己有。所以這次會議結果，普國佔着優勢。這裏吾們要知道普國佔有了 Holstein，好比是有了一塊從事規劃與奧對抗的根據地。普國心中時時刻刻不忘着奧國，因於一八六六年四月俾氏與意大利同盟條約上規定如在三個月內戰事發生，普意應聯合抗奧，倘屆時威尼斯停止行動，則意大利須負賠償責任，於是俾氏斷絕奧國的後援國家進行開戰。他聲言奧國違背艾斯汀會議之議決案，一八六六年六月兩軍交接，同時俾氏貢獻意見於德意志聯盟國會，教它驅逐奧大利的改組聯盟。奧大利亦勸誘聯盟國會中大多數一致反對俾氏之改組計劃。後卒被俾氏設法制止，未見實施。這次戰爭即所謂普奧戰爭，亦名七星期戰爭。Seven week's War 在戰事開始兩星期內，普國已克服許多小邦。戰事中生死關頭的一次，就是剎杜壞 Sadowa 戰爭，而這次普國的凱旋，不但使他在歐洲享有軍事上的盛名，並於德意兩國的國交變動及普魯士南德意志聯邦奧大利法蘭西的內部政治，均有莫大之關係。(五)普奧戰爭的結果產生了潑萊其 Pragul 條約，(一八六六年八月二十三日)奧大利將威尼斯交與意大利，Holstein 的主權交與普國，幷且償付戰爭的賠款；同時奧被强迫允許將德意志聯盟解散，並承認普魯士有做德意志領袖的權利。於是聯盟宣告消滅，異種的 Hubsburg 逐出德境，德意志統一運動的第一步乃告完成。其次把普魯士人併合組成北德意志聯盟。就前者一項來說，當時俾氏頗想增加普國的人口與經濟源泉，並想獲得許多軍事要塞地，他就積極地進行併吞不少小國疆圉，因是從波蘭及黑海擴大至 River Main 及法國邊界，總計獲得二七〇〇〇方里的土地及不下五百萬之人民。所以普國在那時，除奧國外，差不多佔有了全德意志的三分之二的土地及人民，誠可謂「一世之雄」。再就後者一項來說，當時在 River

Main北部有二十一個德意志邦聯合了普魯士，於一八六七年成立北德意志聯盟。這種組織，又是俾氏的膚功中的一例聯盟中以普魯士為世襲盟主，此外還有聯盟之法官 Federal Chancellor 聯盟的立法機關，包括着：(甲)由幾邦君主代表組合的聯盟法庭 Federal Council 及(乙)由普選產生的國會。Diet 各邦君主，還留着一部分的主權，但於外交軍政宣戰等權，均歸盟主。這個北德意志聯盟與已往德意志聯盟不同的地方，共有四點：第一，它由普國及少數君主所掌理；第二，這種聯合異常堅實而有力；第三，政府參與，得乎衆望；第四，普國軍事為各邦之模範；(六)當時在北德意志聯盟的範圍外，尚有南德意志四邦保持獨立，即 Bavaria, Wurttemberg 兩國及 Baden, Hesse Darmstadt 兩大封地。四邦中除 Bavaria 外，所有君主人民，均反對與普魯士實行政治統一，因為各邦君主，都懼將來統一後，有減他們的權力和威勢；一般民衆又憂慮將來或有軍事行動及制定反天主教與反自由的法規。俾氏在這種情形之下，對於這四個獨立的德意志邦，採取和洽的態度，他不因他們在普奧戰爭中援助奧大利而加責罰；他並不威迫他們去加入北德意志聯盟；他很細心似的尊敬他們的獨立地位。同時他憑藉着法國侵略的可能性，以警醒他們。他用了關稅同盟來同他們接近，並且他和他們締結祕密防禦聯盟條約。條約上規定普國或任何締約國受外敵打擊時，其他締約國，當羣起援助。俾氏深信在南德意志，將產生一種民族主義的情感，而自然的足使完成四邦與普魯士的政治統一。且為鼓勵這種情感起見，俾氏常與法國與起衅端，他的用意深遠，可想概見。(七)法德戰爭的導火線是在 Hohengollern 對於西班牙皇位的候選者的問題。在一八七〇年雙方決定準備開戰，法國移動軍隊於萊因邊，德意志方面則南德各邦，爲實行防禦聯盟的條件計，力主援助。一八七〇至一八七一年法德戰事發生於腐敗的拿破崙境域與俾斯麥統治下很銳利的德國軍械的二種情形間。德意志軍事進展好比是時辰鐘內的鐘機很努力的從事工作。法國方面兵士雖有驚奇的鬥力和勇氣，但技術窳劣，無補於事，戰爭結局不難想像。希擔 Sedan 一役，法兵參與者有八萬一千人，而死傷者有二萬五千人。法德戰爭的第一時期，這樣過去，約歷時六星期許。第二時期的戰事較第一時期爲複雜，但在軍事或政治的立場上觀察，較爲次要。在戰爭期間，巴黎人民，飢寒交迫，巴地曾一度被德軍佔去，後於一八七一年五月十日簽訂佛倫克福 Frankfort 條約，根據條約所載，法將阿爾薩斯 Alsace 東路萊因 Eastern Lorraine 以及 Metz, Strassburg 兩要塞交與德國，幷由法國償付賠款五百萬法郎。在賠款未付訖前，德軍暫駐法之北部。這次戰役最厲害的一個結果，就是完成德意志的統一事業，並成立今日之德意志國。當時，南德意志四邦，果不出俾氏所料，目睹北德意志聯盟，屢奏膚功，心爲之動，愛國思想，油然而生。遂於一八七〇年由德意志聯盟與南德四邦締結條約，條約所載，祇將此德意志聯盟擴大至包括南德四邦，更名曰「德意志帝國。」普魯士王乃改稱德皇，一八七一年正月十八日在法路易第四之凡爾賽宮中舉行德意志聯邦的成立典禮，統一運動，於是完成。

乙、意大利的民族統一運動　意大利的統一是以撒丁尼亞 Sardinia 王國爲起點，而加以意大利的豪傑之努力所造成的。茲分開敘述如下：(一)自維也納會議後，（一八一五年）民族主義的意識，已盛極一時，彌漫全島。至一八五六年巴黎會議時，意大利各邦間的政治統一運動，日形尖銳化深刻化。那時意大利一般愛國者的努力，已被許多意見紛歧的實現統一的方法所輭化。此種不同意見，代表三種政見不同的黨派。第一種由瑪志尼 Massini 領導，主張以自由組織與法律組成意大利新共和國，不過這個黨派內含有不少過激份子。第二種都是教師與保守份子，主張在羅馬教皇監督之下，組成意大利聯邦政府，此種思想，不免帶些復古化。最後一種以中等階級爲骨幹，主張由撒丁尼亞併合其他各邦，組成整個的意大利。在一八五六年最後一種，逐漸吸收了其他二種。本來撒丁尼亞是意大利唯一的自一八一五年後未被奧國統治的一邦，在一八四八至一八四九年間，它還努力從事驅逐奧人出島的工作，結果雖未成功，但因其以身作則，領導各邦而能鼓動獨立和統一的民族意識。並且因爲在一八四八年撒丁尼亞王查里阿爾勃特 Charles Albert 批准憲法，又足以引起意大利自由黨之同情和注意。最後撒丁尼亞在民族運動中，有三個特出人才，即伊門紐爾 Victor Emmanuel 茄立白爾立 Garibaldi 及卡伏爾 Cavour 三氏。伊氏於一八四九年，因其父遭遇厄運，屢次失敗，繼承皇位，保留原有憲法，大得國人之愛戴。茄氏爲一愛國者，其愛國熱誠，較諸國王，有過而無不及，曾有幾度參預戰役，以求意大利之統一。卡氏於一八五〇年，任首相職，對於內政外交，屢著勛績，他的外交政策有二點值得注意：第一，於一八五五年克里米 Crimean 戰爭時，聯絡英法抵俄，其用意即在希望俄與聯合後，撒丁尼亞可得英法之助，以制奧。結果終得二位西方强有力的朋友，而自身在意國中站得相當地位。第二，與法格外接近，做出一番友誼，無非希望將來驅出奧人於意境時，可得法之援助。初拿破崙第三對於意之統一，極表同情，但其熱誠終被法之傳統政策，犧牲若干。所謂法之傳統政策者，就是不希望法之邊境，產生强盛之鄰國。乃於一八五八年七月，在潑龍皮河 Plombieres（法國之一鎮）拿氏與卡氏相晤，締結盟約，規定法助撒丁尼亞將奧人逐出郎巴地 Lombardy 及維納西 Venetia，並允予組成北意大利邦，同時法獲得沙服愛 Savoy 及奈士 Nice。降至一八五九年四月，與政府致哀的美敦書與撒丁尼亞制止其軍事行動，於是戰爭爆發，自四月直至七月，是役卽爲意大利獨立的第一步成功。(二)一八六〇年三月，拿破崙第三與伊門紐爾第二 Victor Emmanuel II 締結杜尼 Turin 條約，條約中規定以沙服愛及奈士酬報法國，同時法又承認郎巴地杜斯根利 Tuscany 泊庥 Parma 姆丁那 Modena 及羅慢那 Romagna 等合併於撒丁尼亞。於是姆丁那泊庥和杜斯根利三小國遂於是年正式與撒丁尼亞聯合，三小國君主均被放逐。(三)當時北方已有統一趨勢，南方也有同樣擧動，而負有指導之聲望者，卽爲茄立白爾立將軍。未幾，錫水里人 Sicilians 發生叛亂，這兩個錫水里司 Sicilies（一爲王國，一由錫水里與挪泊爾及一部分之南意組成）上的守舊派帝王的專制手段，使人民忍無可忍，耐無可耐。一八五九年，佛倫錫司第二 Francis II 代浮立能特第二而掌理省政，唯這是換湯不換藥的變動。當錫水里 Sicily 人既受北方及門黨納之宣傳煽惑而發生叛亂，卡伏爾氏誠在危急存亡之秋。他集中無數軍隊於其諸愛，決意鬥爭，因爲當時撒丁尼亞與兩個錫水里司的政府間，尚稱融洽，所以卡氏應負有制止撒丁尼亞將其諾愛港口作為戰爭根據地之責任。但卡氏深信在這種情形之下，不利於意大利之民族主義，因此他暗裏極力激勵茄立白爾立將軍作戰。在一八六〇年五月，茄氏同了他的軍隊離開其諾愛，錫水里人奬勉有加，在三個月間他就做了錫水里島上的主人。於是他橫跨大陸，九月佔領挪泊爾士Naples王國，這樣一來，他就被民衆所擁護，而為錫水里統治者了。茄氏不獨秉性豪勇且富有犧牲精神，他愛國實較愛其自身為尤甚。在一八六〇年十一月，他將兩個錫水里司政府歸與撒丁尼亞王，此事亦經民衆投票批准。後至一八六一年二月，佛倫錫司第二，將政權交卸與撒丁尼亞王。(四)在一八五九年至一八六一年間，經了意大利人民的決定，拿破崙第三之阻止，卡氏的外交，及茄氏將軍的努力後，大部分的意大利已臻一統。在一八六一年二月十八日，議會成立於杜尼，代表一個新的統一國。是年三月十七日伊門紐爾正式就意王職。在卡氏死後，不滿三個月，他的偉大工作，確已完成，意大利統一，業已告成。說到這裏，吾們還將威尼斯的事情補述一下。那時，意大利在大體上，雖已一統，但威尼斯仍在奧大利手中，並且羅馬的教皇，仍受法國軍隊之保護。但在卡氏未死前，他對於此事，早已成竹在胸，用了外交政策，設法獲得。所以每個愛國者，都謂兩個意大利城市——羅馬與威尼斯——總要隸屬新意大利，不過是時間問題而已。(五)意大利的民族統一運動，受到德意志的統一運動的影響，殊非淺鮮。當一八六六年，普奧正在七星期戰爭的時候，意大利助普魯士作戰，並從奧國武力奪得威尼斯；雖則意大利於水陸戰爭，曾有數次敗北，但普魯士屢獲勝利，力促奧國將威尼斯讓與意國。於一八六六年十月，舉行威尼斯民衆投票，凡贊成與意大利聯合者有六四七二四六票，反對者祗有六九票，終屬少數中之尤少數。（六）講到佔獲羅馬這件事，茄氏與其他愛國者雖努力進行，然終爲法及羅馬教的軍隊所克服（一八六七年十一月茄氏曾大敗於羅馬教國 Papal States 的門脫納 Mentana）但至一八七〇年，普法戰事發生，拿破崙第三大敗，所有駐在羅馬的法國衛隊，一致撤去。意大利極力反對羅馬教主批斯第九 Pope pius IX，終於九月二十日進佔羅馬，遂與撒丁尼亞聯合。至一八七一年七月，羅馬爲意大利之都城，意大利於是成爲統一獨立國。

丙、奧匈兩國的改組運動　最初奧匈國內的主權，雖是在條頓人手中，文化與語言，也都屬條頓人的。但是在一九一〇年，奧匈人口五一、三〇〇、〇〇〇中，祗有二〇、〇〇〇、〇〇〇德人，非條頓的占有三九、〇〇〇、〇〇〇人，所以實際上少數條頓人在國內的勢力威權，不及多數的非條頓人。奧匈的民族運動，並不如德意的着眼在統一上，而是不統一上。在漢勃斯布格王統治的區域內，包含着許多複雜錯綜的人民，大家一心一德的盡忠於皇上。大多數人民由五個斯拉維克 Slavic 國組成：（一）在布柑米愛 Bohemia 及馬萊維亞 Moravia 的捷克斯人以及匈牙利西北的司洛伐克司人；（二）在格立西亞 Galicia 西北的普爾人 Pools；（三）在格立西亞東部的陸斯尼人 Ruthenians；（四）在卡尼握拉 Carniola 及斯達立亞 Styria 的斯洛夫人，Slovenes；（五）在穀洛西亞 Croatia 及斯洛伏尼亞 Slovonia 的搜僕穀洛人 Serbo-Croats 統治斯拉維克區的爲(一)在奧大利有很好根基而散處於匈牙利各地的德人；(二)爲匈牙利優秀國民的馬耶人 Magyars 除上述各種人民外，又有在郎巴地威尼斯及穀洛西亞斯洛伏尼亞南部城市的意大利人，及在屏倫斯拉伏尼亞 Translavania 與白穀混納 Bukowina 的羅馬人，在這種情形之下，吾們很容易看出他們民族主義的精神，是多麼的渙散。當一八六六年普奧戰爭的時候，意大利與普魯士締結同盟，大敗奧國，結果，意大利更得威尼斯的領地。這次戰役，對於奧大利有二個結果：(一)在外它已失去一切意大利所有權除威尼斯外；(二)在內因爲戰敗的原故，所以批准憲法，用以和緩人民的意見。在一八六一年二月二十六日由政治家斯區某林 Schmerling 的努力結果，公佈全憲法，是舉雖不能十分滿足國內各種族的願望，但至少給予奧大利在德意志的一段光榮。幷且漢勃斯布格國的自由主義，高潮大盛，與俾斯麥的反動政策背道而馳。因爲俾氏常輕視內閣的多數，而祇是築在普魯士的武力上。在一八六三年由佛倫錫斯局斯非皇召集國王會議，這使奧大利在邦聯中的許多小邦間提高它的權勢。不過它以爲沒有普魯士的加入合作，邦聯的建立，總難實現。但在俾斯麥方面，他以爲唯有把奧大利逐出德境後，邦聯才能成立。俾氏就用血和鐵的手段，以達目的。一八六六年的戰爭，是奧大利皇國的歷史上新紀元的開始。自七星期戰爭停止，潑萊牙 Praulmin 條約締結後，奧在德意志的地位，一概放棄。於是奧大利與他洛爾 Tirol 布柑米亞 Bohemia 與剎爾斯布格 Salzburg 不再屬於德意志。這次戰爭畢後，就有政府的改組。麥加國與捷克斯反對一八六一年的憲法上規定全國祇有一個共同的內閣。他們很想恢復匈牙利帝國的獨立。就在沒有開戰以前，也已伏有匈奧鬥爭的可能性。在一八六五年六月，局斯非王巡閱批斯脫，Pest 並將屈倫錫而凡尼亞及匈牙利等之大法官和二月憲法 February Constitution 的主持者完全撤換，由保守派貴族康脫麻萊斯 Count Majlath 繼任。未幾，又將斯區某林（奧政治家）撤職，改由瑟爾克里立 Belcredi 充之。在九月二十日停止國會會議，同時憲法亦告暫停。至十二月，國皇又重開匈牙利國會，並謂大家公認一八四八年法律的有效。後來戰爭爆發，匈大敗，匈內閣請求和議，以謀解決。他們除根據於潑萊牙條約規定外，不承認在本身與其他一部份的皇國間有所謂「聯合」的組織。所有最近的維新及過去一百年內併吞匈牙利的企圖一概廢除。由是條約締成，皇帝就在批斯脫加冕。匈牙利保留着自己的內閣閣員，以馬加定爲標準語言。皇帝的統治等於君王。在匈牙利及其他皇帝間財政完全劃開，無所謂共同一致的民族精神。一大部份人主張匈奧兩國間祇須單純的個人本位的聯合。大多數則又贊成匈牙利與其他皇國間，須有某種共同組織，如外交海陸軍掌理公用事業所必需的用費等。在一八六七年奧匈締結的條約，就是它們政府的特質。自後領土劃分爲兩部分：（一）奧大利國，包括高超的及低下的奧大利，Upperand lower Austria 布柑米亞 Bahemia 格立西亞 Galicia 德而麻西亞 Dalmatia 王國，馬萊味亞 Moravia 及衣斯屈里亞 Istria 侯爵國，洒爾斯布格，Salzburg 斯達里亞，Styria 卡鈴西拉，Carinthia 卡熱渥萊 Carniola 及白殼混納 Bukowina 公爵國，他陸爾 Tyrol 及托辣斯脫 Triest（二）匈牙利王國，包括匈牙利本國，殼陸西亞斯洛伐尼亞 Crotia–Slavonia 王國及屈倫錫爾凡尼亞 Transylvania 諸侯國依照條約上規定佛倫錫斯局斯邦 Francis Joseph 爲匈王與奧皇，各國掌治其本國政治，幷爲一致行動起見，將政治軍事財務等由兩國聯合治理。關於商業關稅鐵路等，締結十年條約處理之。並成立聯合國會，名之曰「代表者」Delezation 共同擬訂及發佈兩國的法令。國會議員共有一二〇人，每年改選一次，奧大利國會及匈牙利國會各得其半。選舉事宜，在維也納與白達批斯脫 Budapest 輪流舉行。當舉行選舉時，兩國在兩室分別進行，奧大利代表用德語，而匈牙利代表則說馬牙語。雙方如有討論接洽事項，則互寫德文及馬加文。後會規定所有代表集於一會議室，祇爲投票，不爲討論，唯此終歸失敗。自一八六七年採取聯合國會及奧匈兩國各設國會後，奧匈聯合國受到工業革命及民主主義的潮流。但因國內人種之糅雜，受到很大的打擊。且自一八六七年奧匈兩國間的密切關係，漸形疏薄，因爲各種商業租稅及鐵路之條約每十年改訂一次，這使一部份的馬加人及德意志人發生强烈的民族主義。最初匈奧間的條約，規定奧國繳出總數百分之七十的聯合國費用，匈牙利祇納百分之三十。在一九〇七年的條約上，將奧大利的數目，減至百分之六三·六，匈牙利增至百分之三六·四。幷在一八八一年至一八八七年，改訂關稅，因爲奧是重要的工業國，而匈係更重要的農業國。一八六八年兩國互有軍事上的協定，大家承認聯合國的地位是最大的權力，但是因此兩政府間，產生了許多關於聯合軍備方面的鬥爭。後來規定軍事由匈奧兩政府分別辦理，遇到對外戰爭時，聯合總指揮在兩國間出兵事宜未得解決前，無權指揮。其後因銀行，言語問題，亦曾引起幾度爭執，不過終未釀成事端。兩國間雖有衝突和傾軋的事情，但他們仍舊團結精神，一致對外。匈奧對於羅馬尼亞及叟皮亞 Serbia 的國家思想，和俄國的妄自尊大，非常憤恨。并且匈奧如能在歐洲土耳其的西部外，獲得勢力範圍，則可增其經濟上的利益。他們在巴爾幹進行外交政策中值得注意的第一個，就是聯合國的國內要人，不論其為德人或馬加人，異口同聲的主張尚武精神，並在阿掘立司跌克 Adristic（係地中海之一角，介於匈奧及意大利間）訓練强力的海軍。此外，於一八八二年至一九一五年，同德國及意大利組成三國聯盟 Triple Alliance。在一八七八年他們獲得土耳其省泊斯尼亞 Bosnia 及罕徐穀維納 Hezegovinia。一九〇八年兩地歸併與奧匈國。一九一〇年兩省地方政府成立，不過兩省地方的內閣，須服從奧匈兩國的政令。自兼併兩省領土後，匈奧資本家復擬敷設鐵道，不但吸收兩省的經濟利益，且可推及至愛爾白尼亞 Albania（土耳其的一部分）麥西杜尼亞 Macedonia 兩部（亦屬土耳其領土）及剎洛尼亞。Salonia（亦係土耳其疆土）他們慾望就是一九一二年至一九一三年的巴爾幹戰爭的導火線，也就是一九一四年世界大戰的直接原因。在匈牙利種族間的仇恨，較在奧大利亞為甚。不滿全國人口一半的馬加人，對待羅馬人及叟布穀洛脫 Serbo-Croats 非常吝嗇和狹隘。他們握着經濟上的權威，强迫普通學校用馬加語，取消屏倫錫而凡尼亞及穀洛西愛斯洛凡尼亞的自治權，反對君主賜與特權於役僕工人農民等。他們在匈牙利皇國人口二〇、八八六、〇〇〇中佔有一、〇〇〇、〇〇〇的選舉人，在負有解決各種問題特權的代表會中代表會 Chamber of Deputies 中祇有七個非馬加人的代表，因它這樣的驕橫跋扈，其餘少數種族間勢必發生一種民族運動，如屈倫錫而凡尼亞之歸併於羅馬尼亞國及叟布穀洛脫的合併於叟皮亞。在他方面馬加人聲稱他們是匈牙利國的文化原素，如果轉讓羅馬人或叟皮穀洛斯人，則結果必致消滅了匈在歐洲東南部的文化。在匈牙利的馬加人叟皮穀洛斯人及羅馬人因爲處在非民主的情形之下，所以都是忍受痛苦，雖是敎育逐漸普及，平民對於地主之訴苦業已去除，但是大地主及寡頭政治的執政者都能享受一八六七年至一九一四年的匈國農業發展的利益。這種情形，使人民不得不移殖國外。（自一八九六至一九一〇年有一百萬以上）并且必然的發生民衆擾動，主張選舉法的改組。此種內部問題，當一九一四年歐洲大戰爆發的時候，仍未解決。匈牙利及與大利對於局斯非皇 Emperor-king Franais Joseph 有根深蒂固的尊敬心。他於一八四八年即位，歷時甚久，飽經世患，如一八四九年及一八六六年之戰爭，奧匈聯合國的條約的成立，兩個聯合帝國的經濟政治的變遷，此外他貫通了梅特涅與世界大戰的裂痕。他目擊拿破崙第三的盛衰，格倫特司敦 Gliardstonl （英政治家）及狄司萊立 Disrarli （英文字學家）事業，俾氏與麥克氏之進退，並且他自一八六七年念念不忘於奧匈民主政治及民族主義的計劃。吾們講到奧匈改組運動的歷史時，對這位令人欽遲的國皇，不能不特地提出加以詳述。

## 第三章　戰後東方弱小民族的解放運動

## 一　戰後東方弱小民族解放運動之發生

東方這個名詞是從西方傳來的；就是代表從歐洲東部巴爾幹半島起，直至太平洋止的一段領土；約略可分為三部：第一是「近東，」就是自歐洲東部巴爾幹半島包括埃及土耳其至小亞細亞。第二是「中東，」就是從帕米爾高原以西小亞細亞以東波斯灣與阿拉伯海以北的地方。第三是「遠東，」就是從帕米爾高原經印度直至中國日本菲律賓。今日的東方問題，已成為世界問題的中心，較諸從前閉關時代的情勢，已不可同日而語。吾們如用歷史法來研究一下，則所謂東方問題，其淵源是從這世紀開始的。東方問題之日趨急迫與嚴重，乃由近代資本主義發展到最後階段的帝國主義勃興後釀成的。吾們翻開歷史一看，最初經營東方者，為葡萄牙西班牙荷蘭三國。葡萄牙在十五世紀時，商業航業盛極一時。加之亨利王子 Pom Huncy 提出獎勵，不遺餘力，遂於一四九八年發現印度航路。自後佔據蘇門答臘各地，探險於香料羣島，在各處分設商館及守備隊。一五一七年葡政府向中國要求沿岸通商，並租澳門為其居留地，日本朝鮮沿岸，澳洲南洋羣島，都有葡人行蹤足跡。這是西方東漸的第一步。西班牙是繼葡萄牙而起，自哥崙布發現新大陸後，探險事業，非常進展。一五一九年麥哲崙 Magellan 航行全世界，發現拉的羅尼及菲律賓羣島，嗣後他的勢力擴充至中國印度等處。這便是西方東漸的第二步。荷蘭在十六世紀後半期，國內商業，已甚發達。一五九四年哈脫門 Hantman 率商艦遠航。一五九八年安斯透登 Amsterdam 商人與阿般那巴喀台威亞 Bactavia 商人通商，復有東印度公司的設立。一六〇五年遣派第三次艦隊遠航。一六〇六年佔領馬來加島，更於巴喀台威亞設總督，以作侵略東方的根據地。一六一三年更奪得東印度之獨占權，所以當時他的聲勢權威，實在超越在西葡之上，這就是西方東漸的第三步。此處吾們要注意當時的西方東漸純以重商主義為其動機，尚沒有其他侵略佔獲吞併的野心。降至十八世紀，產業革命，各地先後發生，於是英法俄德等，急起直追的從事東方的經營，經營的手段和方式，完全改變，純以貿易為目的的葡西荷等國都被壓倒，這就是從純商業主義進展至帝國主義的一個關鍵。英國在商業主義經營時期內，一切活動的原動力和推動機，不是政府，而是私人。自產業革命後，海外經營以政府為背景，海外勢力隨着殖民地需要而膨脹。一七〇二年，用了九牛二虎之力，從荷法手中奪得印度公司。一八二四年從荷蘭奪獲馬來半島，又佔新嘉坡海港，作東方根據地。一八一五年，佔獲錫蘭。一八一七年征服印度內部，併吞緬甸。一八四一年乘鴉片戰爭的勝利，割取中國香港。一八九八年藉了均勢的名義，租得九龍和威海衛，（去年已收回）這是關於遠東方面。在中東方面也有同樣堅實的勢力範圍。法國在十九世紀，國內經濟情形大變，必然的採取積極侵略的政策。一八四七年拿破崙第三藉口安南虐殺法人的事實，締結西貢條約，獲得不少領土。一八七四年締結第二次西貢條約，取得安南的財政工商的監督權。一八八三年又訂安南新保護條約，於是安南遂屬法之版圖。一八九九年復租借廣洲灣，並劃西南各省為其勢力範圍，所以他的勢力也很雄厚。俄國最初對外計劃，原是着眼於西歐，念念不忘的就是海口問題，但是波羅的海為英法所握，地中海的計劃，又因克里米亞一役而付諸東流，於是他便轉眼到東方民族在中東方面，很注意及波斯的經營，不過英國橫梗其中，無如之何。乃又注射到遠東方面，西伯利亞鐵道的興築，海參威的積極經營，一八五八年强迫中國訂立璦琿條約，一八六〇年取得烏蘇利江以東的地方，都是他的努力侵略的表現。自一九〇五年日俄戰爭失敗後，他在東方勢力一落千丈。不過近來國基逐漸鞏固，經濟漸形發達，又有躍躍欲試之概。前一年中東鐵路的一段歷史，即其一例。德國自俾斯麥克秉政後，整軍經武，國勢大振，俾氏抱了鐵血政策，威廉二世又有併吞世界的雄心，加以國內產業日益發達，不能不參加列强東方殖民地的競爭。一八九七年强迫中國訂立北京條約，租借膠州灣。一九〇六年從西班牙手中掠奪馬塞爾羣島，同時購得加羅林及馬尼拉羣島，他在戰前，勢力甚大，迨至戰後，一蹶不振，所有殖民地及勢力範圍，都被列强瓜分淨盡。繼英法俄德而起的有美國與日本，這兩國受了環境的壓迫及潮流的鼓動，自然而然的加入了競爭的漩渦。美國向來抱門羅主義，我歸我爾歸爾的獨善其身，迨至十九世紀末葉，內部資本主義已告成熟，外面殖民地鬥爭的風潮，浩浩蕩蕩的奔來，於是他就同流合汚的加入陣綫。例如一八〇三年美國收買西部法屬的路易西安拉，一八四六年與英協商結果，得北緯四十九度以南的海岸，一八九八年併合夏威夷，一八九七年以五百萬金鎊購得菲律賓島，在歐戰爆發前，美總統威爾遜大聲疾呼的喊着「民族自決」的口號，但終成泡影，弱小民族反爲之受害匪鮮。美國侵略政策常用的名詞有「海上自由」「利益均霑」「門戶開放」等，這都是他實施侵略的唯一的護身符。日本在十九世紀中葉，也是被壓迫的民族，自一八六七年明治維新後，對外努力廢除不平等條約，對內整理內政發達產業。一八九九年完全達到目的，將歐美從前加於日本的種種束縛和壓迫掃除淨盡，於是在國際上遂躋於平等地位。最近數十年來因資本主義，蓬勃興盛，業已轉入帝國主義的領域，將朝鮮琉球台灣澎湖列島等盡入其囊橐中。目前他又正在拼命實施他的滿蒙政策，他的帝國主義的本來面目迄已畢露。總起來說，吾們如以世界歷史爲經，世界領土爲緯，可知在產業革命前，西方之東漸，純以商業爲動力，以商人爲主體，政府的後援，不過是偶爾的事實際沒有所謂背景和後盾，也無所謂侵略和掠奪。例如西班牙的經營目的是在貴金屬的輸入，葡荷的經營目的只在香料及各種龜貝裝飾品的交換，他們侵略和壓迫的對象大半爲野蠻的未開化的民族，對於中國印度等文化最古的國家，祇取自由貿易的形式。但自產業革命後，——就是十七十八世紀以後——西方的東漸不再以商業主義爲動力，而以侵略壓迫爲起點；不再以商人爲主體，而以政府作護符；不再以獲得商業利益爲目的，而以奪得海外殖民地爲目標；不再施侵略手段於野蠻民族，而將所有東方產業落後國，一概作爲侵略的對象；一切的一切都已根本不同。好像世界在產業革命後已換上另一副面目。再總括的說：侵略東方民族的歷史淵源，是在產業革命前，西方民族的東漸，自產業革命後，各國資本主義之逐漸進展爲帝國主義，就是侵略東方民族之急轉直下。這裏也可看出經濟是有莫大的支配力，世界許多問題，有形無形的都以經濟爲背景的。西方各國所以在產業革命後，積極侵略東方民族，就是因爲十八世紀產業革命，西方工業先進國，採用新式機器及工廠制度，生產力驟然膨脹，從機器工廠生產出來的商品，國內銷售不了，不得不往國外找覓銷場。并且製造商品的原料品，國內亦無力供給，因此又不得不向國外尋覓環顧全球，祇有東方是經濟落後民族的集中地，而且又是物產富饒的地方，所以西方帝國主義者，喜出望外，用了千方百計，衝破東方民族的藩籬。自世界大戰後，帝國主義異常猛進的發達，已經把占全人類四分之三以上的產業落後國和弱小民族，——尤其是東方許多弱小民族——隸屬於英美法日最少數帝國主義支配階級下，幾乎使人類生殺與奪的機會，都操縱在帝國主義列强的手中。產業落後國和弱小民族，轉輾於這般可怕的帝國主義國際情形之下，個中苦況，概可想見。東方弱小民族的解放運動的因緣，就在於此。再回顧帝國主義者，有增無減的一天膨脹一天。同時，豢養帝國主義的殖民地，都是相對的一天減少一天，二者適成為反比例，所以帝國主義者為爭奪市場，掫掠原料，遂引起空前未有的一九一四年全世界恐慌的大戰。

柯安氏 Hans Kohn 在他著的東方民族主義史 a History of Nationalism in the East 一書中說：「每一個大戰，總使世界上發生變動。一九一四年的世界大戰，有更大的影響，東方民族，已瞿然而醒，磨刀霍霍，怒目瞋視着西方。因此全世界人類組合，已分為三部分，第一類就是歐洲大陸組 European Continent（俄國除外）第二類就是盎格魯撒克遜組，Anglo-Saxon 第三類就是亞細亞組。Asia 歐洲大陸組，因為文化語言的龐雜，加以各國間野心勃勃，狐疑滋多，故未能團結一致。第二組包括聯邦，英國，加拿大，奧大利亞及南非洲，領土雖不連貫，但語言文化，完全一致。至於亞細亞組，則係東方被壓迫民族組合，有共同的起點，有共同的目的及共同的敵人，他們對於自身的覺悟，每處皆同，每處皆知。目前的趨勢，就是亞細亞組與歐洲大陸組盎格魯撒克遜組間的鬥爭，這好比是瓜熟蒂落水到渠成的自然結果，也是開東西鬥爭史上的新紀元。』總之，東方弱小民族解放運動的勃興，當然有他的歷史的背景。這種運動的意義，在消極方面言之，可以脫除國際帝國主義的宰割，謀各民族獨立成功；在積極方面言之，直是促短列强帝國主義的生命，謀世界大同的實現。這便是東方弱小民族解放運動的兩大意義。這兩個意義，一個含有歷史性，一個含有世界性，二者相需為用，前者作為實現後者的必要工具，後者乃是真正的目標。如果沒有第二個意義，則解放運動一旦完成後，亦必流為帝國主義，轉而壓迫他國，蹈歷史的覆轍，這是失去了東方民族運動的本旨，而祇為「以暴易暴」的故事而已！倘使祇有第二個意義，而缺少第一個，則所謂世界大同，始終是一種理想，不能見諸實行。因為世界大同，必須以各民族的獨立平等為基礎，各民族的自由平等，是實現世界大同的要件，離開了民族，而唱世界大同的高調，則終是烏托邦的世界大同。所以這兩大意義，是東方弱小民族解放運動的精義。總理在大亞洲主義的演詞中說：『……歐洲近百年來是什麼文化呢？是科學的文化，是注重功利的文化，這種文化，應用到人類社會，祇見物質文明，祇有飛機炸彈，祇有洋鎗大炮，專是一種武力的文化。……這種專用武力的文化人的文化，用我們中國的古話說，就是行霸道，所以歐洲的文化，是霸道的文化。但是我們東洋向來輕視霸道的文化，還有一種文化，好過霸道的文化，這種文化的本質，就是仁義道德。用這種仁義道德的文化，是感化人，不是壓迫人，是要人懷德，不是要人畏威……』又說：『

要造成我們的大亞洲主義，應該用甚麼做基礎呢？就是應該用我們固有的文化做基礎，要講道德，說仁義，仁義道德，就是我們大亞洲主義的好基礎。我們講大亞洲主義研究到結果……簡而言之就是要為被壓迫民族來打不平的問題……我們講大亞洲主義，以王道為基礎，是為打不平。』我們當三復斯言！

戰後東方弱小民族解放運動之發生的原因，可從數方面述之：第一，自西方產業革命後，資本主義的火燄，漸漸的展開，帝國主義早已懷孕着。迨至戰前，帝國主義已從資本主義而誕生，幷有日新月異的進步，大家拼心拼命於東方殖民政策，於是遂有所謂東方被壓迫民族，而東方弱小民族的解放運動，也由是而起。帝國主義和東方弱小民族的經濟連鎖關係，可分作五方面述之：(一)從東方弱小民族，掠取富饒的糧食品和原料品；(二)向東方弱小民族輸出過剩的商品；(三)向東方弱小民族搾取低廉的勞動力；(四)向東方弱小民族移殖過剩或失業的人口；(五)向東方弱小民族投出過剩的資本。就第一項來說，因為東方弱小民族，尚未澈底的工業化，所以給予帝國主義掠奪糧食品和原料品的機會。在一九二七至一九二八年，世界蔗糖產額共一六、四九七、〇〇〇短噸，而印度爪哇夏威夷菲律賓台灣等產額有八百萬短噸，佔了全世界總額的一半。世界所需的大豆，有百分之八十以上產自中國朝鮮。他如椰子棕櫚油等，在南洋熱帶地方，都有豐富的生產。日本假使沒有朝鮮滿洲台灣琉球的糧食供給，恐將陷於糧食的恐慌。在原料品方面，英國紡織業所必需的棉花，大部取給於埃及和印度。據英商部統計，英國每年由埃及輸入三千萬鎊英金以上的棉花。英國毛織業所需的羊毛，大部份仰求於澳洲新西蘭等地每年從新西蘭輸入羊毛值一千五六百萬鎊，從澳洲輸入的羊毛值二千五六百萬鎊。美國內部原料雖較豐富但是三分之二以上的橡皮工業的原料品只是取給於菲律賓石油大部分也取給亞洲的。法國所有工業原料大都仰求於安南蘇丹中國等。就第二項講，日本的棉紗棉布砂糖玻璃機器等商品每年輸出中國的，佔日本全輸出貿易的二成五分。英國主要的棉織工業在一九二六年出口總值爲英金一億四千八百七十八萬鎊，他的唯一銷場就是幾個東方弱小民族。美國對亞洲的貨物輸出最近數年甚有進展。一九一〇年至一九一四年，美國對亞洲的貿易在金額百分之十以下。但在一九二七增至百分之十九。法國大宗的棉鐵物金屬器具摩托車等都以阿爾日里亞及安南爲銷場。最近朝鮮台灣菲律賓的輸出入數及宗主國所佔貿易有如左述。

| | 輸入 | 輸出 | |
|---|---|---|---|
| 朝鮮（一九二七） | 三八三、四一七 | 三五八、九二五 | （千日元） |
| 日本所佔 | 二六四、四七九 | 三三〇、七九一 | |
| 台灣（一九二七） | 一八六、六六九 | 二四五、六七六 | （千日元） |
| 日本所佔 | 一二一、一〇八 | 二〇一、〇七八 | |
| 菲律賓（一九二八） | 二九六、三一三 | 三一〇、一一二 | （千菲幣） |
| 美國所佔 | 一六七、七一六 | 二三一、一七一 | |

由上表可知帝國主義輸出過剩品於弱小民族的眞相，這是多麼的厲害！就第三項而論資本帝國主義的本國勞動者生活費較爲昂貴，且由法律所賦與勞工的一切權利，資本家又不能不履行。所以要求低廉而勤勞的勞動者，唯有向經濟落後的東方弱小民族去追求。於是英倫的紡織工業，移往印度。同樣各帝國主義工廠——尤其是英國的——在中國境內次第開設。荷蘭有名的「强制種植」法令，就是利用東印勞工做他們穀物生產的工具。美國的橡皮樹政策，就是搾取菲律賓人的勞力，滿足他們原料的要求。帝國主義的經濟侵略，都以政治力量爲掩護，不受駐在國政府之任何干涉或制止。前一年國際勞工局長曾來華考察勞工情形，他的報告書中，有這樣幾句話：『中國雖受國際勞工組織的建議，於一九二三年立法規定成年勞働者工作時間每日十小時，童工未滿十七歲者每日工作八小時，男童未滿十歲，女童未滿十二歲者，概不准僱傭在工廠內做工。但在事實上因中國連年內戰，租及割據地尚未收回，中國法律，不能及於外人所設之工廠，所以此種法律，始終未見實施。漢口許多工廠中，還有不少婦女和年在十四歲以下的兒童。上海繅絲廠中，六七歲的孩子們，都在那裏每天做着十一小時的工作。中國工人在十一小時的工作中間，祇有一小時的休息。工資近年雖略增加，却仍不足維持一家人的簡單生活。』至此，吾們對於帝國主義搾取東方弱小民族的低廉的勞動力，總可深知底蘊了！就第四項說，近代資本帝國主義的失業問題的聲浪，甚囂塵上，一般政治家辦理頗感辣手，這原是帝國主義，發展到現階段的必然的矛盾現象。帝國主義爲彌補社會缺陷和消滅社會危機起見，不得不將弱小民族，作容納失業人口的尾閭。近來安南外僑，逐漸增多。日本積極的向台灣朝鮮及中國滿蒙移民，政府極力鼓吹和獎勵，復以拓殖省爲其總司令部，這種政策，一面是由於過剩人口，一面也由失業人數的增加。就最末一項而論資本主義發展的結果便產生了大宗資金形成了資本肥大症，於是就想出海外投資的路徑由是帝國主義侵略弱小民族的伎倆，無形中又換上一個方式。今以英國投資印度的數目列表如下：（以一千磅爲單位）

| | | | | | |
|---|---|---|---|---|---|
| 一九一三 | 三七五二 | 一九二二 | 三六〇〇一 | 一九二五 | 三二五七 |
| 一九二〇 | 三五一四 | 一九二三 | 二四七八〇 | 一九二六 | 一五九七 |
| 一九二一 | 二九五六三 | 一九二四 | 五三七五 | 一九二七 | 八七六 |

美國向亞洲及奧大利亞的投資額如左：（單位爲百萬元）

| | | | |
|---|---|---|---|
| 一九一三 | 一七五 | 一九二五 | 八七〇 |
| 一九二三 | 五九五 | 一九二七 | 九五〇 |
| 一九二四 | 六九〇 | | |

日本對華的投資，據一九二八年日華實業協會的調查，竟達二十五億元，其內容爲對滿洲投資十三萬萬二千元，對華借款七萬萬元，此外在各地投資尚有五萬萬元。總之帝國主義向東方弱小民族的投資正在繼續不斷的進行中。吾們所以在上面，把帝國主義和東方弱小民族的經濟關係，略加敍述，無非認識帝國主義在東方的

跋扈和蹂躪，同時又以反證東方弱小民族受其掠奪和搾取的厲害。帝國主義雖是猛烈地前進和膨脹，但是內部所含的矛盾現象也日漸顯著。擇其重大者言之，則（一）帝國主義自採用新技術，利用新勞動組織後，生產率為之大進。但是因為資金逐漸減少，一般消費者的購買力，隨之銳減，幾百萬失業者之產生，就是這個原故。（二）自採用合理化的生產組織後，資金的集中，一天一天的進展，而失業也是加速度的增加，二者遙遙相對，恰如敵壘，幷且愈益激烈和擴大。（三）因為固定資金的日益加增，使資本的獨占愈趨獨占化，但是獨占的對面又有自由競爭。（四）自生產力強度地增進，消費力相對的減低後，盲目的無政府狀態的生產，漸趨於有節制有一統的生產，這種生產趨勢，又與個人自由的資本主義成反比例。這種種錯綜紛紜的矛盾現象，就是東方弱小民族解放運動的背景。第二，一九一四年的世界大戰，也是使東方弱小民族解放運動勃興的一個原因。因為歐戰時期，簡直可說是帝國主義崩潰時期。國際帝國主義，自相殘殺，戰敗國固然瘡痍滿目，狼狽不堪，就是戰勝國也民窮財盡，元氣大傷。整個的歐洲大陸，罩着灰色的紗幕，無論政治經濟或是社會，都陷於杌隉不安，滿目蕭條的狀態。中當在歐戰期間，世界上弱小民族——東方弱小民族也在內——被「民族自決」的口號所引誘着，一致加入協約國戰陣，國家萬衆一心的向素抱侵略野心的德國進攻，滿擬將帝國主義的德國消滅後，行將見青天白日，公理正義的世界，各民族的立腳點，都在一條水平線上，共享自由平等的福利。這原是一個很正當的希冀。後來德國終被打倒，大功告成。但是其他強權，竟效顰德國而繼起，巍巍然，赫赫然，有不可一世之概！且較諸德國，變本加厲，有過而無不及！所謂「民族自決」竟如「畫餅」「泡影」似的化爲烏有，許多參預戰役曾奏膚功的弱小民族，非但不得解放，反而依然如故，有增無減的忍受侵略。在這種情形之下，民族運動的意識，已自然而然的萌生於弱小民族間。因爲在那個時候，大家幡然醒悟，痛恨前非，世界上繼起列強，已被揭破面幕，而得窺其全豹，大家已有確切的認識，深刻的印象，和澈底的覺悟。從此，弱小民族都深信天下無論什麼事，最靠得住的祇有自己，要求民族的自由平等，祇有民族自身掙扎奮鬥，從黑沉沉的世界殺出一條光明大道，這樣才能免除帝國主義壓迫的痛苦，這樣才是民族解放運動的眞正唯一的途徑。當此之時，歐洲大陸內產生了芬蘭辣脫維亞Latvia立陶宛愛沙尼亞Estonia波蘭捷克斯拉夫匈牙利和愛爾蘭八個新興的國家，羅馬尼亞猶哥斯拉夫希臘三個勢力擴大的國家。此外有愛爾蘭獨立運動之勝利，以及拉丁美洲民族運動勢力之膨脹，在在足以使東方弱小民族，感受一種强有力的刺激。所以這時期內接二連三的革命運動，也就是東方弱小民族解放運動的開篇。總結一句：一九一四年的世界大戰，也是東方弱小民族解放運動發生的一個原因。第三，十九世紀末葉，日本民族運動之成功，以及戰後俄羅斯革命與土耳其革命之完成，也足以促進東方弱小民族運動的發生。同時，使東方弱小民族運動，趨於反帝國主義的聯合戰線。他們深信弱小民族，在國際帝國主義的壓迫之下，要想解除痛苦，只有聯絡其他被壓迫的弱小民族，共同站在同一的反帝國主義的基礎上，造成一種偉大的勢力，來從事運動，這樣才有眞正成功的一日。因此，近年以來，東方民族主義運動的勢力已彌漫及全亞洲，回教民族團結的勢力正在努力地進展，中國和印度各民族的聯合戰線，也將全部告成。我們試看在中國印度朝鮮菲律賓波斯阿富汗爪哇馬來羣島以及其他許多地方民族解放運動的波濤盛極一時。由上說來，日本俄國和土耳其的民族運動的成功，不啻為東方弱小民族解放運動的興奮劑，所以也可說是發生的一個原因。

## 二　土印韓相繼而起的獨立運動

甲、土耳其　土耳其人原是一種游牧民族，屬黃色人種的北方系，就是中國古時所謂「北狄」。隋唐時號稱「突厥」，十三世紀時為避免蒙古民族的侵略，由中亞西亞西遷。一二八八年由他們的酋長叫鄂斯曼的在小亞細亞建國，以回教為國教，後來拓地日廣，人種宗教，漸形複雜，迄今已有六七百年的歷史了。土耳其當全盛時代，總以大國自居，對於異教人民，抱着一種蠻夷戎狄的偏見。對於關稅稅率則採用協定制度，隨時有變更的可能。對於外人的犯罪，却任他們自由處置。在國勢強盛時，這種情形，沒有什麼關係。其後國勢陵替，不平等條約，東縛得不能顫動，歐洲列強在土耳其國內享有種種特權，如（一）外人僑居土耳其國境內，有任意居住和自由旅行之特權；（二）外人在土境內有領事裁判權。外人犯罪，土國不得加以干涉；（三）外人在土境內，可自由設立學校教會，直接受該本國的保護；（四）土耳其的關稅率，非得列強同意，不得擅自改動；（五）土耳其國內的歐洲商人享有免稅特權。這樣，土耳其完全淪為列強的殖民地。那時情形，與今日中國相較，不相上下。至十八世紀以後，土耳其衰弱更甚。俄皇尼哥拉一世稱土人為歐洲病夫，而屢次想吞併這個病夫的固有財產，終因列強意見糅雜，未能成功自十九世紀後，瓜分的危機愈益迫切，列强對於土耳其，不是嗾使土耳其國內的異教民族的獨立，——如一八二九年希臘的獨立，一八七九年塞爾維亞羅馬尼亞門底內哥羅 Montenegro 等的獨立和一九○八年保加利亞的獨立——便是直接强佔土國的領土，——如一九○八年奧國佔領波斯尼亞 Bosnia 黑色哥羅那 Herzegovinir 和一九一二年意大利佔領多里波里 Tripoli——在那個時候，土耳其的國勢可算是低落到極點了。並且當時政府非常腐敗，對於喪地，不甚留心，官吏依然行私舞弊，不改常態，所有行政機關，既無秩序，又乏實力，外患至時，必用和平方法解決之。這時，外國的壓迫一天比一天厲害，國家領土一天比一天減少，而政府始終昏聵瞞頇，任其自然。在這種情形之下，愛國志士，都起來從事革命運動，預備推翻腐敗的政府，廢除不平等條約，另組新土耳其，以謀國家的解放。在十九世紀中葉，土耳其國內愛國者，風起雲湧，不過因為政府採取高壓手段，所以祇好暗地進行。其中最著名最有力的，要算青年土耳其黨 Young Turk Party 一八七六年該黨領袖米達德 Medhad Pasha 目擊俄國的橫加侵略，憤恨難堪，遂乘此時機，率青年土耳其黨，致力革命，把舊帝廢去，另立哈審二世 Abdul Hamid II 為蘇丹，彼自己為內閣總理，强迫哈密，頒布憲法，召集國會。憲法的重要點，就是(一)土耳其帝國是整個的；(二)凡屬土耳其人民，不問宗教如何，都有同等權利義務，(三)法律案和預算案都須經會議通過；這種舉動，為哈密及其他保守派深為不滿。不久，米氏竟被貶殺，而改革事業完全失敗。一八七八年，列强在柏林開會，其結果又使土耳其領土喪失了許多，全國人民更是怒髮沖冠，青年土耳其黨人，從過去的失敗歷史，深知欲完成革命事業，須從聯絡軍隊下手，所以一面宣傳主義，一面和軍人聯絡，勢力漸大。至一九〇八年，又得亞爾巴尼亞 Albernia 軍隊的援助，於同年七月二十三日，舉兵於薩羅尼加，Salonika 以恩威爾 Enver Bey 爲首領，再掀起革命的狂潮。這次要求哈密二世恢復一八七六年的憲法，哈氏爲勢所迫，勉强俯允，恢復憲法，召集國會，並予人民以言論出版信仰結社集會等種種自由。可是哈氏毫無誠意，不久，又要想廢除憲法。於是青年土耳其黨的軍隊，遂進駐君士坦丁堡，廢哈密二世，而立謨罕默德五世 (Mahamet V) 爲蘇丹。其時，政權雖已操在黨人手中，但青年土耳其黨至此遂分爲二派。從後土耳其政治的變動，就以集權主義與分權主義兩派勢力的消長爲轉移。此輩黨人未經相當政治之訓練，故行政上不免有失之偏激的地方。但是他們執政後的努力精神，實在是令人欽遲。他們除知土耳其統一的障礙；就是國內民族之複雜錯綜，所以決定把所有國內人民，一律加以土耳其化，極力鼓吹土耳其主義及汎回教主義 Pan Turkism and Pan Islamism 嚴禁國內人民學習土耳其語以外的文字。這個政策，一面以謀大土耳其之實現，他方面可以防止俄國對異教民族的煽惑。此外，要求各國廢止不平等條約，以謀土耳其之解放。這兩種主張，都是對於土耳其的統一獨立，有莫大之關係，可說是醫治土耳其歐洲病夫的對症藥劑。不過前者因爲操之過急，頗爲人所反對，但結果終底於成。後者因爲列强有種種花言巧語的藉口，如風俗習慣之不同，土耳其法律的不完備等，以致未達目的。一九一二年巴爾幹戰事發生，土耳其滿擬用和平手段，實行廢止。但因他爲戰敗國，卒無法應付。嗣大戰發生，土曾於一九一四年十月一日突然廢止一切不平等條約但終局又告失敗反而加上許多不平等條約，這是一個土耳其的大打擊。大戰後土既失敗，乃與協約各國締結「摩德洛司休戰條約」依照戰敗國例，一切都任協約國自由處置。協約國乘戰勝餘威，遂以驅逐土耳其於歐洲外為目標。一九二〇年簽訂綏佛爾 Sevres 條約，所有土耳其固有領土，都被分割淨盡，東答臘斯 Eastern Thrace 劃於希臘，君士坦丁由協約各國派兵佔駐，海軍全部交出，陸軍從速繳械，一切要塞及各處交通機關，均歸協約國自由處置和使用。並且意大利駐軍於亞達利亞 Adalia 希臘屯兵於斯密拿，在美索不達尼亞駐有英軍，在敍利亞則有法軍。這樣，土耳其所賸餘的領土，不過是吉徐爾伊馬克阿 Kizil Irm ark R. 流域的黑海峯一帶。此時統治政局的黨人，逃避一空，繼起的政府，無能為力，祇做協約國的傀儡而已！蘇丹的舊臣暨土耳其國民，更是垂頭喪氣，一籌莫展，好像刀俎上的魚肉，只待分割了。在這樣悽慘危亡九死一生的局面之下，土國人民，忍無可忍，終於一九一九年五月，霹靂一聲，凱末爾——土耳其救主——率領他的國民黨同志，在小亞細亞的埃爾斯倫，正式豎起革命的旗幟，拼命奮鬥，把命在旦夕的土耳其救了出來。這也為吾們所夢想不到的。凱末爾 Mustafe Kemal Pasha 是國民軍的領袖，又是土耳其的唯一的大救星。於一八八〇年生於巴爾幹半島東北部的薩羅尼加。在十四歲那年，肄業於薩羅尼加的陸軍預備學校，及長，又升入君士坦丁堡的軍事大學。他的自由思想與革命思想，已在那時一步一步的潛滋暗長。畢業後，在君士坦丁堡的參部內供職，卽開始他的革命運動，立了一個自由黨，不幸被哈密德第二的偵探發覺，處了三個月的監禁。後來，回到他的故鄉薩羅尼加，積極活動，又被發覺，放逐到亞克白去。後來，因遇君士坦丁堡的陸軍大臣卸職，有了更動人員的機會，他再被調至薩羅尼加，暗中仍舊活動。當時，有一部分人因鑒土耳其國勢的危殆，組織了「青年土耳其黨」，凱末爾就把自由黨和他併合國內各革命團體，都受這個總機關的支配。到了此時，土耳其的革命事業，已由預備時代遞演而至實行時代了。本來土耳其的革命運動，可分為兩個階段，一為一九〇八年的「青年黨」人革命，一為一九一九年的「國民黨」人革命。土耳其的救國事業，雖在凱末爾一派的國民黨人發起第二次革命，才有驚人的成功，但凱末爾對於第一次革命，也曾參預過。自休戰條約締結後，凱末爾被放出君士坦丁堡，貶為小亞細亞東部埃爾斯倫州的一個小小鎮守使，這樣反給予他一個造成新興的實質的勢力的機會。凱末爾在埃爾斯倫，撫輯流亡，整軍經武，從事於一種新勢力的創造。各處愛國志士，聞風響應者頗多。不久，即發起國民軍，組織國民黨，對帝國主義與蘇丹政府開始奮鬥。該黨同志都係覺悟份子，實為新土耳其的新生命所自出。後來，君士坦丁堡政府的內閣，以不堪攻擊而倒，乃由國民軍要求成立新議會，國民黨同志在選舉中大獲勝利。於是國民軍的根據地，此時由東部遷至小亞細亞中心的安哥拉 Angora 一九二〇年一月召集第一次新議會於君士坦丁堡，二十八日發表一個在土耳其復興史上最有名的「國民公約」National Pact歐美人稱之為新土耳其的獨立宣言，The Declaration of Independence of the new Turkey 約中要點如下：(一)奧斯曼的回教民族所住的地方不能分割；(二)住民多阿剌伯人的地方，由其投票自決；(三)西色雷斯

Western Thrace 亦由其住民自決(四)所有政治上司法上財政上及其他種種有礙土耳其獨立的限制，一律反對；國民公約雖爲土耳其的福音，但實爲帝國主義者的眼中釘。所以在一九二〇年春間協約軍隊，進至君士坦丁堡，一面要求土皇嚴懲國民黨，一面將陸軍海軍部完全包圍，土皇一概承認，於是國民黨與土皇政府宣告決裂。在安哥拉召集各議員開會，改稱國民會議 General National Assembly 並議定「根本組織法」Law of Foundamental Organization 成立國民黨的國民政府。凱末爾以國民議會議長資格，總理一切，氣象煥然一新。一九二〇年五月，協約國將擬定的對土條約，交與土政府，八月十日雙方代表在巴黎西南的色佛爾簽字。這條約結果，土耳其就失去了八十萬方英里的領土和二千五百萬的人口。并財政和軍事，須受英法意三國委員會的監督，治外法權和關稅限制等不平等條約，都恢復原狀。此種亡國條約，安哥拉政府一面警告舊政府，一面發表宣言，誓不承認，後來也沒有什麼相當結果。一九一九年五月，希臘竟派兵佔據土耳其的士麥那，聲勢浩大，竟無磋商餘地，於是訴諸武力。國民軍與希臘軍苦戰了三年之久，其間雖由英法意等國先後招請雙方代表會議於倫敦與巴黎，都無效果。此次戰役，因爲國民政府團結努力，軍隊已受新訓練，迥非舊軍隊可比，希臘竟致一敗再敗，到完全退出小亞細亞。這樣電掣風馳的勁旅，誠使帝國主義者爲之心寒膽裂。土耳其既敗希臘，又得力於對俄對法對意以及其他國的靈敏外交，於是在一九二二年十一月二十日舉行「洛桑會議」，到了次年二月四日，以談判破裂而中止。四月二十日，第二次洛桑會議又開，幾經談判，至七月二十四日，簽訂「洛桑和約」

將不平等條約，領事裁判權，關稅協定制，一概取消。君士坦丁堡的駐軍，也同時撤退。當一九二二年國民軍打敗希臘，接着就要開和平會議的時候，新政府想乘着戰勝威勢，廢除蘇丹，以掃除歷來的積弊，遂於同年十一月一日由國民會議議決實行廢除蘇丹政治。從此以後，土耳其就沒有皇帝了。十六日，復議決查辦前蘇丹及各大臣，於是名義上回敎主的前蘇丹謨罕默德六世，不得不倉皇出走，溜之大吉。十八日，國民會議另立伊凡第 Abdul Mejid Effend 爲回敎主，並增訂法律，嚴禁一切復辟運動。這樣一來，把土耳其的舊政府，澈底的肅清了。降至一九二三年十月二十九日，國民會議，正式宣告土耳其爲民主國，同時選舉凱末爾爲第一任大總統。從此，非常時期告終，建設時期開始。一九二四年四月二十一日正式頒布「土耳其憲法」。至於建設方面，則普及敎育，整興實業，改良司法，提倡女校，都在積極進行，向着光明燦爛的路上前進。土耳其常稱爲「近東問題」，與我國之稱爲「遠東問題」，遙遙相對，現在我們看了土耳其怎樣從危亡的局面下拯救出來，吾們當如何的努力和奮鬥！

乙、印度　印度是大不列顛帝國的中心點，印度革命就是因爲受了英國的侵略和壓迫，人民生計維艱而發生的。英國對於印度的侵略，可由兩方面敍述之：第一，政治方面，英自佔領印度，便發布施令，將印度政治組織，根本變動。掌握全印政權者爲總督，任期五年，由英王親自任命，現駐在特里 Delhi 地方。他眞可說是印度的唯一獨尊的皇帝。英國統治印度，非但行政制度，極其惡劣，就是官吏處事，也很橫暴。例如印度人口總數中，有四分之三，屬於農民，國家大宗的收入，就是從他們身上所征的賦稅。但是立法機關中，並無農民份子的參預，足以發表他們的意見。印度政府採取中央集權制，總有尾大不掉之情勢。英政府以三千不列顛的官吏，統治三萬二千五百萬的印度人。這般官吏又不甚了解印人的風俗習慣宗教種族等，其處事的不當也可想而知。至於印度一切行政長官，都由英人充任，祇有所餘低小位置，才許印人參預這是很顯見的政治上的不平等。英工黨內閣下的印度總督，曾發表宣言，其內容有如後述：

『英政府政策之目標，已見於一九一七年八月宣言中，欲規定自治機關逐步之發展，以圖印度有進步自治政府之實現，成為大不列顛帝國中一完整之部份。余奉英皇喬治陛下諭旨，陛下欣然意欲一九一九年國會所訂計劃，應用作使英轄印度可獲得在英國自由領土中適宜地位之方法。英政府願印度於充分時期中在帝國以內可獲得與其他自由領土同等地位，余代表大不列顛政府聲明。印度憲法進步之自然結果，即為獲得自由領土地位。……英政府以為下述兩項目的：（一）尋求了解英轄印度方面對此問題之最良方法；（二）保障在此方法中勿忽視大印度兩部份間將來較為密切關係之較大問題，欲期其達到最妙採用西門爵士所舉之手續，擬邀請英轄印度之各黨派與各方面之代表以及印度各代表赴英各別的或聯合的與其會商一切云。』這裏所謂一九一七年印度漸行自治的聲明及一九一九年印度改良案，都屬形式上的表示，未見施諸實際。我們試觀印度的上議院和衆議院，上議院六十名以上之議員中有二十名由官吏選出。下議院一百四十四名的議員中，有二十六名為官選議員。任期兩院不同，上院議員任期五年，下院議員任期三年。但總督享有延長或解放之權。下議院議長由總督任命，且有時得了不列顛帝國議會的同意，就可制定與上院或下院希望相反的法律。

由是以觀，這種罕見希有的立法機關，那能不引起印人的革命運動？第二，經濟方面，吾們要知道印度是英帝國主義生存之經濟的命脈，英國大量的商品都需要印度市場來銷售。英國大量的生產原料，都需要印度來供給。印度確是英帝國主義唯一的延命湯，尤其最近幾年英國經濟地位，江河日下，更使英帝國主義者要加緊侵略的工作，以維持其孤城落日的生命。本來，印度是一個農業國，全國有六八六、〇〇〇個鄉村，從事農業者在一八九一年是百分之六十一，一九〇一年是百分之六十六，一九一一年是百分之七十二，一九二一年是百分之七十三，到現在差不多是百分之七十五——八十。自資本主義衝入農村的藩籬，印度農村經濟受莫大之影響，貨幣經濟化，生產品商品化，村落共同組織的團體，都被破敗。歷來積業制度也已廢除，人民生活從此倍覺痛苦。據 Kunluen 統計，印人每年祇有收入三八個盧布，日本每人歲入較多三倍，西班牙較高五倍半，德國高十五倍，英國更高出二十五倍。又據在彭查浦 Punjab 的調查，所有村落，不負債的不到三分之一，甚至在十分之一以下。就全部看來，負債者佔百分之八十三。負債總額達土地收入總額的十二倍。農民直可說是「生在債裏，活在債裏，死在債裏」。從一八七六年至一九〇〇年，曾有十八次飢饉，死亡達二十六萬人，這都是英帝國主義侵入印度農村的結果。印度大部分的原料和生產物，都被英國無條件的輸出。英帝國主義向印度搾取原料，年值兩千萬磅。英日在印度的工業勢力，有鐵路交通銀行礦山電車工廠等。英國對印度投資的數量在一九〇八至一九一三年，輸入印度和錫蘭的資金佔英國輸出總額的百分之十三。一九二一至一九二二年，在英國輸出資本總額上，印度和錫蘭佔有各地中的最大數目。一九二〇——二七年佔總額百分之十九。一九二八年英國經濟雜誌報告，印度總督投資額五百七十兆金磅之中，英人所有的達四百七十兆金磅之多。代表大英帝國權力的為東印度公司，專以破壞印人工業為能事，務期把印度變為英國的原料供給地和物品大銷場。印度轉輾於英帝國主義的政治經濟的兩重壓迫之下，安得不感痛苦？安得不起革命？這就是印度民族革命運動的原動力。在歐戰以前，印度曾屢起革命運動，至歐戰期間，印人受英誘騙，以為戰勝後便可大家享福，所以他們就停止革命工作，跑到歐洲參戰。迨戰事結束，印人非但不得些須利益，且由英國執行限止回教的計劃。因此，他們繼起革命運動，將「印度回教同盟會」聯合一致，共同進行，以謀民族的解放。一九一九年和一九二〇年，革命領袖甘地 Mohandas Karm Chand Gandhi 召集全國國民大會，通過不合作主義。Non Cooperation 他的不合作主義，決不是僅僅乎逆來忍受的意思，實含有憑藉不合作而抵抗的意思，所以他說：『我提倡不合作主義，是要喚起勇敢；不合作主義其實就是等於自我犧牲的訓練。』所以這種主義，不是退却，還是進攻，不是膽怯，還是義勇，不是苟存，卻是奮鬥。他把近行程序分作四步，依實際的需要而按序進行。第一步，印人得過英政府所頒的官銜和爵位的，一概歸還拒絕；第二步，凡在政府各機關服務的印人，一概退出；第三步，印人一概不再在軍警中服務；到第四步，則全國不納租稅，非做到印人有自治的政府不止。最初，這種運動有驚人的成績，但甘地的民族意識，關於全民衆而非階級的，所以他的不合作主義，在勞動者和貧農的實際行動中，不久便不知不覺的消失起來。一九二三年春季拘捕甘地入獄，忍受多時鐵窗風味。從此大規模的不合作運動遂致烟消雲滅。自甘氏入獄後，印度革命運動漸漸的向着兩個新方向進行，一是組織貧苦的農工羣衆組成偉大的革命勢力，作爲堅實的革命基礎。一是代表資產階級利益，與英妥協而從事民族主義運動的自治黨 Swaraz Party。該黨政策就是以合法手段，參加立法會議，奪取立法機關，以脫英國的桎梏和鎖鏈。一九二五年四月，自治黨公然宣布放棄防害議會事的進行，承認就政府的官職，這種妥協的開倒車的政黨，不久就失去領導民衆的資格了。現在印度的革命運動，因爲得到了前幾年許多的教訓和經驗，更形進步，把國民全體聯合起來，加以切實的組織。去年四月中，甘地不合作運動又彌漫着全印，此次運動的重心，就在破壞鹽法，詳言之，就是大家製鹽售賣民鹽。甘地偕許多義務員分赴各處，從事破壞。四月六日晨六時，甘地於祈禱後，率從者八十四人，直赴海灘，甘地緩步而進，狀極莊嚴。義務員在喊着甘地萬歲呼聲中，步入海水中，旋拾起積於灘上之鹽，鹽法乃破。十三日，印人數十萬集於海濱，舀取海水，沿途高唱愛國歌，歌詞大意無非謂鹽法已破。迨至日落，印人舉鹽法之肖像，投諸海中，聲言鹽法已長埋海中，旋號角大鳴，以壯聲勢。因爲天天努力地進行破壞鹽法事，大遭英政府的痛恨，於是繼續不斷的逮捕。六日甘地子蘭達甘地及其義務員四人，因破壞鹽法被拘，知事者曾諭令交保，但被拘者拒絕覓保。——，全印國民大會會長尼赫魯，因破壞鹽法，在部克車站被拘，結果判處徒刑六月。對搜查方面，亦甚注意。十日，警察搜查孟買國民黨大會總部拘去祕書與義務員司令各一人。當警察驅入門時，有婦女數人，從事抗拒，終被警察驅出。所有製鹽器具及鹽，一概沒收。英帝國主義雖多方破壞不遺餘力但印之不合作運動風靡全地，不可制止，前仆後繼，肉搏奮鬥此種革命精神誠令人肅然起敬。甘地在遊行中發表宣言說：『被捕是非武力不合作之邏輯之結果，拘捕監禁等等，乃不合作領袖必須經過之一種試驗。苟彼自身能毫不退縮，彼所代表之諸人，亦能以領袖爲法再接再厲，將來總有達到目的之一日。』又在但棣對民衆演說：『余若被捕，余將不驚亦不畏。政府若決定僅捕幾個首領爾等仍須不斷的進行爾等工作。因時至於今，爾等縱無領袖，亦必知所以自處，並能自信也……』又印度國民黨人巴德穆 Partem 所寫論文云『……甘地之反對印度政府，其扼要之點在政府之漠視民瘼，印度民衆困苦衰落已達可驚程度，而英官場……今日印度之各階級無論屬於甘地之旗與否，無不厭惡現政府，而圖有以代之，渴望得一爲民衆謀幸福之制度，以拯人民於水火之中。』從上看來，如火如荼的印度民族運動的成功，不過是時間問題罷了。

丙、朝鮮　誰都知道朝鮮原是中國的一個屬國，他和中國關係的密切，儼有唇齒相依的趨勢。自被日帝國主義用欺騙手段取得後，施種種慘無人道絕無僅有的高壓暴迫於朝鮮人民。日本之滅亡朝鮮，約略可分爲四個時期：第一，是自一八八二年——明治十五年——至一八九四年，此時日帝國主義的求中國允許「朝鮮之獨立」，第二，是從一八九五年至一九〇四年止這個時期，日帝國主義極力制止俄國的侵入以維護其在朝鮮之特權。第三，是從一九〇五年至一九一〇年，斯時朝鮮已變爲日本之保護國，實際朝鮮已沒有自由獨立的可能性。第四，是從一九一〇年以後，朝鮮在名義上事實上已爲日本之征服國，全國人民就開始過奴隸式的生活。

日帝國主義滅亡朝鮮後，就有日本天皇任命朝鮮總督，前往執政，府中設有內務局財務局法務局學務局警務局，殖產局等其他尚有許多專事壓迫和同化朝鮮民衆的機關。朝鮮總督有莫大之特權，儼如朝鮮的皇帝。他在認爲保持安寧秩序的必要時期，有調遣駐在朝鮮的陸海軍司令官之權。此外，總督又能發政施令，規定處以一年以下的徵役禁錮拘留以及二百元以內的罰金。總督下，設有政務總監襄助總督辦理政務，且日帝國主義用欺騙詭譎之手段，特設一個所謂中樞院，由七八的朝鮮貴族和閥族所組成。但此祇爲諮詢機關，實際上毫無權力可言。朝鮮境內駐有日本兩個師團，名義上說是保護鮮民，其實是專以蹂躪壓迫鮮民的。這種軍隊除受總指揮外，於緊急時，尚有便宜行事自由處置之特權。所以朝鮮人民時時刻刻有生命危險之可能。在朝鮮「警察犯處罰令」內，規定人民犯有下述數條，應受嚴厲處分：(一)無故强要會面或有威迫行爲者；(二)强制加入任何團體者；(三)無故干涉他人之交易以及其他勸誘教唆訴訟爭議足以惹起其他紛擾行爲者；(四)任意向官署請願或陳情者；(五)捏造種種不穩之謠傳或揭示宣布朗讀各種不穩之文書圖畫詩歌者；(六)捏造謠惑人心之流言及虛報者；(七)故意妨礙他人或追隨他人者。以上就是八十七項「警察犯處罰令」中的七項，尚有所謂「保安規則」，茲摘錄數條於下：(一)警察官爲保持安寧秩序計，於必要時，得制限禁止或解散集會羣衆運動及羣衆集會等。(二)警察官於街道及其他公共場所，爲保持秩序計，得制止公佈或朗讀文書圖畫。(三)關於政治上不穩之言論動作，或煽動嗾使他人及干涉他人之行爲而妨害治安者，處以五十以上之苔刑，十個月以下之禁獄或二年以上之徵役。(四)關於政治之集會，及在露天之多數集合，一律禁止之。(五)理事官受總監命令，得檢閱新聞紙原稿，禁止有前條所述（妨害安寧秩序等）的紀載。(六)如不受檢閱或紀載被禁止之事項時，其發行人及編輯人受一年以內禁錮或三百元以下罰金之處分。所以朝鮮各地密佈着一觸即發動輒得咎的法網。鮮民生活苦痛，概可想見。上面所述祇關於政治方面，茲請述經濟方面之侵略。朝鮮總督府的財政，以租稅收入爲其大宗，其中地稅占百分之五十五，砂糖消費稅及酒稅等占百分之三十五，其餘均屬有收益稅的法人的所得和交易所的營業稅等。大部分地稅的負擔者爲貧苦民衆——佃農貧農等。其餘收入，大都取諸勞動者身上。支出方面，總數三分之一，用於專事壓迫民衆的警察裁判所和其他官署職員上。三分之一，是用在支給補助費土木費鐵路建築費耕地改良和擴張費者。又三分之一，支給朝鮮總督的各種專賣事業和國債整理基金。至於處在重要地位之圖書敎費，祇全數百分之一罷了。總之，朝鮮的財政由日帝國主義代爲處理，鮮人無置喙餘地。除財政受束縛外，對於國民經濟，亦施極厲害之壓迫。例如調查鮮人的私有財產，凡滿幾百元以上的款項，須由其雇用日人代管帳，用錢時亦受限制。假使鮮人有五百元以上款子，則日本政府力促其早日存往銀行，需用時，先把用途詳細塡就，經銀行辦事人過目後，方可支付。否則，銀行辦事人如認爲不可給予者，就不照付。他們的權威，好像把一把刀放在人的頸項上，有生殺予奪的權能。此外，對於朝鮮的工商事業，亦施同樣手段，唯望其不能進展而由日人來享有和壟斷，并且買賣物品，都抽重稅，甚至販賣小菜的鮮人，亦平等待遇，照常徵稅，毫無商量餘地。這都關於經濟侵略。至於日本對朝鮮的文化侵略，亦甚厲害，在朝鮮境內，有許多日人創辦之學校，然其教育完全以愚民政策爲宗旨，校中課程，以日文日語和日本歷史爲主要部分。關於朝鮮歷史，一概毀滅，不准教授。且朝鮮人之赴歐美或中國留學，也在禁止之列，除偷偷捏捏的出外留學外，再沒有第二個辦法。這種同化政策，充其量必至朝鮮人的民族思想，消沉至滅種滅國而不覺。但是，吾們知道，壓迫愈深，反抗力愈强，朝鮮人在政治經濟文化方面，忍受着極殘酷的壓迫，而民族革命運動，卽以此爲開端了。朝鮮自被日帝國主義滅亡後，獨立革命運動，前奔後繼，層出不窮。其間直接間接爲革命流血而犧牲的青年志士，不知其多少。一般民衆，受到歷次革命的影響，都已豁然開朗，大家醒悟，深知獨立革命之急迫和需要。每當革命旗幟飄展的時候，莫不磨拳擦足，徒手奮呼，不顧身命，爭爲先鋒，這是朝鮮革命未來成功的象徵。朝鮮的革命運動，屢蹶屢起，繼續不斷，其經過情形，可分幾個時期述之：

第一期的革命運動——一九〇七年，在海牙正開萬國和平會議時，朝鮮王曾密派代表前往出席，向該會說明乙丑保護和約，係由日本强迫簽訂，應不生任何效力。該會本想助一臂之力，不過當致電鮮王詢問有無派代表之事的時候，朝鮮總督伊藤博文竟捏造電文，謂毫無其事。因此，這次運動，完全失敗。

第二期的革命運動——這就是一九一〇年至一九一三年間各地革命運動，在這短短的三年中先後而起的大小革命運動不下數十百次。但結果均遭失敗，殊堪痛心。

第三期的革命運動——朝鮮人深知日本之宰割朝鮮由伊藤博文親自參預，故朝鮮人對於伊氏咨嗟涕視，切齒唾罵不絕口，似有不共戴天之仇，總想一旦實施報復手段，以暢鬱積之氣。後來終有安重根刺殺伊藤博文的事情發生。此事雖未使朝鮮獨立成功，但於朝鮮革命史上，實爲光榮之一頁。

第四期的革命運動——當歐戰告終，巴黎和會開幕時，旅外朝鮮人，曾舉行大規模之獨立革命運動，組織臨時大韓民國政府議政院及各機關，各地聞風響應，聲勢浩大。這種精神，眞使吾們欽佩靡旣的。不過後來因爲失敗，國內居民，反遭大屠殺之慘刑，計被殺者有八千三百五十餘人，入獄者有數十萬人。這種殘忍慘酷的行爲，簡直是人類歷史上空前未有的。最近又有大規模的運動，事端發生在前一年十月三十日朝鮮光州地方，由日本學生福田等在路上調戲朝鮮女生扑奇玉而起。剛巧接着就是十一月三日的日本明治天皇紀念節，日本正在興高彩烈時，朝鮮人的革命情緒，遂如波濤洶湧的高漲起來。是日上午十二時，朝鮮學生七八人與日本學生十餘相遇於途，由日本學生之謾駡詈譽而卒引起兩方的毆打。後兩方學生，陸續參加，各至數百名，形勢頗爲之緊張，肉搏結果，互有輕重傷者十餘人。於是警察署遂下全體動員令，將朝鮮學生，不分皂白，一概拘捕。後全市騷動，各校朝鮮學生作大示威遊行，朝鮮市民亦一致參加，當被捕者及負傷者，共達數百人。翌日，又有大示威運動，沿途散佈傳單高唱革命。並喊打倒「日帝國主義」「韓國獨立萬歲」等口號。武裝守備的日軍，竟向示威羣衆施行慘酷無情的鎗殺，計是役殺死四十餘名，被捕負傷者二百餘名。此後，革命聲浪，逐漸展開，就激起了京城學生的義憤。十二月二日夜，京城市內，傳單標語盛極一時，雖在祕密進行，隨即被日警偵知。從三日清晨起，共計逮捕各校學生至九百餘名之多，發動二千四百餘名的武裝警員及救火隊出巡治安。未幾工人市民學生，益爲憤慨。九日，示威運動最劇烈，各校學生，或在校中或在街頭，與軍警格鬥。當日被捕學生，有一千四百餘名之多，全城所有警察署留置場倉庫監獄等，均作臨時拘留所。這時全市已陷於殺氣陣陣的狀態之下。迨至十二月下旬，全國學生，一致罷課遊行，如平安道之平壤宣川咸鏡道之咸興元山忠清道之公州清州陰城黃間沃州，全羅道之裏里羣山榮山浦順天寶城靈岩等等。自全國革命學生罷課後，宣川洪原大邱釜山仁川城津等各地勞働者，繼起罷工。金海駕洛的龜浦農場進永的闕沼農場，嶺美的日海農場和其他各大農場的佃戶，拒絕納租，而全國罷課罷工罷市和抗租運動，風起雲湧，不可遏止。後總督府當局，即招鄉下軍人日商團共同協助，强迫制止。同時，日本當局，忽宣佈實施地方自治制，俾得和緩朝鮮人之革命運動之情感。並親派親日官僚多人，前往各地，遊說宣傳現督之文化政治，但終無相當效果。至一月十五日，京城學生，又起大暴動，當場被捕者不下一千餘人。但日警的手段愈兇惡，民衆的反抗也愈激烈。十六日上午有女生千餘名在大街從事示威運動，男生加入者亦甚多，狂呼革命口號，與日警繼續不斷的衝突，負傷者不可勝數。是日夜，朝鮮劇場，又有不少青年作慷慨激昂的演講，觀衆千餘，同聲呼應。於是日警嚴扃門窗，實行拘捕。自各校關閉後，學生各自回鄉，在家鄉又作猛進之反日宣傳，使革命運動得以伸入多數農民腦海中，此益使日方對付困難，弄得手足無措。日本壓制朝鮮人一個強有力的工具，就是所謂「警察網」，於每十里中遍設警察所，在每一警察區域中復劃分數區，每區置祕密偵探一人，偵察該區住民之一切思想行為。警察署復備有視察人民簿及不逞韓人名簿。前者記述一般有思想者之一切行為和輿論，後者專記內外亡命者的職業及姓名，以須防其不測的舉屑。此次學生奔走革命，日警即將兩姓名簿中記有姓名者，一一逮捕下獄。因此各地學生，裝扮鄉民，從事聯絡，後被日警發覺，乃斷絕通信與交通（僅許商人往來）。說到這裏，吾們不得不佩服帝國主義者伎倆之詭譎。最近形勢已較和緩，但其革命運動，將永無妥洽。一天朝鮮忍受着侵略和壓迫的痛苦，迄已二十餘年。他們既然不甘轉輾於日帝國主義者的鐵蹄下，自然會發生革命運動，而且這種肉搏奮鬥的革命運動，必然的得到最後成功的。最後，吾們很盼望朝鮮民衆與其他東方被壓迫民族，團結一致，互相聯合，採取一致行動，共同向帝國主義者進攻，同時東方被壓迫民族更須從速聯合起來，予朝鮮民衆以物質上及精神上之援助。

## 第四章　戰後西方弱小民族的獨立運動

戰後西方弱小民族的獨立運動，吾們可以愛爾蘭作代表。愛爾蘭革命是受英帝國主義的壓迫而起的；牠原是英倫三島之一，地位與英格蘭相近。自英皇亨利二世 Henry II 征服愛爾蘭北部後，無論在立法方面，在行政方面，在經濟方面，愛人總是忍受英國的壓迫，常思起而抗英，實現民族的獨立，這就是愛爾蘭民族獨立運動之由來。講到愛爾蘭的獨立運動可分兩個時期來說，第一時期是大戰前的革命運動，第二時期是大戰時與大戰後的革命運動。吾們先就第一時期來說。自英人得了美國獨立的教訓後，對愛爾蘭議會在美國獨立前所要求的權利，概予承認，愛爾蘭議會與不列顛議會，同在不列顛君主下，名義上一律平等，無所偏頗。但是實際完全不同，不列顛議會，常欲統治愛爾蘭議會，所以常有政治上紛爭的事實。後來愛爾蘭議會不幸終被解散，將不列顛與愛爾蘭聯合成一王國，不分什麼畛域。這樣愛爾蘭人心裏又大不滿意，反抗英國的革命運動不時發生，同時英國也施以苛刻殘忍的處置手段。其後許多僑居北美的愛爾蘭人，在一八五七年組成一個斐安會，The Fenian Brotherhood 專事破壞的暗殺的革命舉動，在一八八二年暗殺愛爾蘭總督，英人大驚，起而消滅斐安會，凡屬該會會員，莫不施以嚴刑，其餘愛爾蘭的政治家和文人學士，也都被監禁。吾們要知道斐安會雖沒有多大貢獻與愛爾蘭，但是後日英國自由黨員所以屢次向議會提出愛爾蘭自治案，Home Rule 也未始非受斐安會的影響。除了愛爾蘭斐安會外，復有愛爾蘭國民黨，以要求愛爾蘭自治為目的，領導者為帕尼爾。Charles Stewart Parnell 帕氏原是英國議院愛爾蘭的議員，國民黨之所以勢力日大，英國自由黨首領格拉斯頓 Gladstone 所以會和國民黨攜手，這都是帕氏努力之結果。格拉斯頓氏既和愛爾蘭國民黨合作，力主愛爾蘭的自治，但奏曲非高，和者寥寥，卒無圓滿結果。政治方面，既遭頓挫，於是再從經濟方面着手，努力在一八九〇年起，愛爾蘭協同組合的運動盛行一時，此種運動目的，是在從經濟方面建設新愛爾蘭。但是後來命運乖舛，英國大資本家的壓迫得步進步的逼來，結果都歸湮逝，曷勝痛惜！以上都是大戰前的愛爾蘭獨立運動，茲再將其戰後史略，特述如下。當一九一四年世界大戰開始時，愛爾蘭亦出兵參戰，但英國恐其乘機獨立，疑竇莫釋，所以一面派兵監督參戰的愛軍，在他方面，又到愛地監督愛人的行動。在此種情形下，愛爾蘭人憤恨塡膺，怒髮冲冠，不得不起而抗英，因於一九一七年四月二十一日成立愛爾蘭共和政府，脫離英國，宣告獨立。其時雙方短兵相接，死傷甚夥，而結果愛軍大敗。從此，英國防範益嚴，壓迫益甚，愛爾蘭獨立運動的前途，罩着一片漆黑的屏障。後來英相佐治，Lioyd George 因鑒愛爾蘭革命潛勢力甚大，惟恐釀成大革命，遂於一九一七年採取調和政策，組織會議，共謀解決。至一九二〇年愛爾蘭自治案提出，此案內容，就是由南北兩部愛爾蘭各組議會，另外更組成一全愛爾蘭協議會，處理愛爾蘭的全部問題。此案愛人非常反動，經了多次修改，才得通過。該案通過後，北部愛爾蘭人依照這個法案，在一九二一年五月二十四日舉行總選舉，組成北部議會。但南部愛爾蘭力主用武力建設獨立的共和國家，卒於一九一九年一月組成愛爾蘭共和國，舉瓦拉烈 Waralle 爲大總統，這是南部愛爾蘭的情形。後來在一九二一年，英相佐治又召集愛爾蘭南北部的代表與英國代表開和平會議，閉會後，就於同年十二月六日，正式承認愛爾蘭自由邦的建立。惟對於北愛爾蘭區域，則規定如不願和愛爾蘭自由邦相聯合，可另組政府，但此事頗爲北愛爾蘭所反對，也沒有正當的圓滿的解決。

# 第二篇　民權革命

## 第一章　近代民權革命之理論的觀察

### 一　民權之意義及其形成

近代世界政治之思潮莫不以「民權」爲中心。溯自十九世紀以來，民權政治的高潮，彌漫着整個的歐美先進國的領域，同時國內人民，也翹首引領的熱望着它的蒞臨。本來人類的慾望，隨着社會進化而悠忽變化，它不是像水平線式的固定，而是呈曲線式的轉變。從前的智識與慾望所組織起來的社會組織與政治制度，當然爲時間上的關係，而不適合現代人的要求。因之，人們輒感到社會與政治的不良，而革命運動的怒潮，在世界人類歷史上，總是繼續不斷的掀作着，而民權革命運動，也在其中藕斷絲連的爆發着，尤其是十九世紀以來，這種運動的勃興，誠有不可一世之概。民權的意義，解說異殊，頗不一致。但民族之說，實誕生於近代。在歐洲古代的希臘羅馬，雖具有全民政治之歷史，然於人民反抗國家的基本權利，尙付闕如。即在我國古代，在書經上雖有「天聰明在我民聰明天明畏自我民明畏」（皋陶謨）「民之所欲，天必從之。」（秦誓逸文，左襄三十引）的話，但這祇是說明國家的意志在「天」，而「天」的意志在「民衆」。這種原始的以「天爲本位」的民本思想，固不能與近代「民權」相提並論，就是儒家的哲學中，如孟子所謂「賊仁者謂之賊，賊義者謂之殘，殘賊之人，謂之一夫。」（梁惠王下）及「民爲貴社稷次之君爲輕。」（盡心下）這種思想也祇是主張在君主統治之下，實行民本的精神。總之古代的思想家，僅知「民爲邦本政在養民，」而一切政治當由人民施行的方法則始終沒有具體的主張。比如孟子雖已認識了民權的道理，却不曾想到在政治組織上如何實行。若是政治之所從出，而其權力乃在人民以外則此種無參政權的民本主義，是不能用來作爲現代民權的解釋。所以近代民權的眞實的觀念不獨爲古代歐洲文化所無，即在我國古代民權學說，亦不甚完備。所以吾們可以說「民權」實是近代政治的產物。自十七八世紀後，洛克 Locke 等政治學者主張自然法，大家認定人身自由言論自由等等爲人權，Right of man 彼輩所謂人權即人類與生俱存之權利，爲構成人格的要素，所以又常常人權爲「自然權利。」Natural Right 自後十九世紀各國憲法中，大都以人權代民權，比如一七七六年美洲大三州獨立時，於七月四日所發表的「獨立宣言，」Declaration of Independence 爲近世最初民權憲法的基礎。其中關於人權宣言部分的主要點，就是一切人類本爲自由獨立，且有天賦權利，此種權利，實爲不可割讓的權利，是即「生存自由尋求幸福」之權利。在獨立宣言未發佈前，費爾金尼亞 Virginia 於一七七六年六月制定憲法時，即以「權利宣言」Biel of Right 冠諸憲法，是爲以憲法規定民權之始。接着，美國各州（如 Pennsylvania, Massac'rusetts, Maryland) 亦作類似之宣言。美國革命後，不及二十年，而法國大革命發生，法國革命與美國革命之精神相同。一七八九年八月二十六日，法國「人權宣言」Declaration des droits de L'homme et du citoyer 主張：(一)人類之於權利，生於自由平等，社會的不平等，除爲公共利益之外，不得設置。(第一條)(二)一切政治的結合目的，皆在保全天賦之非時效的人權，此人權卽自由財產安寧及反抗壓制之權。(第二條)(三)一切主權之淵源本來在於國民，無論任何團體，任何個人，除明文所載，出自國民之權力外，不得行使。(第三條)(四)法律爲公共意志之表現，一切公民，有自身或用代表參與法律制定之權利。(第六條)(五)社會對於執行政務之一切公代理人有質問其責任之權。(第十五條)此種人權宣言本包括人權與國民權而言，全部共十七條，而所列舉權利，全是十八世紀所倡行的以人類資格所享有的人權，並非以國民資格所享有的參政權。(卽近代所謂民權)所以十九世紀之初流行的學說，多是人權，而並近代的所謂民權，這種人權理論，不免偏重於玄學的論斷，缺乏直接間接所能證明的事實，所以不能用來解釋近代民權的意義。近代所謂民權，就是國民權利，換言之，卽是民主國家中國民應享之基本權利。這種基本權利，普通分成三大類。第一，消極的基本權，就是關於人身自由言論自由信教自由集會自由等種種個人自由，其目的在使個人的知識道德與身體上之優性，得以盡量發育。第二，積極的基本權利，就是一切人民得享受國家設備之最低限度的教育之權利；老幼殘廢者有享受國家特別救濟之權利；勞動階級有享受國家特別保護之權利。第三，參與政治的基本權利，卽是參與國家意思之構成與國家之執行的權利，如選舉權，被選舉權，複決權，創制權及直接罷免權等。但普通所謂民權，狹義言之，就是國民如何運用其權利，以求得政治地位的平等，這就是上述第三種參與政治的基本權利。我們再把孫中山先生對於民權的意義說一說。他說：「政就是衆人的事，治就是管理，管理衆人的事，便是政治。管理衆人之事的力量便是政權。今以人民管理政治，便叫做民權。」這樣說來，所謂民權就是以人民管理政治的力量，不過吾們要知道人類社會組織是以一時代人類求生存方法之變更為轉移，同時管理政治的力量，亦隨之而各異。孫先生以為人類社會底進化，完全基於人類「生之要求」一點上，因為人類社會的構成，必須有兩個不可缺少的條件，就是「保」和「養」兩種。前者是團體或國家自衛的能力，即是社會組織之形成，後者是覓食，指物質的供給而言。人類社會組織，最初以羣為起點，而羣的本身，就是一種生存的要素，因為這種所謂羣，實兼有自衛和覓食的兩種功能。我們根據近代社會學的觀察，知道人類最初的社會形態，乃是共同的方式。人類最初既不能單獨與動物競爭，也不能單獨採取物品，乃是以羣體去採取物品，每個民族，都是全體一致的出外覓食，同時互相防護，又為人類結合的要素。所以社會組織之演進，全是由於人類爭生存的問題，而兩性的結合，更為社會組織之原始的基礎。因為古代最初的社會組織，大都由初民的血統關係來決定的，由同家血統所成的「民族」，便是古代社會組織的單位。社會的組織推廣，人羣的生存問題更大，管理政治的力量，亦隨時而各異。在原始的直接取用時代，以狩獵而維持生活的狩獵民族之中，人們的生產能力，非常薄弱，差不多一人力量，祇能維持自己的生存，所以生活簡單，政治作用，亦無從發生，國家亦無從存在，管理政治的力量，也當然沒有的。據荷本海麥 Oppenheimer 的研究，國家的發生，是始於游牧民族，因為在這時期中，家畜繁殖，已成大羣之後，最先進的民族，遂輕家離鄉，棄其固有的森林地帶，向水草平原散佈，而進爲游牧生活。史家遂稱之爲游牧時代。當時唯一的政治組織是部落，管理政治的力量，是集中於酋長的手裏，一個部落的酋長之得掌握政權，固由於實力，但欲證明他掌握政權的正當性，便不得不假借神意說明國家的秩序，是遵從神的意志執行的，如果反抗執行國家秩序的執政者之支配，即是違背神的意志，反抗神的本身，神且加以懲罰，不許生存。所以一切人民應該遵從神的意志，服從執政者的支配。神權政權，即由此產生，而原始的國家與初期的封建國家，便是根據這種神權政治而形成的。所以中世紀國家的特色，就是以國家直接基於神意而存在，即國家——國王與人民——惟依神意而後存在的目的，始能達到。換言之，有了神權，（即神的意志）之後，國家個人，咸失權威，中世紀國家，實可謂完全慑服於神權政治之下。所以孫先生說：「政治上最初的權力，乃是神權，」游牧時代之後，接着就是農業手工業時期，這時耕種地面的擴大，人類生產向農業演進，山林荒野，日被開墾，而成爲耕田與牧場，實際生存的方法，無限增加，活動能力，異常激進，人類的政治生存，又轉變到封建時代。封建國家一發達，國境一擴張，君權與神權之鬥爭，發作在神權政治之下。國王祇是代神執行國家的威權，一切國家政治，悉統御於神的意志之下。在歐洲中世時代，羅馬教皇是神權的代表者，當時國家，皆爲神聖羅馬帝國之一部諸侯，乃由羅馬皇帝受其封地，然王號 King 的受與權，始終屬於皇帝。凡諸侯未受皇帝許可者，不得僭稱王號，亦不得受王號之特權。所以皇帝地位，在王之上。迨後教皇權威衰落，英法兩國，王權澎漲，創立中央集權的統一國家，而有脫離皇帝權力獨立之事實。英法之外，威尼斯 Venice 亦常主張獨立，且宣言爲帝國外之獨立共和國，佛羅稜薩 Florence 比薩 Pisa 之自由市亦自稱爲「非由上級權力所承認之共和團體。」Civitaes Supperioem Non re cog noscentes

同時學說亦隨此實際的要求而發達。一般學者復用以前說明法王及霍亨斯陶芬 Hohenstaufen 時代之神聖羅馬皇帝之權力所用之最高權力 Plenitudo Potestatis 之觀念，以說明國王之權力，卽主張國王權力爲最高無限，不可讓與不可分裂，永久的爲一切下級權力發生之源泉。就中布丹 Bodin 又謂君主權力之要素爲獨立最高無限制，此種權力，稱爲主權 Sovereignty 而國家不可須臾離此主權。這種學說影響各國很大，各國學者，爭從其說，以說明自己君主爲最高無限制獨立之眞正主權者。這樣說來，君主爲主權者，獨立於一切權力之外，且對於一切權力，又在最高地位，不爲他權力所限制，則君主在公法上當不受何等拘束，一切國家的秩序，又全由君主獨斷處置，主權論乃一變而爲專制論。更因事實上君主權力日大，超出於教權皇帝及封建貴族之上，并打破對抗國王之一切勢力，加以學說擁護君主之中央集權，辯護君主之專制者，又復盛行於世，於是國家政治管理之權，乃由神權轉移到君權。所以孫先生說：「經過神權之後，便發生君權。」但是現在人類，智識發達，各自覺悟，所有神權君權，都成爲過眼煙雲，不再存在，而另轉入民權的新局面之下，迄今已有一百五十餘年了。上述神權君權民權，都是歷史發展的產物，換言之，就是應着每個時代的必要而發生的神權和君權所以能有這樣悠久的歷史，是因爲當時的時代需要牠們。現在吾們主張管理政治的力量，應加在人民全體的肩膀上，這是因爲時代不需要神權和君權而祇是需要民權。孫先生也說：「世界自有歷史以來，政治上所用的權，因爲各代時勢潮流不同，使各有不得不然的區別。比方在神權時代，非用神權不可，在君權時代，非用君權不可。」所以吾們站在社會進化的立場上說歷史發展到現在時代，需要民權，所以管理政治的力量，應爲人民全體。幷且政治是管理衆人的事，既是管理衆人的事，當要做到民有民治民享的目的，這樣才不失政治的眞諦。如果仍由少數人發政施令，則仍舊形成治者與被治者兩大階級，變爲一種寡頭政治，甚或回復至君權政治，這與近代民權高潮，大相背謬的。所以從純粹理論上講，近代確是需要民權，管理政治的力量，應爲人民全體。

## 二　民權革命發生之原因

無論何種革命運動不是偶然發生的，不是從空掉下的，乃是「其來有自」的。民權革命之發生亦然。第一，就政治方面來說，近代民權之形成，乃是由於神權及維持神權的中世的宗教之權威的破壞與政權統一後君主專制之弊害造成的。換言之，近代民權政治之醞釀，乃是由封建之勢力與敎皇的勢力之爭轉變爲人民與君主之爭。中世紀之末，國王在名義上雖立於皇帝之下，結爲有機的封建的連鎖，然其實際，則强大的封建諸侯，非完全服從皇帝之支配，且得自由侵略他邦，是以弱小領主，必當隸屬於某人之下。因之，封建制度，愈見發達。於是，有力的封建君主，名義雖隸屬於皇帝，實則各自爲政，極力抗衡皇帝。後來，敎權衰頹，中央集權的結果，各國君主，乃厲行君主專制，直接宰割人民。十六七世紀的專制政體，便潛藏了十八世紀各國革命的禍胎。因爲各國的君主，自十六世紀以後，大都極力發揮帝王神權主義與君主專主主義，把國內所有權力，全集中於君主一人，內務行政，統由君主包辦，君主專制的發展，祇是在發展君主個人的野心與威力，置人民幸福於不顧，加以貴族專橫，內政腐敗，使人民對於以君主為中心的封建制度，有根本剷除之熱望。而近代人民的民權思想，便是在這樣極端的君主專制之下孕育出來的。其次，就經濟方面說，自十五世紀以來，印度航路和美洲大陸發現後，歐洲的工業製造品的生產，突然增多，迥非昔比，幷積極找覓廣大無垠的新市場與殖民地，用以輔助商業的興盛。又因新市場不停的擴張，製造業不能應付其需要，於是大機器與蒸汽機發明，遂完成了產業革命的大事。這種產業革命的結果，使一切散漫疏蕩的生產手段和勞力集中於極少數人和大都市裏面，吸收極豐富的剩餘價值，努力地積聚幷發展其資本。於是資產階級，由是產生。本來，這種資產階級形成之前期，就有各個新興的城市出現。我們可從各國經濟史上，實地的觀察一下。大體說來，都市發達，莫不以商業繁榮為動力，英國也是這樣。在中世紀時，對於繁榮的中心地予以特權及特許證，使其更加發達。國王或領主，則憑藉頒給特許證，創立都市，以增收入。此在中世紀都屬如此。當時在國王直領內發達的都市，實占英國都市的大部分。凡係國王直轄的都市，其賦與自由亦較多。若都市能依照規定，按期繳納其應有之負擔，則國王對於都市，絲毫不加干涉。至諸侯領內的都市，其自由權程度，遠不如國王直轄的都市，全體權限，多屬於都主之手。於是在已臻發達的都市，市民為獲得自由起見，不得不與領主相爭，所以王領的都市，國王與市民間並無任何衝突，市民有所請願，祇須獻金國王，國王即予首肯，而在領主管轄之都市，適得其反。領主是一個都市的唯一無二的權威者，市民雖能領得特許證，但亦附有許多限制，不過領主與市民相爭，其勝利多屬諸市民，所以領主為財政上的必要，不得不迎合市民的意思。最後為寺院領的都市，其情形較前二者更劣，壓迫既甚，鬥爭亦烈，閱時有數世紀之久。其中偶然獲得自由，亦有相當限制。例如彼得區的僧院長對於市民所予的自由，亦僅免除貢稅婚姻稅及運搬刈取的義務而已。法庭的權限，爐稅市場稅，仍然保留，且不許市民出賣或離開其土地，故在市領的都市，也有不斷的為自由而鬥爭。迄至中世末期，都市權力逐漸增加，而宗教勢力反呈衰落了。再拿德意志來說，當初德意志都市興盛的時候，國王是給與市場權的同時，又向市場徵收貢物，例如交通稅輸出入稅商品交易稅等。這種市場，除國王保護外，為禦防外敵起見，在牠的周圍設置「城壁」maner 以資警備。自市場與城壁等設立後，都市漸呈獨立的開展。至十二世紀終，大家努力打破狹隘的都市領主制度，而努力擴充都市自主權。於是德意志皇帝與羅馬法王的紛爭，更引起了市民領主間的鬥爭。結果市民得到勝利。由是都市不再為王或領主的所有物，而自有獨立的行政和裁判了。其時一切身分的人們——商人手工業者自由人不自由人等，——都麕集都市，充滿了自由的空氣。「都市中的空氣是自由的」「在都市的城壁之上，沒有什麼貢納的」這種諺語，盛極一時，也可想見其當時之情況了。最後，以法國來說，法自十二世紀建立都市後，教會和領主在市場的構成和保護上，裨益很多。但足以妨礙商業繁盛市場發達者，厥惟賦稅繁多，負擔過重，於是解放運動，隨之而興。十二十三世紀是都市解放全盛的時代。

但自由並不全由奮鬥掙扎中得來，有許多確從和平中獲得的。至此，我們可總起來說：當各個新興城市出現，當時適值本地封君的壓迫和連續不止的戰爭，這些新興城市早已自行武裝，形成大大小小的共和國，就是所謂自由市府與城市國家。城市國家，因要抵制本地諸侯的壓迫，所以也願意與君主攜手，而直接納稅於君主。城市共和國的主體，是由製造業起家的第三階級。在製造業發展的全時期中，第三階級（即後來的大資產階級）在君主與諸侯的政治鬥爭裏面，成爲舉足輕重的要素，而各大君主專制政治國家之隆盛，亦以第三階級爲柱石。但是大工業國與世界市場不停的開拓，資產階級，勢必不停的擴張，於是君主不得不與諸侯聯合，以壓抑資產階級，而永續其命運。因此資產階級爲領導的革命，到處爆發，在鄉村中君主與諸侯，對於農民早已施行極端苛暴的專制政策，農民受君主及地主的壓迫，已極不能堪。於是農民要求解放的感情，更爲激烈，而所謂近代民權革命便是由城市的第三階級領導農民反抗君主及貴族而起的。此外，近代民權發生之原因，又由於宗教之改革。宗教改革是把政治和宗教兩種事實聯合起來，來做反抗教會的運動，可算是十六世紀纔有的。這種改革運動之起因是這樣的。第一，在十六世紀以前的天主教的教會，不像現在的教會，祇是純粹的宗教團體，他有許多關於政治的權力，由教會的官吏，——教王主教牧師及兵士——行使，教會有自己的土地財產，不納租稅，不歸政府管理，有自己獨立的和强迫的收入，有自己的法庭，審判自己的官員和訟案。自五世紀至十二世紀，政府孱弱，教會固尚有這樣偉大的權力。但降至十六世紀，國家一統，主權健全，教會自然要受適者生存的支配了。第二，當時教會，一面財富集中許多君主諸侯，都染指圖謀他的財產，一面教會奢侈威風，濫用金錢，也足以激起人民之痛恨。當十六世紀初許多主教和住持都有廣大田園，在德國佔有全國土地三分之一在法國佔有五分之一。這時君主勢力雄厚，常想乘機沒收其財產美其名曰還俗 Secularization 人民方面，如農民和工藝階級，都被教稅所苦。他如教會官職的賣買，教王親戚的登用，都是司空見慣，不足為奇，例如教王李奧十世，Leo X 更新設教職，公然賣出，又藉「赦罪券」Indulgence「大會式」Jubilee 增加收入，因為教會官吏這樣貪污自甘，賄賂公行，所以當十五世紀和十六世紀初，改革教會的聲浪，輒出諸一般學者國王和人民的口中。第三，在十六世紀中有許多宗教首領，如路德 Luther 司文格里 Zwingli 加耳文 Calvin 老格思 Knox 等，不但想改革教會的道德，幷且想改革天主教的組織和教義。上述三項，都是宗教改革運動的起因，站在歷史的立場上說，文藝復興是歐洲一切文明再生的時期，宗教改革都是基督教再生的時期，其影響甚大，而其中有一點值得注意的。宗教改革派的神性政府論，極力主張國王神權說，使一般有唯心的君主，利用良機，把自己變成政教兩界的唯一主人翁。君主一旦掛上聖徒的招牌，又借教會中「無抵抗的服從」的教素，做護身符，便把政教兩權，集中在一個人的手中，便助長各國政治元首的獨裁主義。這種獨裁手段壓迫人民，人民怨聲載道，不堪痛苦。改革派在這種情形下，一面提倡無抵抗的服從的教義，一面又不能不設服從的制限。因此就種了後來反抗暴君運動，實行民權政治的種子。換言之，即人民復由要求宗教的解放，進而為要求政治上的解放，所以近代民權政治的發生，宗教改革，實爲其間接原因。

## 三 民權學說之歷史的演進

近代民權之形成，自有其理論的基礎創造民權政府的原動力，有一部分是在於事實，有一部分是基於思想，這兩個原動力常常是起一致行動的自十四世紀以後，以前宗教的神學的見解，已失勢力，大部分的學者，已認定國家的形式，非基於神意，乃基於人類自然之性質，卽主張人類意思（卽契約）爲國家成立之直接原因。神雖爲宇宙全體之主宰但神意僅爲間接原因 Causa Remota 之作用，換言之，卽人民由神授與創設國家，決定國王之能力及權能，而直接創設國家，決定國王者，乃爲人民自身，自後學者以宗教的基礎，說明國家者愈少，而對抗漸形强盛之君主勢力，以契約說爲基礎，主張人民爲主權之主體者愈甚，這就是說皇帝與法王間的問題，已歸消滅，代之而起者，則爲君主與人民間的問題。因此，就產生了近代各派的民權學說。近代民權學說之思想的脈絡，可以分作幾層來說：第一，希臘思想的淵源。中世末葉，古代哲學的研究很盛行，尤其是以亞理士多德 Aristoteles 爲最古代希臘的政治組織，頗具有民主政治的雛形。比如雅典各市的政權，就是由人民選舉的執政官 Archous 和因議會地方得名的元老院 Areopagus 兩個機關治理，成爲歷史上最初的一個民主政治的組織。所以一時民權思想，非常發達。其中亞理士多德尤極力鼓吹民主政體，不遺餘力。他的政治理論，大半以民主政體作基礎，其影響所及，對於後來民權思想之發皇，有莫大之關係。中世末葉，學者盛行古代思想之研究，更深信亞理士多德之學說，遂認定君主政治並非絕對優良，而民主政治，較爲近於理想。民權思潮，就在此已奠其基。第二，「君主爲公吏」之日耳曼思想，對於民權之發展，亦有相當之影響。日耳曼民族，原爲極不統一之部落的團體，而其中心則爲土地所有者之自由民。一切問題，皆取決於自由民的民主集會，所以支配團體者，常爲法的秩序，此種特質當部落發達爲國家之後，依然存在，無甚變動。凡有問題，均由法律解決，當時未分公法私法，所以不問公法關係，或私法關係，一切皆受同一法律所支配。所以日耳曼民族之國家之秩序，非實力的支配關係，而爲權利義務的法律關係。因之君主的統治，已非實力的事實的支配，而爲權力之行使，綜合言之，日耳曼民族對於君主地位的見解，可分爲二：一爲不主支配人民，基於君主之固有權利。其他則謂君主爲一種公吏，君主之行使支配權，乃爲君主之職務。後一種見解，即開近代民權政治之先聲。因爲人民既以君主地位，稱爲一種官職，君主僅爲公吏，已打破君權神權之尊嚴。且君主既爲全體之機關，君主權力之行使，僅爲一種職務，君主又不得橫行暴斂。近代民權政治，就是由此種思想之發達所成。對於近代民權政治有直接因緣者，乃爲以「民約論」爲基礎的民主主義的思想。自十三世紀以後，歐洲學者，對於亞理士多德的政治哲學，研究甚力，既如上述；而主張國家成立，基於人民意思（即契約）至於神之意思，僅爲其間接原因之學說，亦次第得勢。初唱此說者，爲十一世紀末之曼里哥 Manegold Von Lantenbach 的主張，就是說國民由民意所設立，國王爲人民所決定，而民主的思想所謂「國家國王乃爲人民而存在」者，亦不得不應運而生。在第十四十五世紀時代，馬獻僚 Mareilus Von Padua 1270—1342 及尼哥拉 Nicolus V. Cusa 1401—1464，輩已由此說出發而歸納到完全的民主論，認定人民唯委托執行權於君主，故君主當從民意而施政。近世初期反對君主論的學說，亦是以此思想爲根基。這種反對君主論主張，是導源於假名布魯斯 Juutus Brutus 者所發表的「反抗暴君的權利論」 Vindicia Contra Tyrannos 後人曾謂此書作者，實爲法人蘭格氏。Hubert Languet 1518—1581 此書要旨在區別君權與民權之正當的基礎，而說明這兩種權利，有不能踰越的境界。這書中最精警的就是認定『君主與人民，共結所謂政務契約，Cantractus Mntuns obligatorive 人民爲主約者，Stipulator 君主爲受約者，Promissor 君主應絕對受此契約的約束，人民亦須同樣的遵守。如人民違反契約，是爲「叛徒，」Populus Seditions 君主不遵守此契約，則爲「暴君，」Tyrannus quasad exercitulo 人民可起而糾正，糾正之不足，人民全體，可以視爲違約者（叛徒）而得廢棄之。』此書內容，多取證於舊約及羅馬氏，雖脫不了宗教的鄙陋見解，但對於近代民權學說上，影響殊大。與此書同時發表的，還有一個蘇格蘭人布卡蘭氏，George Buchanan 1506—1582 曾著蘇格蘭人之統治權 On the sovereign Power among the Scotes 一書，他以爲人民把統治權轉讓於君主，君主應遵守人民之條件，否則爲暴君，人民可以反抗或處罰，布氏處處着力於當時反對君權論，作科學的辯論，對於民權的發展，也有不少的供獻。所以近代初期民權思想之演進，我們可以說大半是基於民約論的民主主義學識之發展。

十六世紀之民約論中，其論旨多是以契約爲民權之基礎，而社會及國家之起源，爲契約所構成之說，僅有其蹤倪，所以初期的民約論，祇是主權契約論的形成，而社會的契約論的唱導者還少。本來在民約論中，原有政府契約說與社會契約說之分，所謂政府契約說 Theory of Governmental Contract 者，就是說統治者的權力，是由於統治者間所訂的一種契約而得。換言之，就是治者和被治者，在已經成立之政治組織中，定下契約，建設一個政府，所以政府的權力，是從契約中得來。政府契約說本發生於古代柏拉圖的共和國一書中，曾討論到這種理論。舊約 Old Testment 書中也有許多神人定約的紀事。大彼得 David, King of Israel 曾在神前與國內長內定約，中世紀阿來剛 Oragon 的國王被選立後，也對於國內貴族，行宣誓禮，這些都是君臣定約的實例。後來的學者，如西班牙的蘇來 Suar 荷蘭的格老秀斯 Grotuis 及普芬道夫 Samuel Pufendorf 等，都是發揮政府契約說。這種學說，後來做了選舉制度的理論的來源。又因爲這種學說，祇能說明人民與統治者關係，所以又可以稱爲主權的契約論。社會契約說的論據，是在人類的自然狀態。這派學者的根本思想，就是說人類社會中各個人，爲保障其自由計，遂互相結下契約，更因此契約而產生人民總意的政治組織。這種政治組織，從形態上說起來，就是國家。國家發生作用，就是主權。到了十六世紀宗教改革以後，社會契約說大盛。在歐洲大陸上第一個主張社會契約說者，是在政府契約說之先的人，便是荷蘭人奧色斯。Althusius 在英國最先說社會契約的人，便是浩克爾，Richard Hooker 格蘭秀斯和普芬道夫也採用社會契約的理論。但是使這種社會契約的理論，在政治哲學中，佔了根本的位置，實是從英國的浩布思 Hobkes 洛克 Looke 及法國的盧梭 Rousseau 三人起。浩布恩的契約說綜合起來有三個特點：(一)契約當事人是一個一個的自然人，不是一種團體，不是合羣的人民，不是主權者。(二)契約是由多數人同意成立的，少數人沒有權力可以反抗的。(三)契約的目的，在維持內部的和平，防禦外部的敵人，所以他的契約說，就是說自然世界中個人與個人訂約，由這種契約，才把自然的世界變爲政治的組織。照浩氏的理論說來，國家是羣衆的製造品，認定國家的建設是人工編制，並不是自然長成的。他以爲法律是同人類的自然的感情相反的契約，如果沒有强制力來推行和督促，便祇是空話，便沒有實力來保障一切人類。公共權力是保障和平的唯一的工具，沒有公共權力，便不能實行契約，換言之，沒有公共的權力，便不能建設國家。所以浩氏理想中的自然世界，是互相仇視戰爭不息的。在自然世界中的人類，不能合在一塊定下一個契約，所以這時的人類，祇是一個「羣衆」multitude 爲滿足個人的嗜欲，彼此戰爭，人人都感受不安不幸的痛苦，大家想要脫離這種戰爭不息的自然世界，祇有互定契約，把自己的主權，讓給一個人或一個團體，由這種一致結合而成的團體，便是國家。所以浩氏的國家起源，是理想的創造，是意志的動作，和自覺結合的產品。因爲契約立定之後，各人便放棄各人的自然權力，把這些權利，收歸國有，使無數的人格造成單一的人格，羣衆的意志，造成單一的意志，代表單一的人格和單一的意志的人，便是主權者。浩氏認定人類的天性，是反社會的，非有絕對的權力去制服，便沒有和平的希望。所以浩氏心目中的主權者的權力，是絕對無限的，對於臣民，是不負責的，臣民的權利義務，都是從主權者的終極者的權力上發源下來的。如果要攻擊主權者的權力，便要回復到野蠻的世界中去。浩氏的契約說是他學說中最有影響於實際政治的，他把法律中所含的重要觀念（如主權命令行爲意志等）分解出來，對於法理學上，貢獻甚大。浩氏極力鼓吹政治權力，主張集權，尤其在英國政治學上，佔重要地位。不過，浩氏的契約說，最大的缺點，就是他不知道原始社會的實際生活，他所描寫的自然世界，人人互相戰爭的狀況，和從自然世界到政治社會的經過情形，實際上並沒有那一個社會是這樣的。他的說明，全是一種揣測，所以他的契約說，全是一種虛構。其次，浩氏的絕對主權論，又過於和人民的自由相反，主權擴張的結果，不但個人的政治自由沒有，就是連信仰也不許自由，這也是浩氏學說的錯誤的。洛克的政治哲學，是以擁護革命爲基礎的。浩布思因懷有自然世界不好的成見，所以主張君主專制論。洛克的自然世界觀，既和浩氏相反，所以洛克所主張的政權，也就不同。洛氏以爲自然世界，是受自然法則支配的，世界不是雜亂無章，人人混亂的世界，而是個和平互助的合理的世界，所以洛氏的契約說，就是說人類在自然平等自然自由的世界中，各個人生來都有幾種自然權利。但是因爲有：（一）缺乏制定的法律，（二）缺少公共承認的裁判官，（三）缺少執行判決的張制力，這三種缺憾，於是人類便有感覺需要契約的必要的動機，可知契約的成立，由於人人同意，契約的目的，在於保障生命的自由和財物。浩布思以爲契約成立以後，人人應該把一切自然權利拋棄，洛氏以爲契約成立後，祇拋棄兩種權利，一是在自然範圍以內保全自己和他人的權利，二是懲罰侵害自然法則的權利。浩氏以爲契約一成，一切自然權利，應奉送於一個人或一羣人之手，洛氏以爲契約一成，祇把自然法和懲罰侵害自然法者的權利，附托在國家的手中。浩氏的國家，是主權者的國家，故不受契約的拘束。洛氏的國家，不是主權者的國家，故不能超出於契約的限制之外。洛氏以爲君主站在契約之上，不受契約的限制。洛氏理想中的政府，却在契約之下，故權力範圍，祇以契約所規定的爲限。這都是因爲浩氏把契約看作人勢獸慾橫行的結果，洛氏把契約當作人類理性戰勝的表現。所以洛氏主張由契約而來的統治權，並不是絕對的，都要受個人權利的限制，人民自身是契約眞正的判斷者，如果君主或執政官，不服從人民全體所下的判斷，人民便可以脫離國家，回到自然世界，取一種適當的方法應付。因此洛氏主張革命爲人民正當的權利的唯一根據，並且贊成用武力對付武力的激烈革命，只不贊成少數人的革命。洛克的自然權利說，對於政治思想上，是一個很大的貢獻。他把這稱抽象的觀念表現出確定的意義，變成人類生活的具體的特權。不過洛氏的思想，大部分祇是前代遺傳下來的思想的集合體，但這並不能說是洛克學說的短處，却可算是洛克學說的長處。盧梭的民約論 Le Contrat Social 1762 是集社會契約說的大成，在人類思想史上，占極重要的地位。他的學說，對於美國獨立及法國革命的影響尤大。盧梭社會契約說的解釋，比之洛克的觀念，較爲一致。盧梭理想中的自然世界，是一個平等自由的極樂國，在這種自然狀態裏面，人類生活，是至高而誠樸的，一切皆爲公有，不受人爲法律的限制。所以他的契約說，就是設法尋出一種結合，這種結合，能以全體的公力，保護結合以內的各人的身命財產，並且在這種結合內，雖然各人與全體聯合，同時仍然可以自主，並且仍然可以和從前一樣可以自由（民約說卷一第六章）可見害自然法者的權利，附托在國家的手中。洛氏的國家，是主權者的國家，故不受契約的拘束。洛氏的國家，不是主權者的國家，故不能超出於契約的限制之外。洛氏以爲君主站在契約之上，不受契約的限制。洛氏理想中的政府，却在契約之下，故權力範圍，祇以契約所規定的爲限。這都是因爲洛氏把契約看作人勢獸慾橫行的結果，洛氏把契約當作人類理性戰勝的表現。所以洛氏主張由契約而來的統治權，並不是絕對的，都要受個人權利的限制，人民自身是契約眞正的判斷者，如果君主或執政官，不服從人民全體所下的判斷，人民便可以脫離國家，回到自然世界，取一種適當的方法應付。因此洛氏主張革命爲人民正當的權利的唯一根據，並且贊成用武力對付武力的激烈革命，只不贊成少數人的革命。洛克的自然權利說，對於政治思想上，是一個很大的貢獻。他把這稱抽象的觀念，表現出確定的意義，變成人類生活的具體的特權。不過洛氏的思想，大部分祇是前代遺傳下來的思想的集合體，但這並不能說是洛克學說的短處，却可算是洛克學說的長處。盧梭的民約論 Le Contrat Social 1762 是集社會契約說的大成，在人類思想史上，占極重要的地位。他的學說，對於美國獨立及法國革命的影響尤大。盧梭社會契約說的解釋，比之洛克的觀念，較爲一致。盧梭理想中的自然世界，是一個平等自由的極樂國，在這種自然狀態裏面，人類生活，是至高而誠樸的，一切皆爲公有，不受人爲法律的限制。所以他的契約說，就是設法尋出一種結合，這種結合，能以全體的公力，保護結合以內的各人的身命財產，並且在這種結合內，雖然各人與全體聯合，同時仍然可以自主，並且仍然可以和從前一樣可以自由（民約說卷一第六章）可見上，是自有牠歷史的價值。

# 第二章　英國革命

## 一　英國革命之意義

英國革命在近世革命史上，站着相當之地位。牠的革命運動，可說是近世民權思想發達的造端，開了近代民權革命運動的先河，所以牠的革命史，是在近世革命史上有價值有意義而不可磨滅的。本來英國是兩大革命的發源地，一為近代世界經濟史上的產業革命 Industrial Revolution 一為政治史上的政治革命 Political Revolution 這裏所稱英國革命，就指後者而言。英國革命，先後發生兩次，第一次在一六四二年，第二次在一六八八年。兩次革命，都是民權運動的具體表現，而且都是由中等階級勃然而起為反抗君主專制的民權運動。吾們知道無論何種革命的發生，均有其發生革命的背景和原因，假使沒有發生革命的背景和原因，決沒有革命的發生。英國兩次革命發生的主因，都是由人民對君主不滿而起，革命對象都是一個君主，所以純粹是一種民權運動。這裏我們先將英國革命所以爆發的原因，加以簡明的敍述，以窺其革命的意義何在。英國繼承諾爾曼 Norman 之後，不蘭他日奈 Plantagent 朝十四王，相繼君位凡三百三十一年，（一一五四——一四八五）那時國民對於國王，完全採取壓迫的手段，藉以抑制君權，擁護他們原有的權利，而其時國王與貴族，又有軋轢的事情而介在國王與貴族間的中產階級便大施活動，擴張權勢，以促民權運動的猛進。但當時君權的伸張，也在緊張狀態。譬如蘇格蘭 Scotland 與威爾斯 Wales 二地的舉兵遠征，又如百年戰爭 The Hundred Years' War 羅斯戰爭 Wars of the Roses 都足以宣揚國威，伸張君權，這樣一直至愛立沙皮斯朝，君權仍甚發達。所以那時英國君主，掌有莫大的權威，國內任何事業，都由他一人全權辦理，國家就是他一人，他一人就是國家，隱然合上「朕即國家」的一句話。但在國民方面，時有反抗君主的舉動，大家要求一種應有的民權。在這種情形之下，君權和民權的明爭暗鬥，是不可避免的。其次，當諾爾曼人入主英國倫敦後，諾爾曼人便組成一個大議院 Great Council 襄助國事，這個大議院就是英國國會的雛形。當十三世紀時，諸侯作反王運動，與約翰五世 John V 互相開戰，約翰五世不敵，於一二一五年被迫簽訂大憲章，Magna Carta 英人所以能統治皇權，就是淵源於此古文件。此憲章非常重要，可從三方面說：第一，雖然憲章上規定的都關於封建貴族與教士的權利，但這彷彿是一個永久的提醒物，表示英國人民已起而擁護其權利，以抵制專制的君主。第二，憲章上規定向貴族徵收的額外稅金，非經大議院允准，不得施行，這是自己徵稅的觀念之基礎。第三，憲章上有這樣一句話：「吾們對於沒有一個人得願意出售否認或延遲權利與公正。」這句話雖無多大力量，但已建立了公正不能售賣否認或延遲的觀念。約翰五世雖被迫簽訂大憲章，實無遵行的誠意，不到數月，遂漠然視之。降至亨利第三，Henry III 也是富有專制心理的君主，對於大憲章，加以蹧塌蹂躪，因是一二六四年各諸侯聯合一致，與國王開戰，更於一二六五年召集貴族僧侶邑宰各代表組織一院會議，由反對君王的大男爵馬福脫氏 Simon de Montfort 召集。這個會議就是下議院的濫觴。至一二九五年愛德華一世即位，成立所謂「模範議院」，Model Parliament 每州有二個武士與每州有二個市民代表參與會議。至一六〇三年詹姆士一世即位，他是力主君權神授說。Devine Right of King 至查理士一世，又是一個主張君權神授說的君主。即位不久，曾召集新議會，要求通過籌備軍費，議會乘機提出所謂權利請願書，Petition of Right 請願書提出後，查氏雖然簽字承認，但不久又故態復萌，解散議會。後來，又因籌備軍費召集會議，但第二次會議，竟於短期間內告終，此即所謂短期國會。Short Parliament 已而又召集第三次議會，歷時稍久，此即所謂長期國會。Long Parliament 迨至一六四六年，查理士一世竟帶領軍隊，衝入議院逮捕反對黨議員數人，於是議會不勝憤慨，率領民兵羣起暴動，共同向君主進攻，上面這些事實，都是第一次革命之由來。至於第二次革命之所以發生，與第一次頗爲相似。自查理士二世即位後，王黨與查理士二世間締訂專約，上面大概這樣說，除殺死查理士一世的一個人外，其餘一律大赦，幷且不准施行監督制度。那知日後遽爾食言，將裁判查理士一世的人士，概加殺戮，此外又發掘克倫威爾的墳墓，懸其屍體於十字架上。至於監督制度，則又厲行之不暇。因此國內人士，一起站在反對君王的戰線上，且當一六六五年，倫敦市時疫流行，市民死者十數萬人，次年又遭回祿，焚燬一萬三千餘家。人民輾轉呼號於此兩大災害的苦痛下者，何可勝數。查理士二世非但袖手旁觀，不施拯救，且變本加厲，施行虐殺，民衆的憤恨，已成必然事實。後來詹姆士二世執政，昏庸無能，在一六八七年，因廢除舊教及非國教派的禁令，而大遭人民的厭駡不料詹姆士二世竟唱君權神授說的高調，使人民憤怨他的心理，更形激烈。至此，第二次革命又隨之而起。吾們將這先後兩次革命的造因，綜合觀察一下，可知英國革命，是由英國人民不堪忍受專制君主的壓迫政策，而羣起反抗君主伸張民權的一種革命。其革命對象為一唯我獨尊的君主，其革命動力為芸芸衆生的人民。不過英國這兩次革命，事實上都沒有成功，換句話說：都沒有達到民主政治的領域，結果樹立了近代以資產階級為基礎的民主主義，牠的革命雖為近代政治史上一大變動，但其目的始終祇顧目前利益。一六四二年，英國人民既為目前利益而推翻歷代相傳的專制君王，但終為目前利益而恢復君主。吾人如謂英國革命僅為國王與代表資產國會間的鬥爭，亦無不可。惟其對於後世政治影響甚大，故不可忽然視之。

## 二　英國革命之經過

英國各代君主，都想設法抑制國會；查理士一世的對待國會，亦何獨不然？他一人可以隨時想法增加金錢。其時蘇格蘭侵佔者業已屆臨下院，又因教會改革及辯論發佈一「大議論」Grand Remonstrance——露佈國家之所受虐待，及為國會行動而道歉之文件，——事，竟形分裂；並且當時在愛爾蘭有五個反對黨員；查理士主張用軍隊彈壓，所以他個人進入下院，滿擬拘捕這五個領袖，但他終是失敗，反與下院成對敵狀態。其時，下院通過律例章程，概不經君王的簽字，並紛發呼籲於軍隊，謂君王徵集軍隊，都是違背皇帝的意志，而有反抗的行動。於是查理士一世在諸丁漢 Nottingham 提高皇上標準，並令其親信的左右，抑壓此大叛逆。因爲他想提高皇上的標準，反使不少貴族高等教士羅馬教信徒以及一般不贊成清教徒苛刻的道德條例的人士，重行集合，有數位大伯爵領導着中等階級——小地主商人製造家店主，在倫敦一處及其他英國南部東部的繁盛城市，常有此現象。此輩「神畏」God-fearing 商人的首領，其綽號曰圓顱黨 Round heads。還有忠君的一派，他們好像想不到頭髮佩戴於長鬚之上是一種邪惡的虛幻，被稱曰騎士黨。在長期國會中長老教派 Presbyterians 佔着相當的優勢，這派是處於改良監督會教友及完全獨立黨間的清教徒派。一六四三年，該派與蘇格蘭長老教派成立所謂「教規的聯盟與盟約」，用以創立建築在長老教派基礎上的宗教一式 Religious uniformity 於英格蘭蘇格蘭及愛爾蘭三地。自查理士在馬阿 Maston Moor 失敗後（一六四四）長老教派取消主教由教堂移去祭壇處與聖餐欄杆，（Communion Rails）並擊碎磔架之神像及染色玻璃窗。至此長老教派已成爲不能容忍之國教。大部分長老教派徒均主皇帝如能對彼宗教永久保障，則當恢復他。但其時獨立軍隊已不屈不撓的勃興。獨立教派的第一流名將克倫威爾 Oliver Cromwell 組織了誠實端莊之耶教徒的武士軍團。當唱讚美詩時，則將在戰爭中衝前進攻，而在虔誠與祈禱時，則將從事於殺敵。克氏的軍隊，常被稱爲鐵軍，其戰鬥力之強烈，由可想見。大部分議院軍隊，都依了克氏計劃，而加以改組。又有所謂「新模範」軍隊，亦表同情於獨立教派，主張進行戰事，推翻長老教派及英國國教教徒 Anglians 的苛政。新模範軍隊在發勿克斯 Fairfax

與克倫威爾的領導下，擊敗查理士，并且迫他於一六四六年投降。大約有二年光景長老教派議會商議恢復王帝，最後他們會同王黨黨員力主和平因爲那時軍隊，仍舊記憶着查理士的計劃，領導愛爾蘭及外國天主教徒，攻擊執政的英格蘭人。一次，勃來得 Colonel Pride 同他的兵士，站在下院的門前拘捕着一四三個長老教議會員惟以獨立派議員六十人顧及到組織議會這就所謂殘缺國會 Bump Parliament 自獨立黨得到勝利，對於查理士一世的態度，也和長老教派的沒有殺害他的意思。後來因爲獨立黨人發見了查理士一世求援於法國及愛爾蘭以平內亂的信札，所以在一六四六年，新模範軍捕獲查理士一世解交國會後，獨立派將其囚於滑脫 Wight 島中隨後獨立黨領袖克倫威爾以其部下一百三十三人組成一個最高公正法庭，High Court of Justice 審訊英王之罪。先後由最高公正法庭開審數次，判定他有不忠於國家和人民的罪狀，於是把他拿到皇廳 White Hall 宮門外送上斷頭台，時在一六四九年一月三日。這時英國便成爲共和政治的國家，既沒有君主，也沒有貴族院的存在，日常行政事務，悉由人民議會辦理。在四十一個議員中，有三十個是屬於下院的，至於殘缺議院照舊進行，雖祇代表一部分的意見，但仍爲人民的代表。英格蘭於是在克倫威爾的精壯軍隊的寡頭政治的手中。後來在新誕生的共和國前面，有許多恐嚇情形，與蘇格蘭和荷蘭的戰事，迫於眉睫。從種種暴動紛擾的事實上，就可看出施刑於查理士這件事，好像灌進了王黨的新生命。羅馬教的王黨，在愛爾蘭各地，除德勃林一處外，暴動羣起，在此種情形之下，共和國命運危殆了。但幸有三種勢力的泉源：第一，是財政的充實，如關稅的徵收酒料食物的抽稅，皇家財產的充公出售。第二，敵方沒有什麼精緻的軍械。第三，共和自己有精壯的軍隊。克倫威爾終在愛爾蘭血泊的戰爭中，獲得勝利。他殺戮了數千王黨的人，並將一部分人徵發至白勒杜，Barbados 當作奴隸。後來在一六五〇年回到倫敦，聲稱「我已被深信着這次對於愛爾蘭的野蠻漢是上帝的公正裁判，他們的手，業已浸染於這樣多的無辜的血泊中，這樣也可以阻止將來的流血了。」克倫威爾的第二次舉動，就是進攻蘇格蘭人，因爲他們主張將查理士一世的兒子查理士二世，立爲國王。蘇格蘭軍隊節節敗北，而查理士二世裝扮潛逃法國。當時殘缺國會議員主張出售王黨土地，以充國庫，但克倫威爾不以爲然，以爲這是大背人民幸福。其時，殘缺議會因立法反對荷蘭，大得民心，勢力伸長。這時英格蘭之敵手，均在海中及殖民地。在一六五一年，殘缺議會通過第一次的航海條例，Navigation Act 用以阻止亞細亞阿非利加亞美利加貨物的輸入，唯英國地域及其殖民地船隻概作例外。並且規定歐洲貨物，如欲輸入，須由英國或出產地的船隻裝載。航海條例之所以訂立，完全用以逐出荷蘭在英國與其他地方間的交易。第二年英國與荷蘭間，發生商業與航業戰爭（一六五二——一六五四），雖無終末結果，但英國海軍，因此增加了不少威武。自後殘缺議會滿擬永久保持牠的寡頭政治，但克倫威爾終不耐煩，因於一六五三年四月，將國會驅之門外，并宣佈說：「你們的時間已到，君王已同你們做事。」克倫威爾遂成軍事宗教的狄克推多。自克倫威爾武力解散殘缺國會後，（一六五三）另選一百四十人，組織一立法機關。這個機關，後被稱爲「露骨的國會。」Barebone's Parliament 這般新的立法專員，都是獨立黨人，忠而畏神，廉而不貪，他們以爲上帝命令他們立法必須公正。所以後來他們的施政功績甚多，如減少公共費用，納稅務使平均，幷編訂簡單法規。在露骨的國會中，許多保守份子，主張投票將他們從克倫威爾處獲得的權力，一概移讓與他。後來此事終究失敗。一般在軍隊中擁護克氏者，想組織「政府工具」Instrument of Government，嗣後攝政政治宣告實現。所謂攝政政治，實際就是一種專制政治的變相名詞。這時克倫威爾成爲護國大統領。Lord Protector 國會至少每三年會議一次，訂立法規，徵收稅金，而護國大總統得有權延遲立法，唯不能敕禁之清教徒定爲國教。這裏吾們有一點須加注意：王黨雖不能參與選舉，但獨立黨在普選時，不能統治大多數，因爲獨立黨雖有權力，究屬人口中的少數。在新議會中的長老教派秉性强硬，與克倫威爾時有齟齬，結果卒於一六五五年克氏將其逐出。自後，克倫威爾儼然成一軍人狄克推多，整個的英格蘭，完全被其將士所統治，且常和他的議院爭論不休。他想增加金錢，凡屬人民，必須舉劈繳納百分之十的租金總額於國王。他自認他位置是世襲的，所以他不接受王的名稱。克氏常有急待解決的問題，就是怎樣使他成爲英倫三島的獨裁者。那時有三種情況使他得以增加其威勢。第一，他的軍隊，都有鐵一般的紀律，而他就是軍隊的被親任的領袖。第二，國內工商業因在法律與命令的實施之下，大形發展。第三，他掌理外交事宜，既能滿足英格蘭的愛國者，又能有利於英格蘭的財源。幷與荷蘭及法國間，訂有有利的商約，一般勤勞的猶太人，准其前來。英格蘭對於野蠻海盜，加以懲罰。當與西班牙開戰時，陸軍隊佔滕扣克 Dunkirk 海軍擊沉西班牙的艦隊。這種事實，固足以使克氏的聲望威勢蒸蒸日上；但他的地位反呈衰頹疲弱的現象。騎士甚反對一般宗教熱心者，國教徒也忍受克氏的虐政。長老教派設法去除清教徒分派的寬容而急進黨人及人民均思新政治制度的早日實現。後來克氏不幸於一六五八年逝世，軍隊既無領袖，國家又乏政府，克氏的兒子李嘉特克倫威爾 Ricard Cromwell（一六二六——一七一二）頗想繼承其父位，但終以不能統治軍隊與議會而未能如願。軍隊的將士恢復殘缺國會，不久將其解散，已而又組成使他召回在一六四八年被逐出的一般長老教派，并重組長期國會，另行召集一新的並自由選舉的國會會議，同時大將毛克 Monck 出而磋商查理士二世的復位。以上是英國第一次的革命經過，茲進述其第二次革命。當詹姆士二世（一六八五——一六八八）在位三年後，將各方面的反對聲浪，一概息止。國內托利黨 Tory 本是傾向於保王，國王亦當作屏障，但國王擬成一常備軍，由天主教徒率領，用以不利於托利黨的自由，這與克倫威爾的新模範軍相似。因此托利黨大為恐慌，而灰格黨 Whig 又被困於詹姆士的宗教政策與專制政府。詹姆士主張延遲實施國會反對羅馬天主教及異教的法規，因於一六八七年發表一赦罪宣言，Declaration of Indul jence 將反對此種法規的羅馬天主教徒及異教徒，悉加赦罪。他并指定羅馬天主教服務於軍隊及政府中。至一六八八年，又發表第二次的赦罪宣言，并命令宣讀於各英國國教教堂中。其時有七位主教，不以為然，他就認其為有反動行為，而七人亦未曾受刑，遂爾釋放。托利黨眼見其對於國教教堂之打擊，及對於常備軍的威武，不免有所戒心。至於灰格黨，因鑒詹姆士不受議院法律的拘束及優待羅馬天主教，異常激怒。在一六八八年六月十日，詹姆士的第二個妻子——羅馬教徒——生一兒子，一般新教徒認爲這位王太子不是詹姆士的眞正兒子，不許政治家預言這位太子也要領受他父親信羅馬教及實行獨裁的教育，不然英格蘭將仍被羅馬教的專制君主所統治。就是一般素來深信君權神授說而反對國會改變承繼的人士，也大施反對。有一部分人願與灰格黨呼成一氣，設法使新教徒替代王位。其次在未成年王太子以後可以繼成王位的，就是馬蘭 Mary 她是詹姆士兩個女兒的最長一個，爲威廉 William of Orange 之妻子，係一國教徒。威廉第三由灰格及托利兩黨的招請，於一六八八年十一月率軍赴英，直入倫敦，全國新教徒，一致表示歡迎。其時詹姆士二世雖擁有數百萬軍隊，足以抗拒威廉三世，卒因軍心渙散，沒有什麼戰鬥力，王不得已，逐逃往法國。至此不流血的革命告一段落。於是皇位移讓於威廉及馬蘭。其時，不依法的議院，還宣佈說詹姆士二世既破壞組織，又離國逃走，則他的辭退皇位，彰彰明甚。當威廉及馬蘭繼承皇位時，議院也很留心於自己勢力及耶教的保護，因於一六八九年二月十三日發表「權利宣言」Declaration of Right 後於一六八九年十二月十六日作爲「權利法案」Biel of Right 這個法案上規定國家主權完全屬於長老教教會，用以拒却詹姆士二世的羅馬教兒子。並規定皇帝沒有延遲或取消法律的權力，不得徵收租稅，不經議院的通過，不得有軍隊，選舉可得自由，議會的言論行事，不得有所干預，不得阻止人民的請願，審判務使公平，不得廢止陪審制度，不得科以過分的罰金及過分的刑罰。最後，並宣佈將來威廉如無兒子，則可以馬蘭之妹安尼繼承。至此英國議會和國王的鬥爭，告一結束。這個權利法案，在英國歷史上實較一六二八年的權利請願書，尤爲重要。因爲國會現已握有勢力，以保障其權利。此次革命，因未流血，故名曰光榮或名譽革命。Glorions Revolution 英國國會自宣佈權利法案後，未幾又通過解決法案，Act of Settlement 議案上規定他日女王安尼死後，由她表妹漢諾孛 Hanover 之索非亞 Sophia 或索非亞的嗣子承英國王位。降至一七一四年，女王安尼死，索非亞的兒子佐治一世 George I 加冕，他爲索非亞朝開國的君主，其國祚至今尚未斷絕。

## 三　英國革命之結果

在威廉（一六八九——一七〇二）與馬蘭及安尼 Anne（一七〇二——一七一四）時的外交政策中，以灰格政策 Whigjish Policy 占優勢。商人與運貨者，原爲灰格黨的重要份子，經了奧格斯布格 Angsburg 同盟及西班牙繼承 Spanish Succession 的戰爭，大爲歡愉。這時，英國因法爲商業與殖民地的優勝者，曾與法交戰，並反對路易十四 Louis XVI 依照一七〇一年的解決議案繼承王位。在一七〇三年訂的糜修條約，Methuen Treaty 頗爲有利，因依照條約規定，英商得自由售貨於葡萄牙，英國對於葡萄牙酒的進口稅，特別抑低。在一七〇七年的統一決議書，Act of Union 亦屬有利。這個決議書就是創制共同貿易條例及海關，以英格蘭與蘇格蘭爲施行區域。到了一六〇三年英格蘭與蘇格蘭兩王間，由英格蘭最先斯圖亞特朝 Stuart 的君王發起有私人的聯絡，這樣到了斯圖亞特朝的最後君王，就成爲大英帝國（一七〇七）Kingdom of Great Britain

這就是英國革命的結果。吾們再看別的國家，降至十八世紀，君王仍然深信君權神授說，而在英國議院和國務員是眞正的統治者，他們又被——至少在理論上——人民意志所統治。英國所以能有這樣一個政治制度，完全是因爲牠是一個島國，有憲法的傳說，以及斯圖亞特朝君王的施政乖戾。但是最重要的還是在牠商業上的突飛猛進，因爲這樣，商人階級富而有勢，在政府中得佔有一席地。英國這次一六八九年的「名譽革命」，以上等階級爲實力，結果貴族紳士商人等獲得自由的權利。至於普通民衆終未得有政治上的自由。英國下院的組織，也不合民主的，因爲每十人中的一人得有選舉權。自一七六〇至一八三二年間，下院議員的半數是由庇護者做後盾而獲選。其他大城市的代表，都被富商選出。這樣說來，政府是一部分社會上等階級所統治。至於工業城市，雖在最近數十年來，漸爲重要，但沒有代表的參與。一般富有的製造家，都說國家因被大地主及大商人所自己管理，有墮落衰頹的現象。這種事實，不能不說是革命結果的美中不足。我們都知道英國是君主立憲的國家，英國憲法的發達，都根據歷來各種議案而成。一八三八年發生「察替斯特運動」Chartist movement 新興平民階級，要求政權，實行普選運動，更利用普選而得派遣代表入下院，是爲勞働獨立黨之來源。我們都知道英國是君主立憲的國家，英國憲法的發達，都根據歷來各種議案而成。所以英國憲法都由摭取了適應於各種議案中的理論和習慣的精華而成，和現代文明國家所謂成文憲法截然不同。英國國會的得勢，憲法上曾經多次的變遷，如在威廉及馬蘭在位初時，陸軍兵變，國會不願給與軍主兵權，以定兵變，因恐威廉及馬蘭兵力過大，恢復從前斯圖亞特朝君主窮兵黷武的情形。所以國會對於國王，祇給與統兵六個月之權。但後來君主權兵權，終延長至一年。英國國會的所以得勢，因其有監督國家財政權，在權利法案中早已明文規定。國王非經國會通過，不得徵稅。國會將國家歲出分爲兩類，一爲定數的行政費及皇室費 Civillist 一爲非常費，每歲由國會分配之，所以國會每年不能不召集一次，因是國會握有大權，君王祇能否認議案，幷作國會的顧問。此外，沒有管理財政及軍隊的權力。一七〇七年後，將否認議案權，又加取消。自威廉三世即位後，凡是國務大臣的人，都由國會多數黨中選出。後來托利黨與灰格黨，改名爲保守黨和自由黨。國務大臣的團體名之曰內閣 Cabinet 這是國家行政的總司令部。吾們在敍述英國革命的結果時候，將這種革命後的情形，順便在這裏敍述一下。

## 四　英國革命對於現代政治之影響

英國革命，雖未澈底的成功，但其有價值的革命的意義，是一件不可磨滅的事，吾們在第一節英國革命的意義中，業已說過。這裏吾們要將英國革命對於現代政治之影響，作一鳥瞰式的觀察。坡口博士對英國革命，有這樣幾句贊揚的話，他說：「英國自革命以後，第一，統治了英國諸島，消滅了從來封建的獨立；第二，自航海條例發佈以後，英國把握着海上霸權，其勢力一直擴張至地中海及大西洋；第三，革命政府的政治，對於英國社會的確扶植了清教主義的思想及其生活；第四，革命政府，爲了新教得於國際間揚眉吐氣，致英國得成爲新教主義的强國」。這幾句話都偏重於牠本身所得的影響。吾們更要知道英國革命，對於現代政治有莫大之影響。第一，英國革命是人民對君主而起的一種民權運動，吾們翻開世界民權革命史一看，第一頁就是英國的民權革命運動，因爲英國人民的民權思想之發達，也較世界任何國家爲早。自從這次民權革命運動空前未有的爆發了以後，民權思想的波濤，遂迅速的四面展開，普遍各國，彌漫全球，而各國呻吟呼號於專制牢獄中的人民，猝然聽到英國民權革命運動的爆發聲，好像暮鼓鐘聲，發人深省，大家瞿然而醒，猛然而起，深悟民權運動的意義，而從事實際的民權運動。美國法國革命之先後發生，其歷史淵源，就在這裏。譬使民權思想最先發達的英國，不先於世界任何國而起，則就沒有世界民權革命運動的先驅者，民權思想，無從傳遍各國，民權革命運動，更屬茫然，美國法國的革命，也不致發生，就是發生，總不會這樣早的。由這種見地看來，英國民權革命對於現代政治之影響，不難想見了。其次亞美利加合衆國的獨立運動與英國革命，尤有密切關係。自宗教革命以後，世界無論那一國家，都想壟斷其殖民地的貿易，這是完全受「重商主義」Merchantilism 的影響。英國公佈的航海條例，用以撼動荷蘭的海上獨占的優勢，故使殖民地所需一切物品，均須向本國購辦，而殖民地所生產的一切貨物，一律輸入於本國。後來又變本加厲的將殖民他的製造業加以禁止，在這種情形之下，亞美利加合衆國的獨立運動，必然的發生了。總之，現代民權政治所以得有今日這樣蓬勃猛進的現象，歸根結果的說，不得不歸功於英國革命。現代民權政治之於英國革命，猶水之於源，木之於本，其關係的密切，可想而知了。

# 第三章 美國革命

## 一 美國革命之意義

美國革命是一種政治革命因爲牠完全是由不堪忍受英國的壓迫和束縛而起的這次革命，先後經了八年的血戰，方底成功，對於人類，對於世界，誠有莫大之影響。所以韋爾斯 H. G. Wells 說：「從人類史上觀察……自十三州獨立以來，世界居然有一新社會出現，這個新社會，……既沒有國教，也沒有王政的遺跡，更沒有公卿親王，又沒有要求優勢或尊榮爲其權利的任何受爵的人。這是他的統一，也只是一種爲自衞與自由起見的統一。……這個新社會，實於世界政治組織上，開一新局面，而爲前此所未見過的。其無宗教上的束縛，尤堪注意……總之，這個新社會已臻人類社會組織的根本原素，而即於此種基礎上，建立一個新社會及新國家。」本來美國革命，完全是一種單純的政治革命，不能算作民族革命，因爲當時所謂「納稅而無代表」Taxation without representation之標語，即是祇要求殖民地議會中得有美國代表的參預。這就是說美國人民，並不反對英國在殖民地徵稅，而祇是要求美國國會中，有殖民地的代表。在英國方面，以爲殖民地爲母國之附庸國，母國如有經濟上的需要，當可隨意向殖民地人民徵取，這原是母國固有之權利，而爲殖民地人民應盡之義務，義正詞嚴，光明正大，本來沒有什麼反對的必要。在處於殖民地的美人方面，則以爲殖民地在名義上雖是屬國，但應享權利，與本國初無二致。他們依據了英國憲法中「無代表卽不課稅」Not taxation without representation 的規定，同樣的主張若要徵收吾們的稅，就非先准予我們參與本國政治不可。我們再看美國發過一個權利及自由宣言 Declaration of rights and liberties 上所規定的幾點：第一，駐美移民原是英國人應該尊重祖先傳來的權利，且有主張這權利的義務。第二，這個權利之一，就是無代表卽不課稅。從這些事實上更可明白知道美國革命，充滿着民權的色彩，這是誰都不能加以否認的。其次，我們要知道在美國革命前，歐洲民權學說盛行一時，尤以社會契約說爲甚，著名學者有浩布思、洛克及盧梭等，美國革命的發生，對這幾位學者思想之闡發，也有密切關係。洛克的民約論，又力主人類生來就一律平等，大家受自然法 Natural Law 的制限，不受人爲法 Artificial Law 的束縛。盧梭的民約論，又力主人類生來就有自由平等的權利，無論何人，沒有壓迫他人的特權，也沒有服從他人的義務。這兩位思想家的共通點，就是都主張人有自由和權利，使世間沒有什麼不公平的事情。此外，英人亞丹斯密出原富一書，極力鼓吹自由貿易，本國生產品可以自由輸出國外，外國出產品亦可自由輸入本國，自由貿易，不受拘束，充其所極，雙方有利。吾們試想美國正在飽受英國種種的壓迫束縛，而不能得到貿易上的自由平等的時候，受着這許多民主思想之薰陶，則安得不發生要求獨立自由的革命。這一點又可證明美國革命之爲民權革命。所以總起來說，美國革命的眞義，就在他是一種純粹的民權革命。

## 二　美國革命前之狀況

在沒有講到美國革命的本題前，吾們先將革命前美國的殖民地狀況，略加敍述。美國的高原，是在密西雪必河 Missisippi River 之西部，在靠近太平洋的海岸地勢高而嶮岨，至於大西洋海岸地形平坦，深入內地有一百里。因爲地理上的關係，殖民於北美，自西至東，較爲容易。歐洲殖民之所以由大西洋海岸上陸，就是這個緣故。美國是由殖民地一躍而爲獨立國家，所謂殖民地者，卽許多人民從祖國移入新地，當祖國發見了新領土爲求鞏固起見，必須使其變成爲殖民地，美國的出身，就是這樣的。最初移殖於美國者要算是英國，一六〇六年那時倫敦公司 London Company 的船領到新的特許狀，於一六〇六年十二月十九日載了一百四十三人移殖至新世界，至一六〇七年發見許多領土，這一帶土地，就名之曰維及尼亞 Virginia。後來在一六三三年又有二百多的殖民前往，他們的殖民地就叫做馬萊地 Mary Land。至一六六三年就有卡羅力奈 Carolina 地，降至一七三二年，在北美海岸建立其屋及亞 Georgia 地，這都屬南部殖民地。南部殖民地都由追求利潤的商業公司所建立。至於新英格蘭殖民地則完全建築在商業基礎上。在新英格蘭地的最先殖民地是在一六二〇年建立的潑利馬斯 Plymouth 地，其餘有如 Massa Chusetts, Bay, Conne Cticut 及 New Heaven 等地先後建立。洎至一六〇九年，丹麥商業公司將紐約成爲殖民地。一八六四年移殖於新球賽。New Jersey 除外，還有 Delaware, Pennsylvania，殖民地，先後成立，此皆屬於西部殖民地。在十八世紀的上半期，殖民地大有進步，吾們祇要從人口的增加上觀察，就可知道。一般殖民，雖受種種疾病土人攻擊生活艱難的遭遇，但殖民人數有增無減，并且殖民雖時與祖國發生宗教執爭的事情，但人口還是繼續不斷的增加，在一七〇〇年，人口總數有二五三〇〇〇，在一七五〇年增至一三七〇〇〇〇，一七〇〇年，新英格蘭祇有一〇五〇〇〇人，一七五〇年增至四〇〇〇〇〇。在一七〇〇年，中部殖民地祇有五九〇〇〇〇〇人，而維及尼亞為人口最多的殖民地，在一七五〇年有三〇〇〇〇〇人，大部分都是黑奴。除維及尼亞外，Massachusetts 次之，Peunsylvania 又次之，最小的殖民地為其屋及亞。在一七五〇年，祇有五〇〇〇〇人。那個時候，移殖至美國的，有英清教徒，荷蘭朋友教派，德國人，愛爾蘭人，法國人等。到了十八世紀，英國駸駸然的向西殖民，而法國早已佔有內地，於是在一七五四年兩國間必然的發生衝突，結果英獲優勢。其時，歐洲各國殖民地的分佈狀況，英國佔着美洲東部十三州區域，法國佔着北美洲加拿大，西班牙佔着北美西部。這三大民族，相處日久，漸相同化，遂成今日之美利堅民族。現在我們還將幾個被壓迫民族，略加敍述。被壓迫民族有二，一為美洲土人的紅人，一為非洲販來的黑奴。在白人沒有統治美洲前，早已有許多種族的紅人住着。這般紅人亦稱為印第安人，Indians 因為最初許多人深信美洲是屬於印度的一部分。他們是屬於棕色或銅色，有黑的眼睛和長的頭髮，厥狀可怕。他們常起種族間的鬥爭。今在美洲密西雪必 Mississippi 河的東岸，尚有紅人數萬。至於黑奴，是在一六一九年有一隻荷蘭船載着九個黑奴至美洲，這是美洲最早的黑奴。因為他們都是異教徒，所以都以為販賣黑奴是一件正當的事情。當初黑奴都由英格蘭的皇家阿非利加公司 Royal African Company 販賣。到了一六八八年，黑奴交易逐漸公開，新英格蘭許多商人從事於黑奴運輸的事業。那時，美洲殖民地滿佈着黑奴，在新英格蘭地方，黑奴都用家庭奴僕。在紐約城及非萊達而非亞 Philadelphia 地方黑奴甚夥。但在這二地的鄉郊，其數較少，因爲在鄉下以麥爲主要收穫，而種麥並不需用許多勞工。大體說來，黑奴應用最多的地方，要算是烟米靛青等業。拿地域來說，南美洲是黑奴制度盛行的地方。在一八〇三年十二月，南卡羅力奈 South Carolina 州因鑒應用黑奴之有利，對於黑奴交易，給以法律上的許可，這地卓爾斯頓 Charleston 一地，實爲美洲黑奴貿易的第一商場，一直至一八六五年黑奴制度，才告取消。吾們從上面看來，可以得到這樣一個結語：美國革命前的狀況，一面是壓迫民族，如英國法國西班牙等；一面是被壓迫民族如黑奴紅人等。

## 三　英國商業政策之反響

英國對於殖民地向來是用重商主義的商業政策，只是唯利是圖，不顧對方福利。他對於非洲印度如此，對於美洲亦未嘗稍異。溯自七年戰爭 Seven Year's war 後，英國戰勝法國，法國在印度的軍力商業完全失掉，最初佔有的美洲加拿大亦給與英國，在美洲的法國勢力至此淨盡。他方而英國澎漲無已，除印度外，復得法之加拿大，西班牙之福洛立大 Florida 遂成密斯雪西畢河西北美洲地之佔有者，其時勢力之雄偉，罕與倫比。當一七六三年，格倫微爾 Lord Grenville 在英皇喬治第三 George III 下執政時，他看到地主請求減輕殖民地上重稅的負擔和商人階級之獨占殖民地商業，遂擬一新的殖民政策，政策共有三條，第一，厲行商業條例，第二，駐英兵一部分於美洲，第三由國會增加租稅，以充軍需。後來國會又通過航海條例，牠的目的是想使英人獨占商業，他們駕臨殖民地較其他國民為自由惠愛，並用種種方法限制殖民地貿易。本來英國擬想打擊丹麥法國的商業，他們想把殖民地作為英國商品的市場和貨物供給地。英國因想運輸國產於國外，和增加船隻水手的數目，故在一六六〇年第一個航海法通過，上面規定着除雇用英人水手的本國或殖民地船隻所裝的貨物外，一概不准輸入殖民地，殖民地上的工業，都被禁止。新英格蘭的木料，不得與法屬西印度自由交易，祇有英國人民及船隻可與殖民地經營商業。美人須將出口貨完全銷售於英國各海港，並且從歐洲運來的貨物，須先在英國上陸，這都是有利於英國商人而於美商不利。後來此種限制商業法律終未見效。新英格蘭的殖民地商人，均設法逃避法律之拘束，貨物偷運入內地者甚多，英國海關雖下令澈查，但無相當結果。於是英國內閣，決定厲行商業法律，在美洲各海港化了三塊錢的成本，祇收得一塊錢的進益；一般徵稅官員原住英國，不事公務，而今必須正式辦公，所有海軍官員，亦須各盡其責，在美國沿海各地，駐泊船隻，嚴查偷稅，美國船隻與貨物，輒被拘獲，就審於海軍法庭，美商遭此壓迫，曷勝痛苦。殖民地人民，很畏英國的常備軍，他們深信駐軍美洲的目的，是在增厚英皇的權威與阻止稅法的破壞，所以都不願供養兵士，聲稱駐軍須經殖民地議會之正式通過。在一七六五年，通過一管理及訓練士兵的法律案，接派許多兵士赴美，紐約拒絕供給兵營，於是英國國會就停止紐約議會的職權。（一七六七年）英國統治者不知實施這種策略足以引起嚴厲爭執，英皇為設法兵費及厲行法案起見，滿擬設計一個租稅新計劃。不久國會就通過了一個爲人類歷史上唯一重要的法令之法律，這就是所謂著名的印花稅法，Stamp Act 凡合法文件遺囑許可狀新聞紙小冊子等，概須納費貼印花，所得稅款，用以開銷美洲殖民地的費用。每年殖民地用費約一七〇〇〇〇〇元，而印花稅款約有五〇〇〇〇〇元，約爲費用總額之三分之一，一般反對該項法令者，悉被拘在沒有審判官的法庭內。從前國皇對於戰爭或其殖民地政府所需的費用，都用一種「請求」Requisition 方式，就是皇帝說明宗旨向各殖民地請求資金，將來殖民地議會，如得通過，即徵稅充之。英國貴族格倫徵爾不信殖民地人民能照這個方法來供給金錢，他們決不贊同這種需要現金的目的。所以格氏深信印花稅是輕而易舉的一件事。幷且他還聲明在一年中再設計一個比較完善的租稅計劃但他又稱印花稅必須繳納，否則將由國會徵收之。於是美人反對這項法令的風潮，勃然而起，暴動亦遂發生，許多「自由之子」Sons of Liberty 的人民，在街道上狂呼着：「自由財產，沒有印花稅。」"Liberty, Property and no Stamp." 他們强迫印花稅官吏的去職，並扯毀英皇照片，破壞許多印花，大家一致同意不進英貨。所以當一七六五年十一月一日，許多殖民地厲行印花稅法時，發生印花的大恐慌。那時，美人也不願在英國會中參與數代表，因爲代表無濟於事的。他們積極準備自己納稅，充實財政，訓練軍隊，用以抵抗英國仇敵。幷且他們爲顧及全英國起見，情願繳納相當的進口貨的外稅，External Tax 至於如印花稅類的內稅，其目的並非管理商業，而用以增加稅收，此種稅款，祇可由殖民地議會徵課之。他們決定反抗這種稅款，而保留着自己徵稅的權利，這好像是大憲章上英國人的權利。原來納稅與代表不得分離，人民祇能被自己或其代表徵稅等原則，早已潛伏在英國自由觀念中。一二一五年的大憲章，一六二八年的權利請求書，一六八八年的名譽革命，都包含着這些原則。反抗英國租稅原則的運動，最先起於維及尼亞州。當時該州有一位政治家柏立克 Henry Parick 也是一位革命的大演說家，非常翊贊自由的。在議會中發表許多意見，他以為「自己課稅」Self-taxation 是英國自由之特徵，維及尼亞州的議會也有向維及尼亞州人民徵稅之權利。凡破壞此種權力者，即無異破壞英美之自由。於是殖民地互相聯合，許多領袖也團結一致，馬塞秋塞 Massachusetts 州首先發起召集殖民地會議，分送函件至各殖民地，各地莫不聞風響應。一七六五年十月會議開幕於紐約，蒞會者有九州代表，共同討論對付辦法；但此會卒不能如政府的通過法令條例，祂祇為殖民地人民之口舌，并發表「權利與損害宣言」Declaration of Right and Grievances 該宣言由狄金生 John Dickinson 起草，將殖民地人民應享權利，詳細臚列，宣言上這樣的說：殖民地人民理應順從英國，但他們也有像英人在國內所享的同樣權利，凡非經他們自己立法所通過的租稅，不得徵課，他們不能有何代表於議院中，供給與皇帝的，祇為人民的禮物；英國人民請求皇帝給與殖民地之土地，這是不遵憲法的；由審判官審判，是一寶貴的權利；立法與課稅間，輒有差異，國會雖可擬訂新法通過條例，以統治全英國商業，但課稅須經納稅人民代表之允諾。這張宣言，亦為英國接受。吾們此處須知此種納稅和權利的執爭，並非是英人與美人間的鬥爭，這不過是像英美的保守黨與英美的民政黨間之爭執罷了。當時有一政治家畢得 Pitt 表同情於美國，他說：「國會沒有向美人課稅的權利，國會所有的權利，祇是替美人立法，幷使他們團結一起」。又有一位白克 Burke 也說：向美人課稅是一件愚昧的事情，因爲這徒增紛擾與惡印象而已。後來羅金漢 Rockingham 爲國務員，印花稅法卒於一七六六年取消。本來，沒有大損失及流血事情發生，印花稅法永無實現之一日。英國商人亦鑒售貨於美不甚興盛，力促國會廢除稅法；後來國會中通過了一個宣言，確定了向美人徵稅的權利，廢除稅法這件事，使英國各地欣忭莫名。美人舉行演說及燄火共相慶祝，那時和諧歡樂的情形，可以想見。但是英國政府仍想保持在美的皇權，用軍隊擁護盡忠的統治者及審判官，幷使他們賦有獨立的權力。這樣，美人用暴動的方式，抵制英國政策，許多徵稅官員，驕傲而苛刻，人民頗不滿意。有一查稅大艇，泊於沙灘，美人將其火燬，事後查辦不得要領，因是英政府對待美國，也採報復手段。在一七六八——一七六九年冬季，國會將亨利第八 Henry VIII 舊的法律，死灰復燃，照舊厲行。凡殖民地上之叛徒，均須赴英審判，幷於一七七二年下令將昔日焚燬查稅大艇的罪犯逮捕後，引渡赴英。這種政策施行後，就生不公平與苛酷的結果。後來英兵赴美，在紐約地方倒毀人民建築的自由竿 Liberty Poll 隨後就發生暴動。在一七七〇年三月五日，泊司敦 Boston 地方，一羣人民在街上奔走呼號，他們訾罵伍長 Corporal 的衞隊兵士爲「大頭龍」「匪徒」。幷以石子棍杖激怒兵士，兵士乃向羣衆射擊，死者五人，傷者六人。泊司敦人大爲忿懥，反對英國。接着召集民衆大會，以表示人民的憤恚，幷要求軍隊之撤退。這件事就稱爲「泊司敦屠殺案」 Boston

Massacre 在一七七〇年各稅均已廢除，唯茶稅 Tea Tax 依然獨存，國會藉以表示其美人徵稅之權利，實際上此爲最愚昧之政策因爲茶稅對於收入無甚關係，祇爲引起美人之反抗行動耳。當茶抵美，輒被退貨或破燬。在泊司敦地方因爲長官不願將茶退回，一部分人民假粧美洲土人潛伏船上棄茶於海。美人心理，以爲抵抗非法的茶稅，是正當的舉止。這種種擾亂和暴動終激起英皇與內閣閣員的憤懣。他們深信美人都是叛徒，必使其服從法律。照理講來，英國必須廢除茶稅與美和解，但內閣卒採高壓政策。英國對美的壓迫計劃有三，分述如下：第一，泊司敦港口律，The Boston Port Bill 此律即封閉泊司敦港口，任何船隻在從前燬壞之茶未償還前，不准進出，祇有食物薪炭准予駛入，這樣泊司敦港口的商業與繁盛破壞淨盡。第二，馬塞秋塞條例，The Massachusetts Act 由此條例，取消一九六一年之馬塞秋塞特許狀，另組一新式政府，上議院由國王指派，統治者之威權增加，審判官州知事均由統治者規定，不經選舉手續；公民會議之權力，加以削奪，老的市民會議，亦被取締。假使美人接受此項條例，則他們的權利自由，恐將化爲烏有了。第三，司法管理條例 The act for the administration of Justice 此項條例規定凡有人在馬塞秋塞州被控告爲兇手者，而同時在統治者或審判官方面認其爲襄助州知事，制止騷動，爲求得公平判決起見，送往英國或其他殖民地審判。美人對此，亦甚憤恨。除上述三大壓迫外，復有所謂駐軍條例，Quatering act 由此條例，格棋將軍 (General Gage) 任爲馬塞秋塞州之統治者，并駐許多軍隊於泊司敦地方。以上許多條例，都用以對抗馬塞秋塞州。進一步且威嚇其他殖民地之權利。因爲這種情形，許多人聯合一致援助該州這種舉動，就是聯合反抗內閣之一良策，幷爲當日促現聯合的最初步驟之一因。後來，幾個議會主張召集殖民地會議，由馬塞秋塞州發起於一七七四年九月五日開會於非蘭德而非亞，除其渥其亞 Georzia 一州代表被統治者制止于預並未出席外，其餘各州代表皆行與會，這是殖民地舉行之一重大會議。此種舉動就完成後來推翻英國統治者及建立美國新政府之工作。這次會議發表一個著名的「權利宣言」Declaration of Rights 力主廢除英國對美的壓迫計劃，宣稱在和平時期，不經殖民地之允准而卽駐札常備軍，是非法的事情，幷報告議會解散的情形。現在殖民地人民否認內閣代表他們的權利。他們發表請願書與國皇。英國人民加拿大，（要求加拿大聯合反對）最後由殖民地議會組成一美人聯合會，American Association 大家決定抵制英貨，以示決心。殖民地各市鎮各委員會，均須遵照辦理，如有某地不相合作者，卽認其爲公敵。這時諾斯爵 Lord North 主張殖民地人民自己徵稅，如能滿足英政府之要求，則內閣種種徵稅計劃，悉可收回。殖民地人民，對此大不滿意，英內閣聲稱馬塞秋塞州都是叛徒，命令格棋將軍，制止叛亂，幷拘捕著名領袖如漢可克 Hancock 亞丹斯 Samuel Adams 等。馬塞秋塞州之一般愛國黨的人員，均願服從由上所述數領袖組織統治之州議會，他們開始組織能於一分鐘內召集起來的常備兵，幷充實軍需。格棋將軍遣派軍隊，加以破壞卡跨特 Concord 之軍需庫，李維阿 Paul Revere 將軍沿途狂呼着「常備軍起來！」於是常備兵攜鎗從鄉間麕集於蘭克辛頓 Lexington 時在一七七五年四月十九日，結果略有死傷，從道天起，美國革命戰爭開始爆發了。後來，常備軍後退，英兵前進，在卡路特地方毀壞軍火，但在該地橋上他們遇到四百五十個美人，英人遁逃至泊司敦地方，又見許多來福鎗兵從牆屋樹木間射擊，是役英人死去二百七十三人，美人祇有九十三人，由可知美兵敢與英人抵抗的膽量了。由此種事實竟激動了全國的作戰精神，他們覺得英皇已正式作戰，所謂請求，所謂通過議決，多已非其時，目下祇有以作戰為唯一出路。所以亨萊 Patrick Henry 曾說：「吾們業已請求，吾們業已示威，吾們業已切禱，吾們業已卑躬屈膝於皇殿下，這都是毫無結果，現在吾們必須作戰，我再重複的說，吾們必須作戰。」

## 四　美國革命之經過

第二次殖民地會議在一七七五年五月十日召集於非蘭達而非亞，會中議決編組二萬人之軍隊，并指定華盛頓 Washington 為總指揮。華氏在肯勃拉棋 Cambridge 正式就職，統領美軍。他被稱為「他的國家之父親」Father of his country 因為他是有功於美國之獨立與政府之建立，誠不愧為美國革命之一偉人。吾們很豔羨美人有這樣一個領袖。華氏熱心愛國，對於國家決抱犧牲態度，他能忍痛耐勞，動作敏捷，明於決斷，嚴以律己，這都是他偉大人格之所在。華氏感到美國軍隊組織散漫，毫無訓練，軍火亦瞠乎人後，所以當初他不能進攻泊司敦。後來因為他擒獲了黑脫斯 Dorchester Heights 於是英兵不得不遺棄泊司敦。在一七七五年秋季，美軍曾遠征加拿大，結果沒有成功。而在一七七六年七月，英兵從卓萊斯頓海港 Charleston Harbor 擊退。這樣一年的戰爭，使美人準備獨立自治。不過他們並非爲獨立而戰，華盛頓曾說：「我當初就任軍隊總指揮時，我厭棄獨立之觀念」他希望「與英國永久聯合。」及福生 Jefferson 也說「在一七七五年四月十九日前，我從未聽見說與母國分離。」佛蘭克林 Franklin 在英格蘭對彼得 Pitt 說：殖民地人民，並未希望獨立，他們沒有對抗內閣計劃之意思。一七七五年七月殖民地議會發佈的宣言，也只是敍述美人忍受的許多痛苦。那時不到五分之一的美人，或許承認美人爲獨立而戰爭。總之，美人完全爲自衛而作戰，以期保護舊的權利與舊的組織，並未另有新組織，他們始終不承認有獨立的意旨，或期望，而祇望很光榮的重修舊好。他們在英國統治區域內，很是驕傲，他們很矜耀英國的歷史。他們很不願意永久割離着老的母國而獨立。不過英皇拒卻美殖民地會議的最後請願書，內閣與英皇宣稱殖民地人民，均有叛徒行爲，主用國家所有的財源，去征服他們。并且英皇的軍隊，焚燬了數市鎮，如諾福爾克 Norfolk 卓萊斯鎮 Charlestown 及福爾毛斯 Falmouth 等，這樣殖民地人民不得不改變他們的態度，他們預測將來別的市鎮，恐成灰燼，海港也恐被英海軍封鎖。但仍有少數人自願認過，而另有一部分人覺得抵抗是沒有用處的。當在一七七六年的初期，人民痛恨英皇與英政府的程度，與日俱增。那時貫尼 Thomas Paine 有一本「共同感覺」Common sense 的小書出版，貫氏是開明的主張獨立的第一人，他在該書內先述人民對於英皇的愚妄尊敬，必須去除淨盡，他以爲與英聯絡，不利於美，將使美人繼續沉淪於歐洲戰事的漩渦中。對於吾們自己的市場，反遭莫大的影響。他又說一個大洲，依賴於相隔三千里的一小島是一件可笑的事情，還有一件事，更較賁尼氏之著作足以鼓起獨立精神者，卽海斯人民 Hessians 之前來，他們都是外國籍的股兵，由英皇雇用，以與美國相戰。在一七七六年的五月，美人已知有一萬海斯人，正由海中前來，助英戰美。後來人數竟有三萬人，他們沒有什麼意見，只是爲受英皇報酬而前來，想在美洲與英國的血與肉相戰。此實爲英政府施政的最大錯誤。經了這次錯誤，永久沒有與殖民地聯合的希望了。後來維及尼亞最先引領着獨立運動。在一七七六年的五月，維地訓令牠的國會代表提出最後的步驟。維地代表的領袖李亨利 Richard Henry Lee 有這樣一個主張：「殖民地須聯合爲自由獨立的國家。」不過那時有幾個殖民地，不表同情，且加反對。但結果組織了一個委員會草擬獨立宣言。是年（一七七六）七月一日，宣言擬就，開始討論。經了長時間的商議，卒於是月四日，該宣言得國會的最後批准。吾們須知這次美國獨立戰爭係愛國的鼓勵的犧牲的熱心的，由這種特質，就爆發着爲求獨立而苦戰七年的加入戰陣，有二百五十萬人之多的戰爭。當初英國擬先取紐約、維蘭德而非亞及漢特生，幷擬將全州劃分爲二，而後分道開戰。但因鑒殖民地中部的保守黨員爲數甚多，在維及尼亞南部富有保皇黨的思想，所以英國想將新英格蘭與維及尼亞兩地克服，兩地既入掌握，戰事卽可早日結束。因此中部殖民地，適爲最先兩軍戰爭之舞台。華盛頓氏爲保衛紐約計，從泊司敦遣軍至紐約。美人並築許多炮台，以抗英國艦隊。英軍統領者爲何威廉將軍 William Howe。艦隊由何氏兄弟率領，英軍人數共有三萬人，約倍於美軍。華盛頓於一七七六年八月二十七日在長地 Long Land 受挫於何氏。美軍幸賴華氏之軍略，得慶更生。何氏復大敗美軍於白平原，White Plains 並進而佔據華盛頓炮台其時復有李將軍 General Charles Lee 從中襄助軍事，唯李氏不從華盛頓之命令，卒使華氏作長距離之退卻，經新會水 New Jersey 而達屈倫敦，Trenton 英軍急起直追，滿擬生擒華氏軍隊使戰事及早解決。但因何氏抵紐約後，逍遙享福，共慶凱旋，卒致貽誤戎機，此即美國革命所以勝利之一因。當華氏軍隊屢屢退卻節節失敗的時候，誠爲美國革命之黑暗時期，一般敗退之軍隊，既無餉糈，又乏軍火，厥狀可憐，軍隊人數頓呈銳減，人民亦爲之沮喪。英國及海斯軍隊，於是擄掠新會水之保王黨員及愛國者，許多人士，都想請求何氏大赦及英國保護。維萊德而非亞遂進入恐慌時期。國會也棄了這個城市，遷至白爾跌馬阿，Baltimore 在這樣軍事大敗的黑暗時期，賓斯在第一期的「恐慌」The Crisis 刊物上這樣說：「這正是試驗人們的精靈的時候，一般炎夏似的兵士與日光似的愛國者，已退避三舍，在此恐慌中，唯有挺身而起者，才能得人士之恩愛與感謝。苛政是不易戰勝的，不過鬥爭愈艱難，其勝利亦愈光榮，英國率領軍隊，實施苛政，非但向吾們徵稅，且想將吾們束縛在任何囚籠中，在這種情形之下，吾們如不承認爲奴隸，別地球上將永無奴隸之存在了。」在這種字字見血的話中，賓氏總想激勵人民，與英作殊死戰。所以在美國爭求自由的鬥爭歷史中，賓氏的筆和華盛頓的劍，同樣的有權威。在這樣充滿着灰色的戰期中，華盛頓將軍，就大顯運籌帷幄之本領，他決不灰心悲觀，而唯痛下決心的作殊死戰。在一七七六年的耶穌誕節夜，駐在屈倫頓的海斯兵，正是燈紅酒綠，手舞足蹈，共慶佳節，華氏踏着雪和冰，越過特萊威河，Delware 直衝海斯兵的營陣生擒海斯兵一千人及常備軍一千人，華氏那邊祇死了二個將軍和二個小卒，這是一個極大的勝利。於是他就乘機進攻勢如破竹，在濮令西頓 Princeton 一役中，（一七七七年一月三日）又奏膚功。這時人民歡愉莫名，抱着莫大希望。同時革命時期的財政官穆黎 Robert Morris 設法財政，并劃出自己的家庭充作軍需，所以華盛頓的軍士，在冰天雪地的冬季，得免飢寒。後來何氏率領兵士八千人，搭艦遠駛，不知所往。美人爲預防計，塞於特萊威阿河，想阻其上陸。何氏在海中進退爲難，卒在愛爾克頓 Elkton 上陸。華氏聞此風聲，行軍至威爾明頓 Wilmington 特萊威河，擬與何氏晤面，結果終在白倫特威 Brandywine 兩方接觸，（一七七七年九月十一日）美軍大敗，降亡者一千二百人，而華氏安抵徽萊特而非亞。他又不能守衞，終被何氏所佔。至同年十月四日，又戰於球門市 Germantown 適值大霧，又告失敗。這時美國國民軍因恐紅人有所發動，特將斯邱樓 Schuyler 將軍的軍隊，加增至一萬三千人。在將抵成功的時候，斯氏忽被凱脫將軍 General Horatis Gater 撤職。在他方面，英布谷尼適值大敗，迫其將全部軍隊六千餘人一概投誠。這件事實是英美戰爭歷程中的一個轉移點。在一七七五年，國會組織一個祕密委員會，使與海外各國有所聯絡。一七七六年悌尼 Silas Deane 被派赴法，後來他又得了佛蘭克令 Doctor Franklin 與李矮瘦 Arthur Lee 的援助，終得法國的同情。當初法皇對於美人，不願有明顯的幫助，但他祕密供給軍需。供給的方法，就是由皮毛呆 Beaumarchais 去經手。他是賒售軍火於美國的一個商人。法國本想確切的了解美國不再與英國聯合，自獨立宣言公佈後，法國大悅。但他仍旁觀美國能否以軍力來換得獨立。自英將布谷尼被迫投誠後，法國便深信美國有獨立成功的可能，於是法就明顯的助美了。一七七八年二月六日及七日，法與美締結二約，一爲給予美國商業利益的通商條約，一爲同盟條約，法皇明知此舉將引起英法戰爭的火線，但他情願竚候美國獨立完成後，將戰爭繼續下去。在一七七七年蘭法顏脫 Lafayette 及數個法人，赴美襄助華盛頓。美除得法之援助外，又派瓊前 John Jay 赴西班牙，聯絡西國，借予一筆小款，但並未認清美之獨立與法美之同盟。後來西班牙荷蘭俄國均懷恨英國，英國衆叛親離，孤立於世。洎乎一七七八年春天，英方克林頓 Clinton 佔獲徽萊特而非亞，後法國艦隊駛來，克氏逃往紐約，華盛頓復與英兵戰於冐木斯 Monmouth 沒有什麽結果。經了三年的戰爭，英國未曾得到新英格蘭或中部殖民地，所費甚鉅，而一無所得，英格蘭許多領袖睹此情形，都說美國難於征服，但英皇意志堅決，力主續戰，內閣也祗得遵命辦理，不敢抗拒。在一七七九與一七八〇年間，南部戰事頗爲嚴重。一七七六年六月以後的二年，南美已獲獨立，惟在一七七八年，英兵又佔灑凡納區。Savannah 至一七七九年夏，美軍在林肯將軍 General Lincoln 及一勇敢波蘭兵樸萊斯基 Count Pulashi 的領導下，會同了法國艦隊，想克服灑地，結果失敗，一千人亡於是役，樸氏亦慘遭屠殺。英軍乃進攻南卡洛南奈 South Carolina 並俘獲林肯將軍及其軍士三千人。南卡洛立奈既被英兵攻下，美兵又大敗於一七八〇年八月十六日之康敦 Camden 戰役。後在犇濱 Cowpens （一七八一年十月七日）一部分美軍在馬耿將軍 General Daniel Morgain 指揮下，大敗英兵，這是南美獨立運動中一次値得注意的勝利同年九月八日的一次戰事，美又大勝，結果英軍被追退卻至三個海口。——威爾明格頓卓萊斯頓及灑凡奈區。十月十九日華盛頓會同法艦在約克市 Gork Town 包圍英將康華烈氏 Coruwallis 他的軍隊七千人，一概投降，這次戰功就是代表戰事的最後結局。英諾斯爵聽到康氏投降消息，不禁驚嘆着「啊！上帝一切都了結了！」但英皇固執不悟，仍舊不允美國之獨立。在他方面議會投票反對延續戰事，諾斯內閣被迫解散，英皇也祇得默然忍着。於是喬治的個人政府宣告崩潰，而立憲政府遂應運而生，這是美國革命的一個偉大結果。這樣非但使美國獲得自由，且使英國亦有其利。英皇遂命自由黨 Whig Party 重行執政。自由黨員都是美國的良友，他們秉政後就承認美國的獨立，以期早日結束戰事。他們使美國與法分離，并準備簽訂和約。一七八二年十一月三十日在巴黎簽訂預備條約，一七八三年九月三日，和平條約正式締結，此卽所謂凡爾賽條約 The Treaty of Versaills 要點如下：一、英國承認北美洲合衆國的獨立。二、確定兩國的邊界，且英美兩國均得在密士失必河 Missisipi 自由航行。三、英將西印度羣島中的托白谷島 Tobago I 及非洲的塞內格爾 Senegal 割讓於法，并將地中海中的密諾卡島 Minorca I 及佛羅里達 Florida 交還於西班牙，而領有坎拿大 Canada 諾發斯科西亞 Nova Scotia 紐芬蘭島 New Founland I 四、荷蘭將印度的陞加帕坦 Negapatam 讓給英國。其他各國領土仍舊恢復戰前的狀態。美國方面參與談判者爲佛蘭克令亞丹斯約翰 John Jay 等，事前國會訓令他們締結和約時，須經法國之明曉與應允。但亞氏約翰氏對法抱懷異態度，因恐法將遺棄美國，而爲西班牙謀利益。本來法西對美各有企圖，亞氏等早已看出，極力為美本身謀利益，所以將國會的訓令置諸不聞不問，就不讓法國知道而遂與英締約。事後佛蘭克令在法使前深致歉意。法西二國，對美不免有些驚異與憤懣。於是美國獨立，正式承認，革命於是完成。

## 五　美國革命之結果

美國在沒有採行政府形式前的一七八一年至一七八九年間，有所謂「舊同盟」Old Confederation 之存在。「舊同盟」是一個異常疲弱的政府，無須吾們去加以詳細的記述。不過這裏吾們不能不把美國所以延遲組織「聯合」Union 的理由來說一說。第一，因在國會中對於投票方法，尚未一致，或主每州各投一票，或主採用與各該州的人口財產成為比例的投票，此種問題，均足以引起小州對大州的恐懼與妒嫉。在小州立場上說，他們在聯合中得有了同等投票權，不致動搖其權利及危害其公民之自由。他們以為各州如不平等，根本說不到聯合的組織。這裏吾們須注意他們不是要求各州人口土地的平等，而祇是要求與大州有同等的政治權力，不過許多小州早已深知這是州的聯合，而非個人的聯合。第二，就是各州間如何分攤公共經費。許多小州主公共經費，不能平均負擔，必須依照各該州的財產而為比例的分攤。佛蘭克令以為假使各州平等投票，那必須平均負擔經費，他也早已知小州難於同意，結果終是這樣的決定：「在國會討論國事時，一州一票，至於所需經費，依各州的土地房屋而比例負擔。」這個計劃，後來終究遺棄。第三，就是商業管轄問題。當時有人主張每州各得統轄其商業，幷訂立其海口稅率，不過同時也有人反對是說以爲這樣支離滅裂，反爲英國所冷笑，美國必須將爭求獨立時的協同一致的精神表現出來。最後一點，也是最重要的一點，就是西部島的問題。有數州主張極力向西擴充邊界，直達美洲本身的西疆爲止。反對者亦有其人，他們以爲各州疆界務須確定，西部各島都爲聯邦所有，其土地收入悉充軍事及其正當用途。因爲以上幾個難關，未得圓滿解決，所以在一七七四年至一七八一年間七年中，始終沒有一個共同的中央的政府組織。當時政府就是全洲的國會 Continental Congress 不過這個國會，並不是合理的政府或是賦有權力的立法機關。牠沒有什麼權力，但也不受法律的拘束。牠只是沒有憲法規定的及革命的一個團體。本來這個國會，是由各州委派的代表所組成，共同商議他們的危害，幷擬保衛他們權利的辦法。國會可審愼的議決應採的辦法，再明令各殖民地，依照實施。在另一方面，全洲的國會，又儼然如一個國家政府，牠發行紙幣，組織郵局，編制軍隊，宣佈獨立，授與華盛頓總司令的職權，幷與外國締結條約。而在人民方面，都願受國會的領導，因爲他們深信國會是代表各州的，未嘗不可以從事國家的職務。後來有幾州人民，自己組織州政府，分立而獨立，惟在全洲國會之下。許多嶄新的州政府，實際上祇是改組殖民地政府，使其適合於新的情況。此種舊式殖民地政府，已有一百餘年之深長歷史。當美國宣佈獨立，皇權崩潰後，馬塞秋塞州 Massachusetts 人民就覺得國皇無上的威權，既已絕滅，則當將此威權還諸全洲人民，而全洲人民就是一切威權的泉源。嗣後各州遂相繼而行。此種新式州政府，由該州國會產生。在一七七四年的十月，麻州的州國會，宣告成立，迨至一七七七年，各州都有其獨立州政府的組織，許多州政府中，最著名的要推維及尼亞 Virginia 的州政府，牠的「權利書」 Bill of Right 包括着獨立宣言上已有的許多原則。維州以為政府的權力，是由人民給與，政府官員都是人民的忠僕，政府是為保護人民而存在，政府如有失着處，人民賦有改組或廢除政府的權力，所以維州政府之原則，為以後各州政府之圭臬。各州政府的組織，必須根據這樣四個基本原則：第一，人民賦有自由權；第二，政府設立法行政司法三部；第三，立法部有兩院，（賓錫爾凡尼亞 Pennsylvania 及喬治亞 Georgia 二州各有一院。）凡一州的主要權力，均匯集於立法部，並且行政官審判官大部分由立法部選擇出來；第四，各州均承認新組織完全建築在全體州民的基石上面。此種州政府的組織，在聯邦沒有成立前，延續着十年之久的歷史。各州政府既已成立，獨立自由各事其事，但同時深感着兩重困難，即徵稅與管轄商業是。國內有幾個領袖，如華盛頓，毛立生 Madison 漢密勒頓 Hamilton 等，深知全洲國會須統轄商業，不得由各州分開治理。後來維及尼亞州通過了毛立生提出的召集各州會議案，終於一七八六年九月在安南普狄斯 Annapolis 開會，與會者祇有五州，毛氏與漢氏睹此情景，念及此會無甚權力，不能討論偉大事件，所以另組一委員會，通知各州，另召會議，專事討論關於聯邦的事情。一七八七年五月，會議又召集於菲律賓，這是美國從來未有的大會議。會中有不少知名之士，美之憲法的告成，得力於彼輩者，實非淺尠。美國擬訂新憲法時，以英國的憲法及政府作參考，此外又有其他各州的州憲法及與會代表的高深法學，所以這種憲法，可算是經驗之結晶。當訂立憲法時，頗有不少叢脞，但結果都被征服。在憲法中有三點值得注意的爭論與和解，分述於此：（一）大州以爲全國政府的形式是具有行政權與司法權，兩院的國會，人民的直接代表及在兩院的比例代表。所謂比例代表，就是說每州所有的投票權與各該州的人口財富互成比例。他們不主張廢除州的存在，祇想組成全國的政府，各州隸屬於政府下，這就是所謂「維及尼亞計劃」Virginia Plan。漢密勒頓氏主張要有政府及上議院，各州官吏由國會委定，如一州法律違反公共幸福時，國會得有否認權。這樣做去，才可有一中央政府，但小州主張修改「聯合」的政府，國會所有的權力，是關於統轄商業，供給貨幣，幷得強制執行各州應盡的義務，這樣，政府性質依然未更，至於聯合政府的權力之泉源，不屬人民，而爲各州政府，政府發政施令，不能直接加諸人民，須經州的程序。這就所謂「紐舊山計劃」New Jersey Plan。以後許多和解之事，均在此二計劃的範圍內。憲法上假定規定了比例代表，則政府可得有統治全國之主權，此使大州獲得優勢。所以小州力加反對，聲稱此種規定，必使將來幾個大州獨斷包攬，弊竇叢生。後來這樣的和解，就是規定在國會的上議院中各州有相等代表，而在下議院中採比例代表制。（二）第二個和解，就是起於奴隸州與自由州間。這個問題的基點，就是奴隸在各州間，是否允予派遣代表與納稅。南美主張他們可以爲代表，惟不納稅。不過「納稅與代表應當一起」，早已承認這是革命的原則，後來這樣的決定，代表與納稅，依照幾州的人數而平均分配，須計算所有的自由人（徒弟及訂約僕人）及五分之三的奴隸，但紅人作爲例外，並不納稅。這就是所謂「五分之三的和解」The Three-fifths Compromise

這點影響於以後美國歷史者甚大。(三)第三個和解，是指廢除奴隸商業及統治商業而言。許多州想把奴隸商業廢除，但喬治亞及卡羅狄奈二州宣稱假使廢除了奴隸商業，則牠們將不採憲法。經營商業的數州，尤其是新英格蘭，願望國會掌握統治商業的主權，惟須經大多數的投票。結果這樣和解：奴隸商業於一八〇八年廢除。國會經了大多數的投票有統轄商業的主權，唯不得徵收出口稅。憲法上的幾點和解後，有人仍加反對，但大多數對此憲法已無異議，結果由十二州的代表三十九人簽字。憲法經各代表簽字後，呈與國會，再由國會交與各州接受或不接受，各州亦甚願批准，不過批准手續，非經各該州的立法部，而須經專辦批准手續而召集的州會議。許多小州都已先後批准，唯留下幾個大州，橫梗其間，不予批准。牠們反對的理由，是因為這憲法已改變了政府的性質，這個憲法的來源，非關人民，而為各州。牠們恐怕新政府將有莫大權威，總統將成為變相的國皇，各州主權，將被減削，人民將受壓迫。有數州主張牠們須俟這憲法另加一州憲法所有的權利書後，才予批准。權利書上所要規定的，就是保護人民的生命自由及財產。其後終究加上這個權利書。於是憲法就發生效力。吾們又要知道憲法是一個開始，並非一個結局，因為「聯合」的第一次試驗，不幸失敗。新的憲法現正在試驗中，新的船——憲法——尚未進港，但正在初試的旅行途中。美國的新憲法實為合衆國政治的基礎，同時又是世界上很進步的憲法，其內容共有三點：(一)立法部上院即參議院，是代表各州的機關，由各州選出二人組織之，任期六年，每二年改選三分之一，主席為副總統。下院即衆議院，是代表一般人民的機關，按各州人口的多寡，以定議員的人數，任期二年，主席爲議長Speakar議院的權能，在於制定法律，宣戰媾和，徵收各稅，擔任國防，增進幸福等。下院對於歲入有先議的特權，上院對於大總統所任命的高等法院的判事及大使或公使等官吏有承認及否認的特權。(二)行政部首席爲大總統，副席爲副總統，任期均爲四年，連選得連任。大總統的職權，是總攬行政，統轄海陸軍，得上院多數的同意，可任免大使或公使及高等法院的判事等官吏，得上院三分之二以上之協贊，可與外國締結條約或處外交事務，並於議會所通過的法案，在未成爲法律以前，有拒絕權。(三)司法部，即高等法院，有最高權力，美人稱之曰「憲法的擁護者」The Guardian of the Constitution凡中央議會的法律及各州的法令若被高等法院認爲違憲者，均歸無效。判事由大總統任命，得上院同意，然後就職，一旦就職後，非下院的多數及下院三分之二以上提出彈劾，即終身不得去職，並領一定的薪俸。

## 六　美國革命後政治組織之特點

吾們要了解美國革命後政治組織之特點，須先問新憲法的優點何在？新憲法醫治從前「同盟」時的缺陷地方甚多，至少有下述三點：(一)新憲法規定政府分成三部，——兩院制的國會來立法，行政院來行法，及司法院來司法，并有法庭辦理訴訟事件。(二)各州權力的加以限制，業已實行此種限制，用以防止州與政府的抵觸。(三)中央政府賦有的權力有(甲)編訂統一的商業法規及海口關稅，(乙)徵稅以充國庫，(丙)鑄幣及訂統一的幣制；(丁)利用法庭及其自己行政權，以執行其法律。我們再把美國革命後政治組織之特點，分述於此：第一，美國的政治組織之特點，即在有兩個政府，一為州政府，一為中央政府，各有各的領域，互相扶持臂助，決不有礙行政。這樣每一公民有兩重的公民職權，Double Citizenship 一州的公民，同時是聯邦的公民，而聯邦有一真正的政府，牠賦有以自己主權來立法司法的權力。中央政府，並非有賴於州，州與國的官員，必須扶持聯邦的憲法與政府，這是以前所沒有，而在近代產生的。第二，新政府的最重要的特點，就是以憲法為至美無上的法，這是會議中的一大工作。這樣一來，可以撤銷州法，而使州變成不甚重要。假使現在有一州，通過一個違背憲法及聯邦法律的法案，則法庭就可宣佈牠是不合憲法，牠不是一種法，人民無庸遵守。又使州政府或州民，有反對聯邦法的企圖，則聯邦政府，就將該州人民，認為一種禍國的叛徒。這種事情，曾在內戰時遇到，對於忠心一個觀念，發生了不同的見解。南美有數人以為忠心於國，是屬最高尚的。但南部人民，都以為最高尚的是忠心於州。許多州並未因此而被強迫破壞或褫奪權利。不過各州公民，同時亦為聯邦政府的公民，強迫其了解忠心於聯邦或政府。在一七八七年的會議中，未曾認識這種衝突，也從未念及糾正辦法。降至今日，已深切的認識在憲法下的政府，公民須有忠國之心。政府的權力，既從人民處獲得，所以政府也有強迫人民服從的權力。這樣看來，此種權力的特質，與從前「同盟」時所有的，完全不同。在各種改變中，值得注意的，不在權力的增加，而在創造起來的一種權力之性質，這就是國家的權力。第三，新的權力，既加諸中央政府，中央權力的性質，業已變動，吾們不能就說國家在種種政府的公事內，握有無上的威權。吾們須知一州的法律，是在屬於該州的種種事物內，賦有最高權，聯邦的法律是在屬於國家的種種事物內握有最高權。總之每一政府，不論其爲州的及國家的，在牠的領域內，是有神聖不可犯的威權，而憲法就是用以確定州與國的領域及指定其權力。最高法庭是根據了憲法，想把各政府納諸牠自己的領域內。國家政府所有的權力都明文規定在憲法上，所餘下來的政府權力，都歸諸各州。各州也可出於自動的運用種種權力。憲法上的種種限制，不能適用於各州而祇應用於全國政府。全國政府所進行的都係憲法上規定准予進行的事情，而各州可進行種種不是強迫要做的事情。由是觀之，州有許多權力及重要權利，這些應由國家尊敬和保護的。最後還有幾個關於政府形式的定義與解釋，可使讀者更明瞭美共和國的特質所在。政府的形式在歷史上共有三個：（一）君主政治 Monarchy 簡單的說，君主政治就是權力集中於一個統治者身上。假使統治者的權力，絕對不受法律或憲法的限制，他可以任意去做，這眞是無限制的君主政治。從前的俄國與土耳其就是採行這種政治方式。倘統治者受憲法的拘束，則爲限制的或立憲的政治，以英國爲最好的一個例子，英皇是受法律與憲法的拘束力。（二）貴族政治 Aristocracy 這是幾個人的政府，這幾個統治者或是世襲的貴族，或是地主或是富人。倘這完全是富人的政府，則可稱爲富豪政治或金力政治 Plutocracy 倘這幾個統治者都是着眼到自己的利益，則可稱爲寡頭政治。Oligarchy （三）民主政治，Democracy 這是人民的政府。凡純粹的民主，祇能存在於都市內或在小領域內，因爲在大範圍的國家人民不能在一起立法，這是事實上的困難。共和國 Republic 是一種政府的形式，在政府內由人民的代表整理國事。法國和美國都是共和國，不過法是中央共和國，Centralized Republic 而美爲聯邦共和國，Federal Republic 美自一七八一年至一七八九年在「同盟」的政府形式下，那時聯邦爲同盟共和國。Confederate Republic 吾們再看三種共和國之異點所在：(一)同盟共和國是幾個小共和國有目的的團結起來的一種聯盟組織。這一個聯盟內份子不是個人而爲各州。各州共和國的施政目標就在各州，至於個人的公民無所事事，也沒有權利向其徵稅，或加以審判，或爲其立法。這是一七八一年的老式政府。南部在一八六〇年至一八六五年且想建立此種政府。(二)中央共和國在這種政治制度下，所有種種政府權力均集中於一立法機關，許多人民好像是一個政治社會被轄於一個中心點。這種國家可分作省或鄉，亦可由中央政府創立及廢除，要之他們都是爲便利中央政府實施法律與政策而存在。例如沃哈喔州，Ohio 可將其分作許多鄉，或將二個或三個鄉合併成一。沃州可決定各鄉各鎮各市運用的權力，並規定其有何官職，且如何選舉官員。在州內任何一區各有其獨立的權力，而其生命則建築於州的中央主權上，所以沃州可說是中央共和國或是聯合共和國。Consolidated Republic (三)聯邦政府存在於上述兩種政府間，如美國的聯邦組織。這種政治制度，不但是州的聯合，且爲州的聯合所成之國家。牠的組合部份是個人的公民，牠可使公民直接服從，幷以法律與官員直接施政於公民身上，每州有其自己的主權威力，此種威權，早已存在於聯邦政府成立前，政府無力去除的

# 第四章 法國革命

## 一 法國革命之意義

從前一個人出生後，就隸屬於某一階級，好像事前上帝早已替他預定着似的。假使他懷疑這種階級區別的根本神聖性質，就有一種莫大的罪過。這許多觀念，在靜的社會中，尚能存在，但人類世界，終究是活動的前進的，所以此種落伍觀念也隨之而動搖。溯自工商發達後，一般中產階級的人數財富與勢力，都呈急遽的澎漲，從此，社會機械，不自然而然的越出齒輪了。許多商人律師醫生教授文人等，起而妒忌一般貴族與僧侶階級，而一般顚連無告的窮苦市民與農民，又咀咒許多商人律師教授等。嗣後，智識學術，竿頭日進，有思想的人，都懷疑着老式的政治社會，是否能適應於新的情況與新的關係，舊的時代，既是應付舊的需要，是否能滿足新的需要。總之，他們對於現社會非常不滿，十八世紀的哲學家，對上面數問題，也都加以反面的回答。這時代的許多科學家，都想造成一種信念，就是說，自然之運行，是依照着可歸與的自然律，而人類必須利用其理解力。後來，孟德斯鳩宣稱皇帝的神權是毫無意義的；盧梭亦謂階級不平等，在理論上沒有根基。不過哲學上的論調，究竟不能直接影響及改變，這祇是深信着實行改變的一種表示，由這種表示，反射到許多人心中的一種信念，都以爲老式的政治社會，絕對不合於新的時序。無論那個國家，總能多少聽到這種論調，不過法國是最先着眼到這點。法國在一七八九年至一七九九年間，正是所謂多事之秋，經了許多事故，民治主義的原則，已替代了往昔皇帝的神權，而階級區別已化為社會平等，幾年中的事變，綜合起來，就組成所謂法國革命。此次大革命，因其影響及十九二十世紀的種種政治思想與社會行為，所以在革命史上，是一個重大的節目。法國原是一個皇帝神權的理論與實際並重的國家，國內各社會階級間都處於對立的狀態。國皇路易十四建立他的獨裁主義，并將嚴重負擔，加諸人民身上，以博得對外的光榮與威嚴。他自私自利的盜竊了國家，不是想減輕人民的負擔，而祇是顯露着舊時代的缺陷。他決不把國事澈底的改革一下，心目中祇有己而不知有人，馴致生靈塗炭，怨聲載道，革命的火燄，一發而不可止了。說到此處，我們要把前述的英國革命與法國革命的區別，敍述一下。英國革命是將一皇致死，再將一皇逐出，後來嚴限國皇的權力，建立議會的政府，但是英國革命，還未認識民主原理，故未曾建立眞正的代表政府，選舉權還認為一種特權，限於特種人享受，而非人人可得的自然權利。並且英國革命後，政治與宗教，也未見提高。至於國內社會階級在十八世紀，依然存在，與十六世紀時情形，初無異殊。吾們回顧到法國革命，如將其一七八九年至一七九九年間的經過情形，略加觀察，就可知道英國革命與法國革命，截然不同的地方。法國革命史可分作兩時期，第一時期是一七八九年至一七九一年，這是比較和平的將獨裁神權的國皇，改為限制的國皇，人民獲得權利，社會秩序也隨之煥然一新。第二時期是一七九二年至一七九九年，將限制的國皇，一變而為共和國，初試民治主義的政治制度，但戰爭與紛擾，也起於此時。吾們須知這兩段革命史，都從艱難困厄中得來，因爲這種事情，悉由五種不同人民團體同時努力完成的。第一，凡人民曾受舊治之恩惠者，都反對其崩潰，所謂舊治者，就是指皇庭以皇后瑪麗 Marie Antoinette 爲領袖，與國皇的兄弟朴羅汶斯 Provence 伯爵及矮托愛 Artois 伯爵以及其他特殊階級之僧侶貴族，他們確信特權是經過神聖批准而來，所以現在要想將其收回，非與其鬥爭不可。他們也很怨恨與畏懼革命或革命思想。但是革命終是不惜犧牲了他們而進行。第二，一般中產階級，如舊治繼續下去，則將有重大損失，倘改革成功，則可得莫大利益。在一七八九年與一七九九年間，立法團體召集會議時，中產階級總佔着大多數。他們的立法案，都反射到階級利益，是舉足以驚駭皇朝方面，而不能滿足低下階級之熱望。實際上革命的眞正行動，都是集中於此種中產階級的議會。第三，許多城市——尤其是巴黎——工匠與貧窮市民，忍受缺少麵包的痛苦，他們熱望議會有所貢獻，極力反對皇朝企圖破壞革命。他們最先自願流血，將議會從皇朝中獲得自由。最後又將議會置在他們統治之下。這次革命，如無他們協同互助，決不能進行的。第四，一般辛勤窮苦的農民，一向是呻吟於壓迫桎梏下，今終得一旦撥雲霧而見青天。他們可得發表言論，反對貴族壓迫者，焚燬宮牆，怛然的做暗殺者。他們要使中產階級與下上等階級關懷注意到他們，幷且他們在革命進行中，表顯出一種有意義的社會地位。最後吾們須知當時其他外國皇帝，都很注意到這次革命，因爲倘使革命展開，他們很有切身影響。假使法國人民，不受外界任何拘束，而專心於破壞神聖皇權的根基，與推翻舊治的全社會組織，則革命當可於短期間內完成，因爲路易十四和其他國外皇帝，都不願帖然服從，故他們聯合軍隊在法與革命軍作戰。這樣形勢嚴重的時期，革命終是成功，因爲社會各階級共同站在一條戰線上，爲爭求人類自由平等而鬥爭，中產階級市民農夫都赴前線，以求革命的勝利。革命結果，不但祇影響及法國本身，且遠及歐洲全部。至此，吾們再將法國革命的意義說一說：法國革命對於政治社會商業軍事方面，都有影響。革命時的自由平等博愛三大原則，自一七八九年至一七九九年，已成爲法國政治社會組織的根基。自一七九九至一八一五年，就變成全歐洲國家的基石。那時，法國對自由兩字，還不甚知道，實際上國家政治制度已從沉舊觀念的神權皇帝變爲新穎觀念的民衆主權。但是拿破崙氏對於個人自由，未見較十八世紀的專制君王來得格外注重。他因爲要博得中產階級和農民的援助起見，故將私有財產的祕密權利，依然存在，對於僧侶，表面上准其有良心自由與景仰自由，但言論與出版自由，置在極狹隘的限制內。講到平等，則又迥然不同。凡在拿氏勢力範圍下的疆土，或歸併於法國的領域，所有封建特權與農奴制度一概廢除，社會平等明文的歸入於拿破崙法典中，從此法國意大利德國等舊治的社會狀態，完全改變。所有國內稅關私人道路國內商業限制，悉行廢除。許多農夫，從前在貴族階級壓迫下爲牛馬式的耕種的，今得擁有土地，自行耕種，不受任何拘束。此種以革命代價換得的平等，確是法國革命的一大貢獻。雖是後來拿氏野心復萌，厲行獨裁，但封建制度的不平等，再也不能恢復原狀了。至於博愛，又爲革命時代一個値得注意的動力。博愛的觀念，從法國革命兵士的一番熱烈情緒，不但傳播到波蘭荷蘭葡萄牙西班牙英格蘭俄羅斯，且又滲入德意志與意大利，將德意兩國內部鬥爭紛擾，掃除淨盡。法國革命，對於德國歷史更有密切關係，因爲法國革命後，德國減少小州，取消神聖羅馬帝國，復興普魯士，解放的戰爭，國內的軍事公共利益之覺悟，人民的愛國思想，終使德意志組成統一國家，建立一個强有力的聯邦。意大利從法國革命上也得到深切的觀感，意國從此成爲統一國家，種種社會革命及愛國思想，由是風起泉湧而興，這不能不說是由法國革命所賜的。吾們祇從上述自由平等博愛三點看來，就可深悟法國革命之有重大意義了。

## 二　法國革命之起因

法國最初原是一個獨裁神權的專制政治的國家，這種政治制度，由路易十四，努力完成，而由路易十五坐享其利。當時社會階級異常顯著，在國境內稅釐甚夥，人民受苦。在城市中，糧食不足，工貲低落，一般中產階級頗懷恨上等階級，國內輿論很是欽遲豔羨着英國的政治社會情況。法國公債爲數甚鉅，全國大部分收入都以償付利息，就是路易十四的朝臣所享的恩俸，也爲之減少。所以這時國家財政，眞是陷於拮据窘迫之境遇。實際上法國革命之最大而最普通的原因，還在路易十四政府之財政艱難。國皇與其朝臣，熟籌策略，以維持舊治的地位，遂擬召集三級會議 Estate General 共圖進行。因爲念及社會上三個主要階級的代表，諒能貢獻意見，使財政寬裕，神權君主政治與社會各階級，亦不致損壞。後在一七八八年路易十四令三級會議於翌年五月，召集會議於凡爾塞宮。三級會議實在不是一種革命團體，法皇自一百七十五年以來，雖從未需要此種團體，但此種議會，終是一個舊政府時合法組織。這種團體的組織，分成三部分，代表國內三種階級，就是僧侶貴族及第三階級的平民。每一階級作一選舉單位，而其中兩種——貴族與僧侶——常聯合一起，以求投票之得勝。三級會議之權力，祇爲勸告事宜，而無立法權。國皇對於議會的決案，視若無睹，所以從三級會議的權力與組織的觀點上看，則其與英國國會完全不同。因爲法國雖有議會式的三級會議，實際上皇權依然是神聖不可犯的。三級會議的選舉，悉依法國習慣，在一七八八至一七八九年冬季舉行。並且依照向來風俗，凡選舉者由國皇的招請，報告內地情形，敍述有無苛待事情的存在，及其救濟方略。每次選舉完畢後，大部分法民都願望一種大規模的改革。各地種種損害虐待的陳情表，Cahiers 雪片飛來，以解倒懸。此種文件的字句間，並無革命的意味，他們仍表示盡忠於專制君王；一千個文件中，沒有一個敢表示一種暴亂改變的。但是此種文件的精神，眞是語語動人，針針見血。這許多陳情表，無非要反映出一種政府社會黨完全改革的意義；尤其是第三階級，指出社會的不平等與專制君王的苛政。假使第三階級的選出代表，果能實現該階級全體的教訓，則加稅與政府的投票，勢必延遲下去，直至調查完畢，苛政解除後，方能着手。原來第三階級的代表，很注意到此種文件，因爲他們都是有學問而又聰明的人物，代表的三分之二是律師或審判官，有許多也是學者，祇有十個可算是屬於下等階級。大多數代表，很贊同英國皇權減削的政府制度，而許多人極力反對法國專制君主的實施政策。在三級會議的初期，第三階級在社會或政治上略較重要；但在十四世紀與十八世紀間，中產階級在社會上漸佔重要地位。這個階級，人多富裕，且又敏於治事故超出於貴族僧侶之上而獲得代表國家的權力。這種權力，法皇路易十四當初本想將第三階級當選代表的人數與第一第二階級的代表總數相等，一般平民都想他們可在一七八九年的三級會議中，運用最高的政治權力。第三階級卒在一七八八年至一七八九年冬季中很幸運的當選兩位多才的領袖，就是密萊比 Mirabean 與沙遺斯，Sieyes 這兩人原是生於上等階級中，但自願接受當選。當三級會議在一七八九年五月開會於凡爾塞宮時，第三階級的地位，還未固定的劃定。當初國皇曾聆他的顧問者的一番正直言論，但未幾皇帝與其朝臣，念及此次會議偏重於財政問題，其組織不妨悉仍舊貫，三個階級依次投票，換句話說，就是三階級個別投票。兩倍人數的第三階級，祇有一票，而其他二階級，各有一票。在這種情狀之下，大多數貴族與大部分僧侶，深表同情，聯合一致。一般平民都說三級會議，須將其合組成一團體，在這團體內，每人有一票。此種投票，方足以指示在法國真正代表之創立。并且此會議，須顧及整個政府的改組。此種平民的論調，曾得幾個自由思想的貴族與大部分僧侶——尤其是副牧師——的同情。全國亦有同樣感覺。一七八八年，適值收穫不好的一年，又是希有的冱寒，一般農民，頓受飢寒苦痛，而許多城市——尤其是巴黎——又有糧食不足的現象，民衆苦痛之增加，宛似大風潮前的黑雲，這樣使平民的暴動，躍躍欲試了。憲法問題，曾引起黨派一月之久的爭論，國皇不願驚動任何人，終究躊躇莫決，因為這樣的因循顢頇，最後就迫成一個結局。在一七八九年六月十七日，第三階級自己宣稱為一個國民會議 National Assembly 三天後，當第三階級代表走進凡爾塞宮另隔成一部份的廳堂，他們就發見門戶嚴扃，軍隊包圍，就變成空氣緊張的狀態。最後，皇帝預備出而調停，而平民就促成一次眞正的革命。由密氏沙氏領導民衆在皇宮網球場伸手宣誓爲國民會議的份子，并且團結一致建立法國的憲法。這次「網球場的宣誓」Oath of the tennis Court 實爲革命之開篇。其時，不經皇帝的批准，遽將三級會議，經了全國代表的簡單宣言，改組爲國民會議，負起建設法國立憲政府的責任。此次網球場的宣誓就是宣稱獨裁神權的專制君王的末日，亦爲建立於公共意志上的限制君主政體的開始。在這種情形下，試問君主將有何作爲？他可以軍隊的武力除暴戡亂，但這不能解決他的財政問題，亦不能使法民容忍下去，且更足以引起破壞的內亂。唯一的大道，祇有運用詭計或虛作聲勢。他完全不知網球場的宣誓而以皇上的態度命令下層階級，分開坐下，依次投票。但平民未被聲勢所屈服，他們也沒有聯絡了大部分的僧侶與幾個貴族，而就公開的向皇上挑戰。他們會這樣說：「吾們是負有人民的意志，而站在此處，并且吾們決不離開吾們的地方，除非在鎗頭口上。」路易十四至此也默然無語。自網球場宣誓一星期後，國皇修正他以前的法令，而規定選舉以每人爲單位。在一七八九年的七月一日，第一期革命告一段落，貴族僧侶與平民共同會議，三級議會已成爲國民會議。但當時尙有二大問題，未得解決。第一，國民議會如何從奸謀與武力的皇朝獲得切實的自由。第二，議會如何進行改革事宜。第一個問題，實由皇朝自己發動而成，在七月一號皇軍從邊戍移調至巴黎及凡爾塞宮，此舉無非是威嚇國民議會，使國民議會不得不敬佩皇朝。國民議會，要求開拔軍隊，國皇專橫拒絕，并開除著名財政家納够，

Necker 於是巴黎又有拯救國民議會的舉動。巴黎民衆，深知他們自身與國民議會完全一樣，他們就執軍械前衛，域內秩序大亂有三天之久，商店强刼，官吏逐出，商業停滯。在第三天——一七八九年七月十四日——羣衆如波浪式的湧往巴黎東部，那邊就是皇軍的炮台與巴士提 Bastille 獄的所在地。雖是早經路易十四的允許巴士提決不窩藏政治犯人，但人民仍視爲這是保皇主義的專制政治之表示，用以威嚇巴黎的自由權。所以人民要攻取巴士提，幷將其兵士軍火，轉以保衛國民議會。巴士提的警衛兵爲數既少，糧食又形缺乏，統治者更是毫無主見。在數小時內，羣衆佔據着巴士提，有幾個瑞典的傭兵均遭殺戮。巴士提的陷落，是法國革命史中第一次的暴動行爲，從這件事實上，更可知民衆均站在國民議會那邊，作其後盾，而與國皇處對立地位。幷且，這次事故，更使巴黎不受國皇的統治，因爲當秩序騷亂的時候，人民自動組織政府與編排軍隊。這個新的地方政府，由巴黎各地當選代表組織之。此種組織，頗具革命性，將往日特權階級的選舉制，改爲普選制，並編制國民軍，當時叫做全國衛隊，——保衛新政府，人數有四八〇〇〇人。自巴士提獄攻毀後，路易十四即將皇軍退回，並承認巴黎新政府，並認可自由主義的萊佛悅脫 Lafayette 統治全國衛隊。他又親自訪謁巴黎，並採一紅白藍三色的帽章，此即法國新的國徽。從此以後，種種改革計劃，似可按步實施，議會自由，已告確定，巴黎已入寧靜安謐狀態。國皇亦已得深切教訓，但是路易十四，雖可遵從宣誓，佩帶新徽，不過他大權旁落，迥非昔比，他所有志願愛妻愛友等權力都被限制。所以皇后極力反對國民議會的改革計劃，幷反對皇權之漸被減削。她的朝友及親近者，對於年金及娛樂的銳減，非常不滿。在這樣情狀之下，吾們試想路易十四有何作為？後來，他設計奸謀，企圖反對巴黎政府，并擬將佛倫德 Flanders 地的衛戍軍，悉數開回。在一七八九年十月一日夜，國皇在凡爾塞宮中設宴，為開到軍隊洗塵，喝酒唱歌，其樂洋洋，一時「酒宴」Oray 的消息傳遍巴黎，巴黎的許多人民，正受飢餓之苦，而皇宮中酣嬉樂易，不可名狀。這次軍隊的開到，不但使議會的獨立，頓呈阢隉不安，且將足以延續巴黎的飢荒。所以，巴黎人民，又勃然而起。在十月五日有大示威運動，許多巴黎窮困的婦女，列隊而行，以自由杖與棍棒為軍械，高呼着：「麵包！麵包！麵包！」他們想要皇帝的麵包。這時，萊佛悅脫與其全國衛隊，隨後而行。後來，萊氏行抵皇宮，婦女亦環繞而立，他們想要麵包或是血液。其時，皇宮中從佛蘭德開來的軍隊，祇能壓制婦女的破壞活動。萊佛悅脫氏一面遣兵開回營房，仗着他自己力量保衛皇帝家屬的生命財產，並在夜間，給食物及宿舍與許多婦女。此後，街上騷動時時發現；且在黎明前，許多暴民直衝皇宮，搜尋皇后的房室。在十月六號的早晨，萊氏當衆演講，希望大家保護國皇家屬，如國王，小王子，小女公主，及皇后等，因為他們都已採用紅白藍三色的帽徽，羣衆亦甚滿意。十月六日從凡爾賽宮走出來時候，非常光榮，隊中仍為一般婦女，全國衛隊與萊佛崙德氏，但其中有一行走維艱的轎式大馬車，路易與其妻兒坐在車內，因為皇朝將搬往巴黎，國皇不得自由居住於凡爾賽宮，恐怕他再有反對法民之舉動；沿途並引吭高呼着：「吾們今日已有製麵包者與製麵包者的妻子以及炊爨的小孩，現在吾們將有麵包了。」於是路易十四的皇朝，永久遠離了凡爾賽宮，而入巴黎城中卑賤的住屋。從這次事故，巴黎人士，又將國民議會從國皇恫嚇中拯救出來，而國民議會本身，也明瞭其隨從國皇同至巴黎城後的應盡責任。自一七八九年十月後，巴黎遂成爲革命之舞臺及推動機了。巴士提獄的攻破與婦女示威至凡爾賽宮的兩大事件，即以保證國民會議從軍隊勢力與君皇奸謀中獲得獨立之地位，這點吾們不可輕忽過去的。溯自三級會議存在後，國家普通行政事務，悉在停頓狀態中。人民希望有劇變發生，大家拒付租稅與餉捐。國皇因恐國民會議，不敢用武力强迫徵稅，地方官吏處在此種情形下，不知服從國皇抑服從議會，進退兩難，莫知適從。實際上議會在一時異常忙碌，專事辦理立憲問題，故當一七八九年夏季，一切舊治組織，在法境內完全消滅，因爲大家認爲此種組織，實在沒有什麼存在的需要。在七月中，巴黎的騷動與巴士提獄的攻毀，使各地發生相似的舉動，各城鎮另選新官員以替代舊官職，並組織他們自己的全國衛隊。同時，人民的直接行動，傳播至全國各地。有幾省被壓迫的農夫，組織隊伍，焚燬貴族的宮院，許多僧侶亦慘遭刼掠，有幾個地主且被暗殺，還有許多驅逐至鎮市或邊疆，本地政府的舊制度完全崩潰。許多舊式法院亦停止活動。故自一七八九年後，法國獨裁主義，告一結束。同年十月中央政府，從凡爾賽宮移至巴黎。吾們不問其國民議會的改革計劃究爲何物，一般代表，均着眼於事實上，而非理論上。自政府與行政變動後，社會改革，均得促其實現，所以這次革命，是社會的和政治的。

## 三　法國革命之兩大時期

### 甲、第一時期（一七八九——一七九一）

自三級議會改爲國民議會後，法國就變爲一個有限制的君主國家，一國最高的主權，在國民當選代表的手中。自一七八九年十月至一七九一年九月，議會開會於巴黎，努力恢復秩序，着手建設事宜，其所做工作，在法國全部革命史上，眞是不可磨滅的。吾們現在將其一七八九至一七九一年間的工作，詳述於下：(一)議會的開宗明義的一件工作，就是剷除封建勢力與奴僕制度，這是實現社會平等的先決問題。在前面吾們已講過在七月中各地官員都已停止辦公，農民時起暴動，各地騷動消息頻頻傳到議會，頗引起議員的特別注意。在一七八九年八月四日，特別調查委員會有一極長的報告，詳述各地擾攘不安的情形。當議會從長討論這問題時，席上有一貴族，——就是萊佛悅脫的親戚，——起立發言，謂農夫假使破壞貴族階級的財產特權，這就證明此種財產特權，實含有不平等的原素。各地騷動的主因，就在此處，所以解決的策略，不是再來壓迫農民，而是設法取消這種不平等的原素。後來議會就宣佈各階級納稅，一律平等，并將封建與奴僕權利，一概剷除，於是就發生一種空前未有的現象：貴族與僧侶，都棄絕舊治傳下來的特權；保護野獸律 Game Laws 宣告廢除；田莊的法庭 Manorial Court 一概取消；奴僕制度完全取締。總之，一切特權，不論其爲階級的，城市的，或省分的，悉付東流，不再存在；並於八月四日夜，舉行燔祭 Holoiaust。在一星期內，議會擬成一「廢除封建制度」的法令，延至十一月，才經國皇批准。至此，從前許多改革計劃，都由國民議會在數天內辦就。在這幾天，法人稱之曰「八月中的日子」August Day，用以表明法國舊式社會的總崩潰。吾們要注意，在那個時候，貴族與僧侶，對於農民的騷動中心雖不免懷恨，但亦莫如之何，唯有默認財產特權的廢除而已，這原是一種顯然的趨勢，究非人力所能挽回的。吾們又要知道，廢除封建制度的法令，是法國革命史上最重要的一件事情。(二)國民議會的第二件工作就是發表人權宣言，保障個人權利與自由。舊政府社會既已廢除，那末新的究竟建築在什麼根基上呢？英國革命時，有大憲章與權利宣言，美國有其獨立宣言，而法國有其人權與公民宣言 Declaration of the Rights of man and the Citizen 這個宣言，含有盧梭 Rousean 的哲學和英美革命的思想，其影響於十九及二十世紀的政治思想者，洵匪淺鮮。宣言中有這樣幾句重要的辭句：(甲)人生來就有自由平等的權利；(乙)人的權利，有自由權財產權安全權及抵抗壓迫權；(丙)法律是公共意志的表現，每一公民在制定法律時，得親自參預或由其代表出席；且法律須一視同仁，不分畛域，無論何人除法律上有所規定外，不得逮捕拘禁；(丁)人在法律前面是平等的；(戊)信教言論出版均得自由，人民並得管理財政，許多官吏直接對人民負責；(已)在宣言的最後部分，有這樣一段話：私有財產制度既是神聖的祕密的權利，每人的私產除有法定的公共需要外，不得徵取，如徵取人民私財，國家當給予相當之報償。這個宣言的各要點中，(甲)(丙)兩點是盧梭的思想，(丁)點是法國固有的思想，(乙)點是英國洛克 John Locke 的思想，所以吾們可以這樣說：人權宣言是十八世紀新思想的結晶品。(三)議會的第三件工作，就是建立法國新的一律的行政制度，將舊時所有「省」「政府」「監督署」等一概廢棄。全國另行劃分成八十三省，人口與面積，大概相等，各地卽以該地的河流山嶽為名稱；每一省再分為「區」「縣」「邑」等各地政府的領袖，不是由國皇指定，而由人民公開選舉；各地議會，亦享有很大權力，新的法庭，另訂規條，法官由人民選舉其他種種統一法國各地法律的計劃，積極進行，但此項工作，直至拿破崙時代，方得完成。（四）再次國民會議的進行工作是管理財政。法國財政，一向是在混亂狀態中，當在議會成立後的初期，財政的紊亂，更不堪設想，直接稅無法徵收，間接稅亦已破壞，銀行家更不願有新借款，而議會終把法國從瀕於破產的情形下，拯救出來。當時羅馬教會，佔有法國土地總面積的五分之一，國會將其沒收，充作發行紙幣——那時叫做幣紙，Assignats——的準備金，為補償全部充公起見，國家特給予僧侶以固定的薪金。這樣一來，財政困難，悉行解除。教會已失掉權力的泉源，僧侶都遵循着新的秩序。紙幣的發行額，一時雖超過準備金，使國家陷於新的困厄中，但在這時，危險早已遷逝了。（五）再次是反對天主教的立法；那時，教會已隨舊政府的乖運而趨衰落，惟僧侶尙為一種特權階級，而議會中的領袖與大多數會員，都是不信聖經與反對基督教的人物，在一七八九年的十一月，充公教會財產。一七九〇年二月僧院與宗教房屋，都被取消，四月宣布異教寬恕令，一七九〇年，宣告僧侶隸屬於國家，減少主教與主祭的人數，規定主教與主祭由人民選舉，向國家領薪，而脫離羅馬教皇的管轄。是年十二月議會强迫國皇簽字於一個法令，法令上就是規定所有僧侶，須宣誓盡忠於國家。羅馬教皇，對教會財產的沒收和修道士的被逐，不甚滿意，所以反對國家禁止羅馬教的僧侶，舉行盡忠於國家的宣誓。於是在教皇方面，規定凡參與宣誓者，令其出會，在國家方面，又規定凡拒絕宣誓者，取消其薪金，并將加以拘捕。這時一般低級僧侶，既甚貧窮，又與被壓迫的農民相接近，一致表同情於革命。但是他們的信心良心與忠國心，互相鬥爭起來，結果終被良心所屈服，他們或煽動農民，一致反對另外的革命，或移殖至國外，所以羅馬教會與世襲的貴族，實爲法國革命的敵人。(七)國民議會尚有一件重大工作，就是訂定成文憲法，以規定君主立憲制度下政府的組織與職權。憲法於一七九一年完成後，經國皇署名，遂發生效力，這是歐洲各國中最早的成文憲法。一七九一年的憲法中，也像美國憲法(美國憲法訂於一七八七年，實施於一七八九年)的規定着「權力的分立」，就是說立法行政司法三部，須各自分開，且各部都須由人民的意志而產生，這原是孟德斯鳩的思想，而卒影響及十八世紀法美二國訂立的憲法。立法機關採一院制，就名之曰「立法議會」Legislative Assembly。議會的會員，都由精密的間接選舉制度產生，這種方法，也有人不甚贊同。行政權仍由皇帝掌握。許多法國改革家都想這是仿照英國政府的辦法，但他們力使王位不致徒成爲裝飾的用途。他們允許國王對於某法令的實施有延遲權，但國皇不得干涉地方政府海陸軍與僧侶，就是他的國務員，也不得列席議會。由上看來，一七八九年至一七九一年間，皇權的旁落，眞是一落千丈了。現在吾們要將國民議會的工作，綜合的觀察一下：用整個的眼光來看，議會曾影響及很大的破壞。吾們可說再沒有其他立法團體在這樣短期間內會有這樣的破壞。舊的部落，舊的財政制度，舊的司法制度，舊的封建勢力與奴僕制度，舊的教會管理等等，都被秋風捲起，一掃而空。但是吾們須明了這種破壞，決不是一種顛狂行爲，這種計劃，已從長計議了許多時候，幷且還都屬於許多陳情表中已經論及的，其實施不獨經議會宣布的法令，且經公共意志的表示。

## 第二時期（一七九二——一七九九）

當法國君主立憲的政治制度確定後，又遇到兩重困難第一，內部中產階級與無產階級的鬥爭自經議會厲行種種改革計劃後中產階級經營的工商業，甚爲發達因爲改革計劃實施之日，就是束縛工商業的障礙物去除之日。所以他們獲得豐厚的利潤，購買已充公的田地，統治着各地政府機關聲勢日盛，威權日大。至於農民階級，也得相當利益，惟較次於中等階級所得而已。最失望的要算是鄉村的無產階級他們所獲得的，祇是紙上規定「權利與自由，」那有眞正的財產？所以中產階級與無產階級間，不免有利益衝突事情的發生，幸而有深明大義的中產階級了解下等階級的苦況，極力設法提高他們的地位，故得安然過去，未釀事端。第二，外國仇視法國革命，也使法陷於困頓的狀態中。吾們須知那時歐洲許多國家，仍然深信着舊治與神權專制政體，除法國以外，各國尚無「公共意志」之存在，下等階級，根本沒有趨向革命的意見。斯時，英國是唯一的君主立憲的國家，法國革命的初期，本想步其後塵，嗣因革命意識，逐漸遠大，故另向別的途徑，以謀新的發展。歐洲各國君主，眼看法國革命之異於英國，怦然心動，都想恐不利於其自身所享的政治社會的特權，所以普魯士奧大利以及英國，都反對法國激烈的革命。在一七九二年四月，法與奧普開戰，這是極大的衝突，也爲革命與反動力量鬥爭的開始。在一七九二年七月二十五日奧普聯軍總司令白倫斯威克 Brunswick 發佈告法民書，大意謂國皇的安全與自由須重行恢復，合法權力，亦應另行建樹，幷稱法國軍隊，視若仇敵，將加以皇帝的暴徒與和平的破壞者之罪名。又謂法皇家屬中任何人如若受傷，則奧普軍隊，將佔領巴黎，加以破壞。這種激烈的言詞，頗足以證明法皇與外國呼成一氣，不獨破壞革命的進展，且將已往革命成績，一併毀壞之。法民對此種干涉法國內政的外人，深感不滿。法國對白氏的覆文，就是一七九二年八月九日至十日的暴亂舉動。在那時，巴黎無產階級，很反對自由主義的君主政治，他們將推翻中產階級的市區政治，而代以革命的市區政治，他們進攻皇宮，將國皇與其家屬，拘禁於議會內。八月十日，激進派免去皇職，舉行國民公會 National Convention 的普選準備，另訂法國的新憲法。從八月十日國皇免職至九月二十一日舉行國民公會時止，法國在無政府的狀態中，皇屬被拘禁於牢獄內，政府機關，概被破壞。萊佛悅脫氏因反對巴黎的作亂，投誠於奧普聯軍。那時，聯軍向法前進，全國陷於更進一層的恐慌，唐頓 Danton 成為當時的狄克推多，他的政略，就是造起恐怖，使深入國內外人士的心坎中，故唐氏說：「照我的意見，對付敵人的方法，唯有恐嚇皇黨，大家要無忌憚，更多的無忌憚，極大的無忌憚。」後來，在五天內，將皇黨從獄中提出，不論年齡性別等級，一概送往斷頭台，許多男小孩女小孩，貴族紳官，主教主祭等，凡與皇黨不無嫌疑者，概被殺戮。這次九月中的大屠殺人數，約有二〇〇〇人至一〇〇〇〇人之多。激烈派既已得勢，就宣布廢止法皇，從一七九二年九月二十二日起，改稱為法共和國，幷下令將國外法僑，當作永久的充軍。法皇將由國民公會開審。國民公會進行了三年的工作（一七九二——一七九五）其進行事項，在法國革命史上，亦有相當的地位。第一，國外戰爭，獲得勝利，故能將第一時期（一七八九——一七九一）的改革計劃，促其實現；第二，根據了民治原則，建立共和國家的政府。國民公會本身的組織，名義上是由普選產生，實際上眞正選舉人，不過佔全體選舉人的十分之一而已。公會中有一部分是代表中產階級，他們祇有激烈的思想，而不見諸實行，他們很想建立一民主共和國，但同時他們也是不信任巴黎與無產階級的人，這一派名之曰 Girondists，還有一部分人思想言語與行爲，都是激烈，這一派名曰 Mountainists，還有一派是 Plain，佔着公會中的大多數，他們沒有什麼具體政策的。公會開門見山的一個難題，就是怎樣處置法皇，法皇在一七九二年十二月國民公會審問，法皇并以三八七票對三三四票通過致死法皇，遂於一七九三年一月二十一日，將其送往斷頭台。同時，與普的侵略行動，已告結束，軍事上又大奏膚功。後來國民公會為求歐洲的改革計，於一七九二年的十二月，發表一個法令，略謂凡有人反對自由平等而仍主保障法皇及特權階級者，一律認為法國的仇敵。又謂法國不願簽訂條約，更不願勒馬懸崖，一直等到人民獲得自由獨立與民主政府實現後，方得照辦。這次法國宣布驚人的法令，實在是法國革命家所採的一種冒險舉動。當時鄰國人民，雖不無深表同情於法國革命，但各國君王與特權階級，如俄奧普魯士西班牙及英國，仍想極力保留其人民的愛國忠君之心。一七九三年止，路易十四的致死，更足以引起他國的仇恨，於是各國都想聯絡起來推翻法共和國，除奧普外，又加入英荷西等，在兩方交戰的時期內，有時聯軍佔領比利時，有時直向巴黎前進，有時法取防禦計劃，法國的共和政府，因其較有力於君主立憲時候，故敢高揭「自由平等博愛」的旗幟，加入戰爭中等階級的人民因恐外國侵犯自身不利，亦協力參戰，工人農夫更深感法國革命與其本身有密切關係，自願拋棄了身家性命，爲國捐軀，視死如歸。不過吾們要知道人民的一顆熱心，還不足以拯救法國，其眞能使法國戰勝者，實因巴黎有强有力的中央政府，政府中的幾個人物，都是熱心辦事，一致對外，所以終能肅清外敵，獲得勝利。各國第一次對法聯盟，隨後即行解散，幷且西班牙普魯士荷蘭等國，先後與法締約媾和，祇有英奧等，仍舊反對法共和國。這時法內部陡然又起暴亂事情，主張恢復皇權，重建羅馬教堂，國民公會努力戡亂，遂告敉平。在一七九五年，法國人民除極少數的旅外僑民與叛黨外，都在「共和」之神的懷抱中。這樣看來，吾們不得不贊嘆法國中央政府之富有權力與恐嚇政策之用得其當了。在一七九三年春季，國民公會另組一特別委員會，賦有法國最高行政權，這就是公安委員會，Committee of Public Safety 人數共有九人（後增至十二人）會中職務綦繁，如外交事宜，指揮軍隊事項等，但辦事勤奮而有效率，這又使吾們豔羨欽遲的。「恐嚇主義」Terrorism 一個字，用以表示公安委員會的對內政策，而委員會進行工作的一段時期，名之曰恐怖時代。Reign of Terror 自一七九三年的夏季起，迄一七九四年的夏季止，在此期間，巴黎被殺者有二五〇〇人，其他各地的死者，尚不計在內。最使吾們驚嘆的地方，就是在恐怖時代的支持者，從未做過越軌的事情，在這時代的重要人物，有唐頓與羅白斯比亞 Robespirre 二人，而結果二人都被送往斷頭台。羅氏因過於激烈，大受溫和派的攻擊，故被殺戮。羅氏的死日，就是恐怖時代的最後一日，自恐怖時代過去後，國民公會釐訂國家永久的共和憲法，當時雖有反動派與激烈派，尚圖破壞，終究都被鎮壓，未致起事。初公會滿擬厲行改革計劃，廢除財產上的不平等，充公旅外法人的財產，由國家訂定穀物的最高價格，出售大宗產業，以救濟貧民，但是有幾件改革事情，亦甚可笑，譬如人民既得平等，一概稱爲「公民」Citizen 而不稱爲「先生」Monsieur 貴族所穿的華麗衣服，已不復存在；上等階級所着的絲襪與短褲，亦已消滅，一律改穿下級工人所穿的長褲；諸如此類，尚有不少，不必縷述。不過公會改革計劃中有幾件確有永久價值的，如建立便利劃一的度量衡制，普及教育，以樹堅實的法共和民主國的基石，一七九四年九月，將教會與國家劃開，次年，確定信教自由，並恢復基督教堂，牧師都要服從國家法律。此外，制定法律，雖延至拿破崙時完成，但當時公會已制定了法律中一個根本原則，就是一人死後的遺產，不得直接遺傳給一子，須由各子平均分配；又廢除因債務而拘禁人民的制度，取消黑奴制度，保護婦女的財產權。最後，新的共和憲法中包含着政治民主的意思，洎自羅勃斯比亞氏崩潰後，國民公會逐漸在和平的中產階級的勢力中實施方面，亦已改變方針。一七九五年，路易十四的獨生子，死於獄中，這是皇黨方面的一個大損失。法國自一七九五年後，完全成爲一共和政府，不像已往的含着激烈意味，而換了一番和平空氣，也不像以前由無產階級掌握政權，而由中產階級起而代之。第一年的法國共和國，由國民公會建立，後來漸入於中產階級的掌握中，到了一七九五年，適爲第三年的共和國，立法權歸諸兩院，上院有議員五百人，制定法律，下院有二百五十人，審查並實施法律，議員都由間接選舉產生。至於行政權，由五人組織的督政部 Directors 掌管，督政官都由立法部選出，任期一年，督政部的職權是監察法律的施行與委任國家的行政長官。吾們回想當初國民公會將法國改成爲君主立憲國家，而國民公會又將其改組爲民主共和國，但是共和國的命運也不見得較君主立憲國爲好。路易十四任立憲國的君主，祇有一年，而督政部執政不及四年。督政部的失敗有二個主要原因，第一是內部的困難，第二是軍權高於一切，並且有了一位奮發有爲的將軍。由第一原因，吾們可以推論出另有一種政府的組成，由第二個原因，可推想新政府的性質。本來法民經了六年的恐怖時代的生活，理應有勤奮忠實的政治家出而負責，以蘇民困，但是具有行政權的督政官，都是沒有什麼才幹，昏庸顢頇，昧於處事，而且在督政部的一個時代，完全是一個奸謀詭計的時期。許多阜黨在公會佔着多數，總想破壞憲法，實施搗亂，那時有一位熱心領袖叫白皮夫 Babeuf 宣稱革命祇是謀中產階級的利益，無產階級雖流去了不少熱血，拋去了不少頭顱，迄今仍是一貧如洗，目下唯一的出路，祇有平分財產與廢除貧窮。不幸白氏在一七九七年被殺。當激烈份子與反動份子聯合反對督政部時，國家財政羅掘俱空，督政官的政費，既是浩繁，軍費又是甚大，紙幣無限制的發行，而値大跌，人民受苦。這時督政部的一線希望，就是對外戰爭一件事。當督政部掌權時，法正與奧英相戰，預定的軍事的計劃，是這樣的：一部分衝入奧境，另一部分攻入意國，攻意軍隊的指揮官就是年輕而無經驗的拿破崙，Napoleon Bonaparte 拿時在這時還不諳政治軍事，他祇深表同情於革命。在一七九三年，他用了才智從托龍 Toulon 驅逐英人，獲得一些經驗；一七九五年，保護國民公會，制止激烈派的起事，從此威名大震。一七九六年與一寡婦喬斯芬 Josephive Beanharnais 結婚後，更有良機研究政治軍事。在一七九六年攻奧勝利，並佔獲意大利北部的要塞。在一七九七年，與奧締結福米奧條約 Treaty of Campo Formio 法國獲得許多領土；條約成立後，拿氏率兵凱旋而歸，行抵巴黎，市民歡呼，聲浪響徹雲霄，空前未有。一七九六年至一七九七年間，就是所謂第一次對意戰役 First Italian Campaign 這次戰役影響及第一期各國聯盟的完全解散，與撒丁尼亞，亦跟着西普荷幾國，與法媾和，但是英國仍是反對督政部。此外，對意戰役，又影響及拿破崙的威名大震，政府人民，莫不敬服，各人對政府尊敬心，逐漸減少，而對拿氏信仰心，猛然增加。自一七九八年拿氏出征埃及，使英印間的交通，為之斷絕；這次對埃戰役，真是一件偉大威武的事情，事前拿氏對士兵演說，以激勵其勇氣，並高呼着金字塔，以證法人的勇敢奮發。本來拿氏的戰略，用兵神速，出奇制勝，洵堪欽佩，但這次對埃戰役，陸軍方面，固然勝利，而海軍方面，完全失敗。他將得勝消息，傳播國內，而敗北事情，閉而不宣，國人亦懵然不悉真相。一七九九年拿氏逃回法國，一般人民，正在癡想他又已獲得勝利。這時國內的督政部，自拿氏出征後，辦理國事，日趨窳敗，新的陰謀，不時發生，財政與社會，毫無秩序，并且第二次聯軍攻法，又將誕生。自福米奧條約締結後，法國附近許多國家，均已改變成共和國家，歐洲各國君主，看到這許多國家，都與法國締約媾和，於是再起而抗法，設法消滅威嚇他們的危險，因此組成了第二次的對法聯軍，加入者有英國奧國俄國等。在一七九九年第二次聯軍連戰連勝，法軍被迫從意大利逐出，而許多共和國，也煙消雲散了。當拿氏征埃離國時，耀武揚威，不可一世，但在一七九九年十月九日，目睹着法國失敗破產黯淡的氣象，兩相比較，誠有穹壤之別了。當拿氏回國一月後，公衆意見都想使拿氏破壞督政部的政府，他會同了督政官西耶士 Abbé Sieyés，用其心腹軍隊，包圍公會，推翻政府，而他本人爲最高軍事指揮官，經了這次政變，Co:pd'etat 發佈一新憲法，組成一新式的執政政府，Consul Yorernment 拿氏就任第一任法共和國的執政，Eirst Consul of the French Republic 至此民治主義又變成軍國主義了。

四　法國革命後政治制度蛻變之觀察

自一七九九年至一八一四年的歐洲歷史，就是法國的歷史，而法國的歷史就是拿破崙的歷史。拿破崙歷史是在近代最有意義的一個時期，吾們可提出兩點來說：第一，將革命原則實施於政治制度上，結果成立了今日法國的許多永久組織；第二，法國革命的原則，推廣及全歐洲，使這種革命運動擴大範圍，不限於一地。這時代的最初五年，（一七九九——一八〇四年）法國還是一個共和國家，在這幾年內，拿氏力使國家一統，不失當初革命的本義。自一八〇四年至一八一四年，法國就變成一帝國，建立在軍事力量上，於是第一任執政的拿氏，又一變而爲法皇了。當拿氏任第一任執政後，第一件工作，就是公布憲法，他早已與西耶士將憲法準備完畢。憲法上規定着三個執政官，第一個就是拿氏本人，由他再指定一元老院，Senate 元老院的職權，是委定法庭與立法機關第一任執政，除管理行政與外交及指揮軍事外，幷得擬訂許多法律，法庭祇是討論法律，立法機關祇是制定法律，而元老院為最高法庭，可得決定種種憲法問題。凡一成文憲法，經人民投票通過後，最後還須呈與第一任執政。此外執政府憲法上又規定普選，Plébiscite 這是很重要的一點，在法國歷史上，稱其為第八年的憲法。Constitution of the Year VIII 不過這時第二次聯軍對法，又躍躍欲試。拿氏運用其外交手腕，先使俄國退出聯軍，後又使普魯士丹麥瑞典成為中立，於是法與英處於對敵地位，結果在一八〇二年兩國締結亞米斯條約，「Treaty of Amiens 鬥爭暫告一結束。現在第一任執政，着眼到內政方面，一七九九年至一八〇四年間，一段執政時期，是拿氏最有貢獻於法國的時期。拿氏常自己承認是「革命之子，」Son of Revolution 「自由平等博愛」新原則的後嗣，他為革命而有他的地位，他為法國而保障革命的果實，但是實際上在第一任執政時，祇有平等與博愛而無自由。他曾說：「法民所需要的，祇是平等而不是自由。」拿氏對社會方面，厲行廢除奴隸制度與封建主義，并想保障全體法民的公正平等權利，平等及機會平等。但在政治方面，拿氏仍是一個專制君主，與路易十四相較，沒有什麼截然異殊的地方。拿氏在執政時期內，對內所有貢獻，有如下述：(一)當第八年（一七九九）的憲法公佈後，所有中央政府的立法行政職務，盡在其掌握中，且將法庭隸屬他的統治下，一八〇〇年全國地方政府，悉歸其管轄，凡小市區的官長，都由地方官長選擇，而各城市如有一〇〇〇〇住民者，其警政由中央政府管轄，各鎮有五〇〇〇〇人口者，該地官長由拿氏選擇。這樣的國家集中管理，完全剝奪了人民的直接參與政治；但從另一方面去看，此種辦法，正可使中央政府法令的執行，迅速而一律，其優點就在此處。關於管理方面也採集中政策，舉凡財政教育司法等，都用集中辦法。(二)拿氏任執政後，整理財政，不遺餘力，結果反能使國家收入大為增加。(三)對於教會取妥協政策，與教會締結契約，規定教會費由國家津貼，教士由教皇派遣。(四)創立一種勳章 Legion of Honor (一八〇二)凡有功於法國，贈送勳章。(五)改良司法，並頒布新法典，(一八〇四)新訂的法律甚多，有民法刑法商法民事訴訟法，這就是所謂拿破崙法典。(六)改良教育行政：(甲)凡小學由縣長監督，中等教育由政府直接管理；(乙)中學注重拉丁文；(丙)城市中設立高等學校，Lycée，所需經費都由國家擔負；(丁)辦理工業法科軍事專門學校；(戊)凡設立大學，職員須由拿氏委任，並且設立學校，須經大學的允准，這就所謂大學區制。那時因為他偏重軍事教育，經費異常拮据，故教育制度雖稱完善，實際上沒有多大發展；(七)辦理公共建築，他建築軍路運河橋樑海港甚多；(八)於一八〇三年將羅納雪奈 Lonisiana 出售於美國，他因為想到將來終要被英佔去，故乘機出售，計亦良得。以上幾點，都是值得我們注意的。到了一八〇二年，經人民全體的投票，拿氏成為終身的執政。至一八〇四年十二月二日，拿氏又稱為法皇拿破崙第一。吾們要知道帝制成立後，民主主權的原則，仍被認識，自由平等博愛的標語，還是深印人心，三色旗還是法國的國旗。不過實際上確有變更的地方，許多稱謂名詞，都含有了帝制的意味，并且拿氏原有一種侵略外國與爭求光榮的野心，他已成為法之有權力者，他又想成為歐洲的有權力者，他對戰爭，很有志向，而很望成功。在一八〇三年，英與法宣戰，這次戰事，實為經濟商業的戰爭。英國不但懷恨法國昔日襄助美國獨立革命，并且想使法國不能重得在十八世紀失去的殖民地與商業地位。英國很想統治海上獨佔工商業，而拿氏現在擴張國勢到荷蘭意大利，並且與西班牙呼應一氣。英國目睹此情，一面恐懼着商業利益的失去，一面又驚異着拿氏的殖民地計劃。英法衝突的原因就在這裏。拿氏本人也很願與英一決雌雄，因為他深信如不破壞英國的權力，則他的統一歐陸策略與殖民地計劃都成具文永無實現之一日。一八〇五年第三次的聯軍又告成立，加入者有英奧俄瑞典等，目標都是在推翻拿氏。拿氏最初是與奧國作戰，結果奧大敗。一八〇五年訂立潑勒斯布格條約，Treaty of Pressburg 奧為之元氣大傷。一八〇六年拿氏又征普魯士，是年十月，鏖戰於及奈 Jena 地方，普亦大敗，法軍進佔柏林。一八〇七年又征俄，未幾，兩國媾和，在鐵爾錫脫 Tilsit 簽訂條約，議定法俄普三國間，永久和平。當時法國唯一勁敵，厥惟英國。英自一八〇五年與法常起海上衝突，拿氏採用大陸制度 Continental System 以對抗之。一八〇六年十一月，又施行布令法令 Berlin Decree 法令的用意是在抵制英島，幷封鎖法國與聯盟國的港口，以拒絕從英國或其殖民地駛來的船隻。一八〇七年又發布密倫法令 Milan Decree 這個法令，是規定凡中立國的船隻，如從英國海港或由被英軍佔領國家駛來者，法國軍艦得擒獲之。一八一二年拿氏再行征俄，這次征俄是有政治與經濟的原因，最重要的就是在當初俄國對法國大陸政策不表同意，所以拿氏遣兵往征，參與軍隊有六十萬的精兵，在六月中出發，因為交通不便，曠日甚久。當初俄國稍有抵抗，後就退却，於是莫斯科卒被佔領。當俄軍退却時，將饍食軍火，一起搬走，法軍抵俄，糧食告罄，後方補充，又為時間所不許，且其時正在冬天，拿氏想與俄皇商議一切，但俄皇不允。當此之時，兵士飢寒交迫，死者甚夥，等到回國時，祇存六萬人。此次征俄失敗，他的大陸政策也不能維持，而他的聲名更隨戰敗而衰落。一八一三年俄奧普魯士瑞典英國組成最後同盟，一致對法。一八一三年有萊潑雪格戰役 Battle of Leipzig 拿氏大敗，聯軍向南進攻，一八一四年春，巴黎陷落，此時拿氏已完全失敗。一八一四年三月，聯軍協議將拿氏充軍至地中海以爾白 Elba 島，由他管理島事，每年給予年金若干，以資應用。法國乃再迎路易十八，（路易十六被殺，路易十七未即位就死。）聯軍在維也納開會，歐洲地圖顏色完全改變。拿氏在島上野心未死，一八一五年逃至法國，很想重整旗鼓，遂其夙願，這是拿氏最後一次的掙扎。當維也納會議時，各國分贓不平，意見紛歧，後來聽到拿氏江山重起的消息，各國又聯合抗法，造成有名的滑鐵路戰役 Battle of Waterloo 當初兩方不分勝負，英國陸軍無力支持，剛巧波蘭的生力軍貢臨，軍力大盛，拿氏大敗。於是聯軍再將拿氏拘禁於大西洋南部海裏奈島 St. Helena 上。拿氏住在島上有五年半，平時行動自由，或遨游散步，或振筆作文，到了一八二一年五月五日，死於島上，享年五十二歲。此處吾們要將拿氏失敗的原因綜合的觀察一下。拿氏失敗的間接原因是：(一)歐洲各國民族主義頗為澎漲，各國都不願受拿氏蹂躪而企圖報復。(二)拿氏太偏重軍國主義，國內許多建設事業不克進行。(三)拿氏的個人主義色彩，太為濃厚，他對內對外，都以個人為單位；以國外而言，冒了天下大不韙，施行大陸政策，封鎖英國商業，結果又完全失敗，一無所成；以國內而言，自握政權後，凡一般有經驗的軍人，倘和拿氏不悅，就被殺戮，或拘禁，至於其失敗之直接原因，就是上述一八一二年的征俄事件。最後吾們從拿破崙時代中，提出數點來說一說。在他任期內，對於政治社會商業軍事都有所建樹，足使後人謨拜欽佩的。從一七八九年至一七九九年，自由平等博愛的原則，已成為法國政治社會組織的基石，而自一七九九年至一八一五年，已被全歐國家奉為圭臬。在拿氏時代，對於自由一字，不甚應用，雖是執政政府與第二次帝制，都已把神權君主政治換了主權在民的新觀念。但是拿氏對於個人自由的態度，亦未見得較異於十八世紀的專制君主；他為博得中產階級與農民階級的獎掖起見，重行確定私有財產權；他對良心自由與信教自由，不加禁止，而於言論自由出版自由，則嚴加束縛，決不寬容。講到他對平等一字，那又不同。凡歸併於法或在法的勢力範圍內的土地，所有封建主義與奴僕制度，一概廢除，而在拿破崙法典中，明文的規定社會平等。由是德意志南部意大利以及法國所有舊制度的社會情況，完全改換。內地的稅關，私人的道路，徵人頭稅的橋樑，內地商業的限制，一起取消。從前農民都在大地主的剝奪壓迫下，今已得佔有土地，自由耕種，買賣亦不受任何束縛。這許多社會平等的情形，都是拿氏時代值得謳歌頌德的功績，雖是他後來變為反動，但是昔日封建制度下的不平等現象，再也不能恢復原狀了。再講博愛一字，其影響甚大，凡波蘭荷蘭葡萄牙西班牙英格蘭俄羅斯以及德意志意大利等，莫不蒙其影響。吾們在這裏尤其要提出來說的，就是德國所受的影響。當初德國境內各州獨立，支離破碎，厥狀可憫，自經羅馬神聖同盟的廢除，普魯士的復興，解放戰役 War of Liberation 民族戰爭，War of Nations 以及德人愛國主義思潮的盛極一時，卒使德國變成統一國家，建立有力的聯邦組織，這不得不歸功於所受法國革命中拿氏時代的影響。其次，意國所受的影響，亦不亞於德，拿氏的威名，（拿氏原是意大利血統的人）意大利皇國的建立，羅馬皇帝的名稱，以及社會改革與愛國思想的激盪，卒使意大利又成為統一的國家。當拿破崙時代，各國情形，也值得注意。那個時候，俄皇 Tsar 佔獲芬蘭波蘭及土耳其土地，以完成彼得大帝的工作。瑞典佔獲挪威，葡萄牙也遣兵至巴西國 Brazil 從這幾件事實，吾們也可推想拿氏時代歐洲政治之縱橫捭闔的情形了。拿破崙時代的影響英國，最為重要，英國的海軍與商業霸權，曾於美國獨立時，宣告崩潰，但在拿破崙戰爭時，又復舊觀。英與法交戰時，英海軍大勝，結果得到許多法殖民地，如馬耳他島，Malta（一八〇〇年）落西亞，St. Lucia 托白谷，Tobago（一八〇三）毛里西亞島，Mauritius（一八一〇）等，後又獲得許多荷蘭殖民地，如錫蘭，Ceylon（一七九五）南亞非利加，Southafrica（一八〇六）及西班牙殖民地。要之，英國所以獲得許多新的殖民地，一方面使掌握印度，更為堅牢，一面想與西班牙通商貿易，英國海軍堅強，商業與殖民地，又盡量擴充，同時國內就起了工業革命，許多機械應時而興，這樣一個國家，非法國軍隊所能抗拒的，這也是拿破崙不得不宣告崩潰的一個原因。

# 第三篇　社會革命

## 第一章　社會革命之意義

### 一　社會革命之性質

近代有四大革命，即宗教革命，政治革命，工業革命及社會革命。社會革命由工業革命而來，換句話說，就是工業革命的自然產物和必然結果。社會革命有兩種不同的解釋，第一種解釋，以為社會革命就是經濟組織與社會組織的自然的根本的由漸而來的變動，詳細的說，由漁業時代而游牧時代，而農業時代，而手工業與商業時代，以至今日大實業時代；或是這樣說，由獨立經濟時代或家庭經濟時代，進而為地方經濟時代或城市經濟時代，而國家經濟時代，以至今日世界經濟時代，其間遞嬗蛻變的演進，就是所謂社會革命。第二種解釋，以為社會革命，就是下層的生產者，企圖根本改革經濟組織與社會組織的運動，此種運動的特質，就在它有目的的，希望發生突變的。比如農民運動奴隸解放運動以及今日盛極一時的無產階級運動，均屬此類。本來，社會革命，根據社會主義而來。所謂社會主義，就是(一)一種國家或國際的政治運動，企圖治理公共事業，以建(二)新的經濟制度，將所有資金，收為共有並共治它。大概說來，社會主義，有廣狹二義，廣義的社會主義，主張個人是社會的從屬，否認利己主義為社會必要的原動力，而承認社會活動，必須以他愛主義為原則。我們可以勿斯特克德

Westcott, Bishop of Durham 博士及瓦克納 Wagner 教授兩人所說的話，作爲註脚。勿氏說『個人主義認人類爲支離破碎的阿屯，社會主義則以人類爲有機的團體，個人主義的職志對於個人的利益如財富地位名譽靡不盡力追求。社會主義的目的，則在爲公。個人主義以爲追求個人的利益結果可以增進社會一般的幸福，所以主張先須滿足各個人的慾望。社會主義則欲組織人生，使人各能完全發揮其本能。』瓦氏這樣說：『社會主義以社會全體的需要爲標準而規定社會上及經濟上的生活其設備期全體的需要能滿足。個人主義則認個人在社會生活及經濟生活上爲最首要個人爲出發點，以個人的利益及慾望規律社會。』至於狹義的社會主義，則聯想至一種精確明瞭之產業社會，並非涉及社會方面而只限於經濟一端，其他方面，不過與經濟相關或受其影響而已，此即所謂科學的社會主義，此種主義，有從根本上改造舊制度社會，建設產業社會之理想。近代的社會主義都指科學的社會主義，而社會革命，即由是而起。近代社會革命發生的原因，可分三方面去說，第一，有了工業革命就誕生了現代的社會革命；第二，現代資本主義與社會主義之突飛猛進，足以促進社會革命的爆發；第三，工業革命的結果，大工場制度實現，於是無產階級團結的機會較多，社會革命，釀成自易。吾們回顧農民，分散工作不在一起，故農民運動之力量甚小。而工人麕集一處，共同工作，且交通便利，團結更易，故社會革命有急轉直下之勢。把上面說的，概括言之，則社會革命之發生，有二背景，一爲實際變動之背景，一爲思想發達之背景。先就前者來說，誰都知道工業革命導源於機械的發明，機械的發明，使人類的生產力激增，近世的工業革命就因爲機械的發明，而遂迅速的完成了這種空前的偉大事業。機械的發明，最早是在英國，所以近世的工業革命首先發生於英國。在十八世紀初葉，英國村市不甚發達。那時紡織爲全英國主要工業，每家備一紡織機，在家工作，或在隣近地方設立一個小小工場，雇工工作，主人和傭人學徒間頗爲熟悉，毫無隔閡。這時他們生產只以供給他們近隣底需要爲目的，沒有什麼生產過剩的現象，人民生活也很安逸。到了十八世紀中葉，情形大變。紡織業上有許多新發明，如一七三三年約翰凱 John Kay 發明之紡織機上底自動梭子，一七六九年亞開拉 Arkwright 發明之新式紡織機，因此生產率大爲增加，已非昔比。未幾，瓦特 Watt 又發明蒸汽的機頭，於是，一切工業，立刻改了面目，變爲大規模的生產了。以前小規模的手工業，既無力抵抗，只好相率歇業，一般手工工人，祇好另謀生計，或流爲貧民，或工作於資本家底工廠中。那時，國內物價既貴，工資又低，勞工每日工作十七八小時，所獲工資，難以餬口，於是一般婦女兒童，因爲彼等工資低賤，需要銳增，大家成羣結隊的入廠工作。因是大部分男工，宣告失業，無工可作，賦閒家居。工人方面認定機械是使他們痛苦的唯一原因，乃相率盲目的攻擊機械，全國到處發生工人暴動，結隊成羣，毆毀機器，聲勢洶洶，無從制止。在這樣紛擾雜亂的情形之下，社會革命運動早已孕育於斯時。且自工廠制度確定後，資本家用了大宗資金，購置機械，招雇工人從事生產。資本家自身養尊處優，坐享其利，而工人朝斯夕斯，埋首工作，工資戔戔，度日維艱，二者相較，誠不可同日而語。從此，社會上就形成有產階級與無產階級兩大敵壘之對立；資本主義工業愈進步，兩大敵壘之對立亦愈顯著，其對立愈顯著，工人痛苦愈深刻，社會革命的爆發愈容易。這都是實際的背景。次就思想的背景來說，當工業革命後資產階級與勞働階級時相衝突的時候，已有許多悲天憫人之士，起而提倡社會主義，以求無產階級的解放。現代社會主義的發展，可劃分為二個時期，第一期為初期的社會主義，在英國有羅勃渦文 Robert Owen 1771—1858 被稱為英國社會主義之父，他是資本家，也是慈善家，因鑒當時資本家底專橫，積極提倡改良工人生活。他曾創辦一種共產村落，其計劃是「把一國分為若干一千英畝，每一千英畝為一區域，內居人民約千二百人，建築一中央機關，裏面包括公共膳廳廚房校舍圖書館和講演堂，共產社裏底社員，像一家人一樣，人人熙熙攘攘，互相敬愛，不事紛爭，每個社員從事相等的工作，同受相等盈餘的分配。」於一八二四年，同了他的兒子戴爾渦文 Dale Owen 赴美滿擬實施他的共產村落的理想計劃。他用自己的資本購了三萬千畝地，創設了一個合作共產村，這是第一次實驗他的理想，其結果完全失敗。一八二八年復往墨西哥實驗其理想，然因種種困難，仍歸失敗。一八三二年，又創立國民勞働公平交易社 National Equitable Labor Exchange 初甚發達，不久又告失敗。羅氏對於宣傳工作，也很注意，曾主持發行一種週刊，名覺悟 Crisis 又發行新道德世界 New moral world 都是鼓吹「合理的社會制度」底刊物。除羅勃渦文外，在法國有聖西門 Saint Simon 1760—1525 傅立葉 Fourier 等。聖西門是法國社會主義的開創者，他的改造社會的意見頗為簡單，他主張以工業界的領袖來管理社會，勸告企業家和勞働者合作，不主張階級鬥爭，所以他實為一個階級協調論者。傅立葉的社會主義思潮，繼聖西門派運動而起。他的社會制度的理想，是由他的神學和心理學的特殊的意見所形成的。他的理想社會的單位是一種叫「法蘭齊」Phalange「法蘭齊」制度是由一千五百人至二千人組成的團體，其中又分爲部，部又分爲組，由旨趣相同的人七人至九人集合起來成爲一組，又由旨趣相同的組集合起來成爲部，由許多部集合起來才成「法蘭齊」。他把生產結果的利益，依照資本勞力和才能三者分配，勞力得十二分之五，資本得十二分之四，才能得十二分之三。這種組織曾經多次試驗，但因太近於幻想，和渦文底合作共產村同樣歸於失敗。上面說的都是初期的或烏托邦的社會主義。第二期的社會主義爲科學的社會主義，以馬克思 K.marx 1818—1883爲代表。從馬克斯學說出世後，社會主義才脫離了空想的領域，踏入了科學的境界。在馬克思以前，社會主義是一種希望論，是一種理想的天國，是一種良心的主張。馬克思學說出世後，社會主義成爲必然實現的一種社會進化的法則，勞働階級的階級自覺，不復是慈善家的良心主張了。馬氏主義與初期社會主義相較，固有不少進步，但馬氏自己亦接受不少初期社會主義者的影響，如階級鬥爭與聖西門所主張的相脗合，剩餘價值也受理嘉圖 Ricards 的影響。馬氏早年晚年的思想各不相同，所以信仰他思想的人，亦隨諸不同。總結說來，社會革命由實際變動及思想發達兩種動力輾轉激盪而發生，其性質是企圖實現產業社會的理想制度的運動，主張廢止私有的物質生產機關，而以公有制度代之；主張共同經營事業，共同分配公有收入，社會收入之大部分，仍得爲私有財產。

## 二 社會革命與社會政策之區別

所謂社會，就是爲共同思維和共同作事而存在的一個制度，用以達到共同目的，所以社會是聯合的產物，團體生活的果實。這樣說來，社會中每個構成員照理應當注眼在共同福利上，以公共幸福作爲立脚點，非但不能過於自私自利，帶着濃厚的個人主義色彩，且並各個構成員間非有一種親愛精誠互助合作的精神不可。但是，我們回顧社會的實際情形，究竟怎樣？事實告訴我們，現代社會組織，是以自由競爭與私有財產爲兩大原則，因此，社會上密佈着「衝突」「糾紛」「鬥爭」「掠奪」「壓迫」「剝削」……的寫眞，充滿着「冷酷」「嚴峻」「肅殺」「殘忍」「横暴」「野蠻」……的空氣，照理要求諧和調合的，而今紛爭仇視之不暇，照理應謀共同福利的，而今追求利潤之是圖。嚴格的說，現在的社會，簡直可說是人生戰場，那有絲毫的社會意義存在着，社會生活簡直可說是戰鬥生活，那有尊稱爲社會生活的道理。近代社會問題之如雨後春筍般的多得指不勝屈，一面可說是現代社會的回光反照，一面也可算是現代社會的必然產物。我們如用哲學的眼光來看，則我們是一個未完成的人，社會是一個未完成的社會，世界也是一個未完成的世界，惟其如此，所以我們才有自由與進化可言。這樣說來，近代社會上種種紛歧遊離的現象，近代社會問題之有增無減的增加，都是一時的病態，不是永久的常態，換句話說，是社會進化的大道中必經的一個歷程，無庸我們去作杞憂，加痛駡，下咀咒，抱悲觀的。社會問題有廣狹兩個意義，廣義的社會問題，是指整個社會中所發生的一切問題，狹義的社會問題，是指產業革命後發生的勞働問題所以，社會問題，如用狹義解釋起來就是勞働問題。除勞働問題外，再加上婦女問題家庭問題等就成爲廣義的社會問題。因爲社會上有了許多社會問題，於是就有所謂社會工作 Social Work 社會工作，消極言之，卽用以解決社會問題，積極言之，就是用科學方法發展並調和人類關係，務使個人與社會，均得合理生活且能進步無疆。本來解決社會問題的見地，並不一致，大概可歸納成兩種，第一種的見地，是以自然主義的根本觀念作其解決社會問題的立脚點，詳細的說，社會上所有種種問題，都是屬於自然的狀態，非人力所能挽回及解決，祇有聽其自然之運行，不加任何人力。神原是最偉大的最高超的，握着頂天極地莫可倫比的威權，社會上一切事物，有形無形的都在他的掌握中，人們唯有向其虔誠膜拜，敬畏恐懼。所以神造的東西，亦唯有任其自然不加拘束的下去，如用人力，反增莫大的糾紛，弄巧成拙，徒耗心力，這是誰都不願做的。自然主義的見地，大概如是。第二種是社會主義的見地，與自然主義的見地，水火不相容的。社會主義之見地，以爲社會問題之所以發生，都是人爲的經濟組織殘缺窳劣的產品，所以澈底解決社會問題的方法，唯有仍用人力，將現代萬惡的經濟組織，根本推翻，另建嶄新的經濟組織，以謀根本的改造，決不是聽天由命任其自然所能解決的。現時經濟組織完全建築在個人主義的私有財產制與相伴而生的繼承制的基礎上，而許多社會問題，直接間接的由是而生，所以解決社會問題，須謀現時經濟組織的根本改造，欲謀改造，又非先根本的澈底的推翻私有制與繼承制不可。一般社會主義者的見地，都以爲新的經濟組織的根本原則，是使各個人在其平等的機會下，各盡所能的工作，盡了勞動的義務，就享生存的權利，而社會全體，由是發達，共同福利，乃能獲得，這樣，才算公允而合理。社會主義的見地，雖是這樣，但因其實行方法和所採手段之不同，就有種種區別，有的着眼在廢止土地和資本的私有制上，如昔日法蘭西之空想派的社會主義與德意志的科學的社會主義。有的以近時企業制上有產者與無產者的從屬關係作其論據之重心，如新法蘭西之工團主義與英吉利之基爾特社會主義。兩者在方法上，容有不同，但其以根本推翻現時經濟組織，企圖新經濟組織的創造，作其見地之基點，則皆相同。第三種就是社會改良主義的見地，他是站在自然主義與社會主義的中間，既不過於玄虛，又不過於偏激，溫和平靜，適乎中庸。社會改良主義者以為社會上發生了不可勝數的社會問題，固是一種不好的現象，但如任其自然的下去，則人與人的鬥爭，將愈演愈烈，人與人間的連鎖關係，恐將消滅淨盡，而社會問題的發生，勢必橫溢奔騰，弄到不可收拾的地步。所以根據社會改良主義者的見地來說，自然主義方法，實在是行不通的，就是社會主義的方法，亦恐勞而無功。因為社會經濟組織，決非憑空降下，而是經長時期的遞嬗變遷而成，在此種情形之下，欲將其在旦夕間加以推翻，這是不合邏輯的。就是退一百步來說，現時經濟組織之全部推翻，雖易如反掌，但新經濟組織的創造，實非易易，因為建設決不比破壞來得容易。吾人如根據學理，略為思考，沒有人敢加以否認的。因此，社會改良主義者以為社會主義的方法不足以解決社會問題的。社會改良主義者，一面鑒到自然主義的空虛，一面又深覺社會主義之偏激，故力主採用不屬空虛不致流血而為和緩穩定的方法，訂了許多具體計劃——

就是社會政策——由國家依次實施，以謀社會問題之得和平解決，而使社會進入盡善盡美的領域。社會改良主義者，對於整個社會的經濟組織，沒有什麼成見，對於現時的私有財產制和企業制，尙認爲是促進社會進化的動力，沒有根本推翻的必要，他祇想把社會組織內認爲確有害於人羣的方面加以慢性的改良，至於認爲白璧無瑕有益人羣的方面，仍極力設法保持與推進，這就是社會政策理論的基點，也就是他與自然主義及社會主義不同的地方。

解決社會問題，既有上述三種見地，現在吾們除開第一種見地外，餘兩者用比較法，加以詳述。吾們知道社會主義以社會革命爲實現方法，社會革命爲實現社會主義而存在，所以社會主義與社會革命實在是二而一一而二的東西。社會改良是以實施社會政策爲方法，而社會政策又爲實施社會改良而存在。二者也是一樣的意義，沒有多大的分別。那末，社會革命與社會政策究竟有何區別？吾們可從歷史的演進與理論的觀察兩面申述之。社會主義，最初胚胎於法國聖西門，他初爲哲學實驗家，後游歷英倫瑞士，並經法國大革命後，獨立自由之思潮，奔流盤旋於其腦際。他生平最重要的著作，要算一八一四年出版之重建歐洲社會論。Beorganization de la société europaenve 西氏有一大弟子，叫做巴曹特，St. amand Bozard 實行西氏主張。西氏生前，曾創設生產組合，巴氏繼其志而事竟成，曾於一八三二年在巴黎試辦一個木器的生產組合，成績斐然，聲譽鵲起。英國社會主義之創造者爲羅勃渦文，他自幼對於工人痛苦深切了解，曾與工人相約，凡子女在十歲以內者，不得令其工作，十歲以上者亦須酌減工作時間，普通工人之時間，亦應減至十小時，英國的工場法，就是由羅氏改良過的。除外他又拿一塊荒地作失業者之殖民地，並欲將美洲空地作爲實驗其社會主義的區域，可惜他逝世時，未觀厥成，引爲遺憾。法國社會主義的開山祖是傅烈葉，我們在前面都已述及，無庸多贅。除上述幾個社會主義者外，尚有德國的羅突勃塔斯，Karl Johann Rodbertus 西班牙的勃倫克，Louis Blanc 都是宣傳社會主義最力者。後來，馬克斯氏集十九世紀社會主義之大成，創設科學的社會主義，他對於社會主義的理論，均見其所著資本論 Kapital 中。他於主義上令人最着眼的一點就是創設一種社會主義的國際運動，所謂第一國際，第二國際等，就是這種運動的具體表現。以上都從社會主義之歷史演進的立脚點上論述的社會政策之演進的歷史，淵源於經濟政策之史的變遷。當十七世紀末十八世紀初重商主義盛極一時，所有國民經濟之一切法則悉由國家執掌。那時，國家誠有萬能的權力，既極力發展實業，增進生產，并建築保護關稅之壁壘，以與外國相頡頏。當時，一國政府，祇想多多的增加出口貨，多多的收入現金，使國庫充實，國力堅强，而國家得躋富强之域。但因國家權力太大，干涉過甚，致使社會與人民萎靡不振，奄奄一息。於是重農派（即自然學派）的學說風行一時，極力反對一切矯揉造作之制限，主張由自然力去做導師，因其理論頗合一般人民之心意，故得於十八世紀中葉盛行無阻。自後，斯丹亞密氏之自由貿易學說異軍突起，風靡一時，這種學說，似含個人主義的色彩，因爲自由競爭的風氣，實由此種學說演進而來的。今日社會政策之發展，多出於德意志之實驗派。Realistischen Schule 這派的意見，第一，以爲個人經濟，應有充分之發展，使每個人都從事於生產事業；第二，社會經濟之分配，應使其大致平衡不致有衝突糾紛事件的發生；第三，在這種情形下，國家當站在兩方面予以相當之調節。講到德國社會政策思想的進展，可分作三個時期，第一期是和曼徹斯特學派鬥爭的時代，其時社會政策和國家社會主義相提攜；第二期是和國家社會主義相分離而傾向於自由主義；第三期是奮發有爲的積極建設時代，正式與國家社會主義宣告脫離，而努力地從客觀的立足點上，建設其理論與方法，成爲強有力的學理根據，和不厭求詳的實施計劃。總之，從他的歷史演進的線索上觀察下來，可知社會政策思想，和其他思想如出一轍，由玄虛而實在，由空洞而切實，由游離而系統。他經了長時間的激盪推動，才成今日盛極一時之社會政策。其次，社會政策思想的歷史淵源爲自由主義，無庸疑義。以上是從社會政策的歷史演進的觀察點上加以敍述的，現在我們試從社會革命與社會政策理論的觀點上，以覘其區別所在。社會革命基於社會主義而來，社會政策是國家社會主義的產物。社會革命和社會政策的目標，完全一致，大家都看到現代社會上經濟組織之不能差強人意，繼續不斷的醞釀着和爆發着許多社會問題，人民既轉輾哀號於顛連困頓之狂濤巨浪中，社會本身組織也阢隉不安的日處於風雨飄搖之中，所以對於現代社會經濟制度，加以攻擊，都想有以改造，以實現理想的社會。這樣看來，二者目標，豈不相同？但是因爲所走途徑的不同，所採方法的有別，所施手段的異殊，遂有社會革命與社會政策兩個名詞。社會革命者先抱着肉搏奮鬥的精神，粉身碎骨的決心，用了革命的流血的手段，企圖根本推翻現代社會的經濟組織，另創新經濟組織來替代這種新組織，絕對廢除財產私有制和企業制，一切生產機關，胥歸國有，使勞働不致成爲商品化。並且由勞働階級——無產階級——來實行專政，發號施令，統治全國。俄國自一九一七至一九二一年間，就是實行社會革命的一段時間。社會政策適得其反。他原是過渡時代的一種調劑手術，非對於社會圖根本解決之方法。他一面承認現社會組織之萬惡，一面又顧到國家是依着社會已成制度而存在；一面鑒到個人財富集中之有害共同福利，他方面又想到私有財產制之能維持社會的治安；所以，不採革命的流血的手段，祇用和平的改良的方法；他既不站在勞働階級那邊，亦不廁身於資本家隊伍裏，而是立於勞働者與資本家底中間地位。社會政策，對於私有財產，加以相當的限制，並將一部分重要產業歸諸國家或公共團體經營，使資本主義的暴力兇燄，消滅於無形，防患於未然。總括一句：社會政策並不注意到社會問題的根本方面，祇爲和緩社會主義的高潮與維持現社會的組織起見，用安穩的過渡的方法，以解決目前的社會問題。吾們看世界各國眞正實行社會革命者，究有若干？都是曇花一現，蜉蝣一瞬而已！至於社會政策，自一千八百八十年德意志聯邦實行以來，歐美各國，步武其後者，或另出心裁組織者，不乏其例，其勢力之大，概可想見。社會政策分作三方面，第一，爲國家方面的社會政策，用國家底權力和立法行政的方法，達到改良社會之目的。國家方面的社會政策，共有八種，一、產業國營，或國家管理，二、課稅底分配，三、工場取締，四、勞銀公定，五、勞働時間制限；六、救貧事業，七、勞働保險；八、承認勞働團體底行動；這許多政策中，有的用以解決社會問題的原因，如產業國營，工場取締，勞銀限制等有的用以處理社會問題的結果，如縮短勞動時間，以及各種救濟事業，課稅底分配，勞工運動的承認，勞働保險等。第二，爲都市方面的社會政策。所謂都市社會政策者，就是在都市範圍內實施種種政策以改善其區域內人民之生活而增進其福祉。都市社會政策底範圍甚大，如都市底獨占事業，交通問題，建築物，與公共娛樂場，衞生問題，教育事業，救濟事業等。第三，爲自助方面的社會政策，就是由地方自治團體實行專謀個人自衞底方策，例如消費協社，生產協社，信用協社，購買協社等等。自助的社會政策雖說是個人自衞的方策，但須知此處所謂個人，是指私人，Private 不是個人 Individual 是對於國家或都市而說的個人，不是個個人底意思。要之，自助的社會政策不是國家社會政策，也不是都市社會政策，而是勞働者對資本家，消費者對生產者，或中間人的自助互助的經濟組織，共謀經濟上的利益爲目的的。歸根結果的說幾句：社會革命與社會政策目的相同，方法各異，一是激進的，一是緩進的，一是用革命手段的，一是用改良方法的。照目前的趨勢來看，社會政策實較社會革命爲有力。將來究屬如何，目下未便加以武斷，唯有拭目以待將來事實之照示吾們而已。

三 社會革命之內容

社會革命的內容，可從四方面去說：第一，物質的生產機關收歸公有。至其公有之能否實行，及須採如何形式，始能實現，尙無明白表示。又達到公有目的，應取何種手段，和委托共有權之協同團體的性質若何，社會主義者中，議論紛紜，亦未一致。大體的說，所謂物質生產機關的公有，就是使所有一切土地及資本，悉歸全體所有，非私人所能自由處置。例如各國郵政，已歸社會公有，無論何人，均得享受其利。又如電報森林鐵道等，也先後收爲公有。不過，社會主義者並不絕對主張將土地與資本悉爲公有。所謂公有，也祇限於某種情形之下。許多大生產機關，如電信電話鐵道森林耕地大製造所等，不得不收爲公產，至如其他小規模生產機關，固無束縛個人自由之必要。所以生產機關雖歸社會所有，然個人對於社會，也得相當的自由行動。這裏，我們要特別注意到兩點，第一，所謂「物質的」一語，就是說人類並不算是生產機關。從前人類陷於奴隸的地位，爲人所佔有，迄於今茲，一般勞働者仍爲工資的奴隸。而社會主義者以爲人類須在社會主義之下，始得自由，由可知社會革命的目的，就是予人類以獨立自由的特權。第二，所謂公有，僅指物質的「生產機關」，並非包羅一切財富。換句話說，祇將生產財產，收爲公有，而享樂財產，仍得私有。因爲資本家的大部分資本，都是向勞働者實施「勞働結果之强奪」的結果。他所以胆敢强奪者，因有資本私有制度的存在。所以要去此罪惡，非先把資本私有制度收爲公有不可。至於享樂財產，不致釀成其他事端，未始不可許其私有。總起來說：就是僅把生產經濟作爲公經濟，消費經濟仍爲私經濟。以上是社會革命內容的第一方面。就第二方面而來說，就是生產之公共經營。物質的生產機關，不特須爲公有，更須爲公共團體所經營，所獲利潤，悉爲全體人民所有。吾們須知此種事業的經營，祇在供給大家的需要，而不以工業家之利益做標準。因爲祇在滿足需要的原故，所以此種事業，雖無利潤可得，仍舊繼續不斷的經營，決不像資本主義制度下的事業，因之而暫歇。在生產機關公共經營的情形之下，能使每一個人，於社會最有用的方面予以相當的職業。生產方面，既以消費為目的，不以交換為目的，失業問題當不致發生。生產額愈多，滿足需要之方法亦愈多，生產物的供給，如超過需要時，儘可縮短勞働時間，藉以牽制。並且在社會主義下，不但每一個人可得職業，而且每一個人必須有職業，因為有了自身的勞働，才能獲得收入，決沒有不勞而獲的事情。至於私人或私人團體，以小本經營的事業，也不可絕對的禁止。但社會主義，如果眞正實行，則雖無强制，許多人必樂於公家事業，這是一種自然趨勢，可以預卜的。第三就是以公共的威權分配收入。此處所謂收入，指社會全體的收入或國民收入 National dividend 而言。換言之，就是由社會所生產的財富內去掉物質生產機關的維持費改良費擴充費後所剩餘的一部分生產。機關既為公共和共同經營，則所獲收入理應分與全體人民，揆諸事理，堪稱公允。所以以消費做目的的事業之財富，社會得以分配與各人。社會既是將財富分配各人，但這並不是限於勞働者，社會上所有身心衰弱的勞役，也同樣給予收入，以昭公平。社會主義所主張的分配方法，學說紛紜，莫衷一是，茲舉三方如下：(一)平分法，是為巴比夫 Boboeuf 等的主張，絕對平均各人享樂的程度。不問勞働者種類如何，功程大小如何，凡是一切生產物，都按照其種類分量平均分配各人。不過因為老幼男女的異殊，只於分配物略有差別而已。(二)酬勞法，這是聖西門派及馬克斯派的主張。他們以為人生天性，有賢愚强弱之別，而勞役種類，又是綦夥，各人遂有能不能適不適的分別，所以不能拿各人而分勞働的種類，就是不能不異其勞働的功程。這樣，財富的分配，也不能不依勞働的種類與功程而有所增減上下。(三)應需法，這是路易蒲蘭等的主張，也認人類身心有優劣的差異，所以不得不依各人所長，而異其勞働的種類。至於勞働結果的分配方法，不能以勞働結果做標準，當以生活必需爲原則。詳細的說：就是不以各人勞働的大小及種類爲比例，而須比例各人需要的種類及大小，而分與財富。這種分配方法，才是公平。最後，就第四方而來說，就是收入大部分，得爲私有財產。

克倫瑞德 Klein Wachter 曾示個人主義共產主義社會主義及分配主義 Distributismus 的區別，謂個人主義主張私的生產私的消費，共產主義主張共同的生產共同的消費，社會主義主張共同的生產私的消費，分配主義主張私的生產共同的消費。社會主義因爲是私的消費，所以並非絕對廢止私有制。他認爲私有財產很有關於各人的自由及能力的發達，他又以爲在現代社會，欲使一般人都有私有財產，這是事實上所不可能的。所以，社會主義提議擴充私有財產於人民，務使社會中各人每年有一定的收入，以滿足其合理的慾望。幷且原來人類因相依而喪失的自由，得以保障。至於生產機關，決非爲生產而存在，乃是製造消費物品，以滿足人類的需要。物品的生產，既以滿足人類的需要爲目的，所以對於生產機關的私有權，極力使其縮小，同時對於生產的物品之私有權，極力設法使其擴張。這裏所謂「收入之大部分」非指金錢，也不限於物品。凡吾們由使用物品而獲得之利益或娛樂，均爲收入，所謂「收入」，就是由使用財產而獲得的。目下公有財產很多，如公園公立美術館公立圖書館公立學校公共道路等，無論何人都可自由利用，這就是他們的收入。在社會主義之下，人的思想，都傾向於公衆的幸福，就是享福也須公開，所以公有財產之享用，大爲增加，這樣就可獲得公有的收入了。現在，我們把上面說的歸納起來，得結論如下：社會革命分做四方面（一）物質的生產機關公有（二）生產之公共經營；（三）以公共的威權分配收入（四）收入之大部分得爲私有財產。

## 四　社會革命之理論的分野

近代社會革命之理論的派別異常複雜，除了「廢止資本私有」爲其共通點外，學說不一，使吾人不能得一明確概念，茲將其重要而有名的社會革命理論分析辨述於后：

吾人如觀察社會主義歷史的演進，可知十九世紀中葉前爲空想時代的社會主義，十九世紀中葉後漸入科學時代的社會主義。空想社會主義者各國均有，在法國就有巴比夫 E. N. Baboeuf 喀拔 Etieme Cabet 聖西門傅立葉路易柏郎 Fouis Blanc 及普魯東 Proudhon 等，在英國則有渦文，在美國則有倍利斯本 Alfert Brisbane 而聖西門與渦文尤爲空想社會主義的代表。自後霹靂一聲，馬克斯氏的社會主義學說異軍突起，握着社會主義上的大權威而成所謂科學派社會主義。馬氏學說的基石有三，一爲唯物史觀，二爲階級鬥爭，三爲剩餘價值。就第一點來說，他以爲在歷史上無論那個時代，社會上的經濟關係——就是每人爲滿足他們需要，而謀生計生產交易與分配貨物之方法——很有影響於社會進步與政治社會智慧倫理關係之形成。在他的政治經濟評論 Critique of Political Economy 書內明白的說『法律關係和國家組織既不由其本身所能了解，亦不爲人類心理之共同進步所能解釋，而唯立根於生活之物質情況內。』『在人類的社會生產中，他們躦進了離去他們意志而獨立存在的固定關係。此種生產關係與生產之物質力量的發達之程序相稱合。此種生產關係之總和，足以組成社會之經濟組織，——即發生法律政治建設與社會覺悟組織之眞正根基。物質生活中之生產方式，足以決定社會政治及精神生產歷程之普通性質。』所以馬氏的歷史觀，完全以物質爲重心。再就第二點階級鬥爭來說：他深信所有者與工作者間之鬥爭，自古代土地公有的部落社會消滅後，在社會上實爲一根本重要之現象。他又以爲階級鬥爭，勢必繼續延持下去，直至勞工成爲社會上統治者方止。到了那個時候，無論何人，均變爲生產者。并且社會將從侵略壓迫階級區別階級鬥爭中求得解放。上述兩點，均爲馬克思主義之社會學基礎，現在要述他的經濟學基礎——剩餘價值。由此學說成爲經濟學上價值論中最有名的勞工說。Labor theory of Value 在馬氏剩餘價值學說以前，英法經濟學家已研究及此。他們以爲貨物之價值，依賴於生產必需之相關的工作數量。主張此項學說者，英有威廉 William Petty 及李嘉圖 Ricardo 法有布斯闊爾布脫 Foisquillebert 及雪斯忙狄 Sismondi。在馬氏的價值價格與利息 Value Price and Profit 一書中，曾這樣的說：『種種貨物之公共社會實質，就是勞工。一貨物之有價值，因其爲社會工作之結晶。該貨物的價值之大或其相關的價值，依賴於該貨物包括的社會實質數量之多寡。換句話說：即依賴於生產所必需的相關的勞工數量。所以，貨物相關的價值，悉被有關係的工作數量所決定，此種工作數量，用以造成實現及確定此貨物。』馬氏剩餘價值的意義也很簡單。假使一個勞工，每天用六小時完成一貨物，而此六小時之工作，適得三塊金洋，這樣，三塊金洋，就是該勞工工作力的每日價值之表示此三塊金洋，適等於他的工資。在這種情形之下，本來無所謂剩餘價值或剩餘生產。Surplus produce 假使要償還他的工資超過了六小時，該勞工似已增加工作時間，設使另增六小時，這樣六小時就是剩餘工作，Surplus Labor 而此剩餘工作，就成爲剩餘價值或剩餘生產。例如一紡績者，工作了十二小時，仍得三元工資其餘三元，送進資本家的囊中。這樣資本家未曾作相等的支付，就有所謂剩餘價值的發生。上述三點，就是馬氏之理論的基石。馬克斯的社會主義，自受了新康德派 Nes Kantianism 的影響，分化爲「正統」與「修正」兩派，正統派以柯祖基 Karl Kautsky 爲代表，修正派以柏倫斯泰 Word Bernstein 爲代表二者針鋒相對，爭論頗烈。柏氏對於馬氏主義，頗有批評，他評論一般社會主義者，過分重視於唯物史觀，又以爲倘使剩餘價值是一種經驗的事實，則馬氏剩餘價值學說，全係玄虛。他以爲馬氏主張中等階級的日漸減少與勞工命運的日漸乖舛，都是錯誤。幷且各種工業上之工業集中未臻發達，農業集中現象，尚不多覯。柏氏又力主德謨克拉西之演進歷程，他以爲社會主義就是自由主義的合理的發生。幷深信合作與工會運動，都是進化的方法。柏氏批評雖被正統派柯氏攻擊，但對於社會民主黨人，亦有其相當的影響。正統派自經修正派攻擊後，也默認馬克斯主義殘缺不全的地方，而思有以辯護遮蔽，他們仍想把馬氏學說引導入思想新領域，大體的說：他們都爲唯物史觀而辯護，但也承認柏倫斯泰氏所說人類複雜關係，很難爲正確的預言。他們不主馬氏價值說的眞確與其在馬氏主義體系中之重要。他們又承認某種工業的集中，確是不及別種迅速，但有些柏氏對於集中的論調，都認爲毫無意義，因爲重要的地方，不在超然存在的小工業之數量，而在大小工業間出產額的比例。他們以爲當公司允許小資本家變成工業界主人時，勢力將入小團體之手，公司勢將阻止自由競爭，而馬氏却主張自由競爭之繼續不止。所以，公司發達，使馬氏集中律之修正，不可避免。此外，柯氏與其他正統派，都以爲階級衝突，祇有累積增加，決不有軟化之望。并且以爲將來社會國家，必由勞工階級統治政府的權力，覺悟國家的目的。在此種工作，他們力想避免獨斷傲大，而欲見勞工統治下之社會新秩序，這並不是靜止的單純的組織，而是無限複雜變化的組織，務使每人得充分發展，而掠奪與壓迫，將成爲已往之陳跡。兩派主張，大概如是。實際上正統派所保存的馬克斯主義的質量，雖較修正派爲多，却不能說是純粹的馬克斯主義，因爲在正統派和修正派分裂的時候，當時的馬克斯主義，已逐漸轉變成社會民主主義 Social Democracy 而修正派代表柏倫斯泰會於一八九九年脫離正統派，對於馬氏學說，加以嚴格的批評，實行修正運動。Revisionist movement 馬克思主義分化後，在德國轉變成社會民主主義，在俄國成爲布爾謝維克主義 Bolshevism 或即稱爲共產主義。Communism 德國社會民主主義導源於拉塞爾，Ferdin and Lassalle 1825—1864他和馬克斯同爲德國近代社會主義的首領，爲社會民主主義的創始者。社會民主主義運動，開始於一八四八年之革命時期，自經這次騷擾後，工人組合，Workingmen's association 盛極一時。閱數年合作運動，The Cooperative movement 蓬勃發展，使勞工階級抱「自助」Self-help 原則，以替代「國助。」State-help

在一八六〇年德國最重要的政黨有二，卽保守黨，Conservatives 亦卽著名之大德意志黨，Great German Party 與國家自由黨，National-Liberals 前者主張奧大利亞加入聯邦中，後者不主張奧國的加入。幷且因爲該黨代表中等與貴族階級，所以不認勞工作正式黨員。在一八六一年進步黨 Progressist Party 成立，採取最自由的政策。拉塞爾曾一度聯絡進步黨，後來他就出黨，因爲他缺乏勇氣和事業。一八六二年拉氏赴柏林自由會 Berlin Liberal Club 講演「憲法之性質」Thenature of Constitutions 印刷演詞，悉被軍警所搜去。從此次講演後，復至工匠會 Astisan's Association 演講，時在一八六二年四月十二日，是日就是德國社會民主主義的誕日。一八六三年三月三日十一日，他就領導組成德國社會民主黨。在一八七五年召集古開會議，Cotha Congress所訂綱領都係和解互讓之約，馬克斯曾嘗以有賴於國家幫助的生產組織之需要。到了一八九一年，該黨另訂愛爾佛德綱領，Erfurt Program 取消種種國助生產事業的需要，而使其偏重於馬克斯學說。該綱領宣稱生產方法集中於數人之手，有增無減的人口均淪爲勞工階級，勞工者之命運江河日下的惡劣，掠奪與被掠奪間的裂縫，被資本家社會上的定期危機所加闊廣大，幷且解決社會問題，祇有改造生產方法，而此改造結果成爲勞働階級之國際組合。此綱領大意如后：

『小生產事業日漸衰落，蒲而熱窪社會的經濟發展，蒸蒸日上，其根基就是以工人的生產爲私有財產。這樣，使工人與其生產方法相分離，而將其淪爲無產階級。在他方面，生產方法祇爲少數資本家與大地主的獨占物生產方法，一面既被獨占同時小生產事業相繼消滅，生產工具，變成機械，勞工生產力，猝然大增。這樣變化後的種種利益，均被資本家與大地主所獨占。至於無產階級和落後的中間階級——如小商人農民——增加了生活不安痛苦壓迫服役降謫及掠奪。於是無產階級人數，繼續增多，剩餘工人軍隊，不斷增加。掠奪者與被掠奪者間的裂縫，更加廣闊。中產階級與無產階級間的階級的鬥爭，更是猛烈。這樣，終使近代社會成爲勢不兩敵之兩大壁壘而成爲工業區域的普通現象。從資本主義的生產方法，產生不少危機，因此種危機，頓使貧富間的海彎，相距更闊。幷且由此種種危機，使社會上一般情況，陷於阢隉不安，幷足以證明生產力量超越於現存社會上，生產方法中之私有財產，不合於其合理的施用與充分的發展。生產工具中之私有財產，從前祇用爲保險生產者之自己生產的財產之方法，而今變成剝削農夫手工小商人之方法，幷使非勞工資本家及大地主成爲工人生產之佔有者。倘使將生產方法中之資本主義的私有財產——土地礦產原料工具機械交通方法——轉變成社會財產，幷將生產貨物，改變成社會主義的生產。這樣結果，大量生產與社會工作之無限生產力，都成爲掠奪階級之高尚幸福與多方面和諧發達的源泉。此種社會改變，就是忍痛在現在情形下之無產階級與全人類之解放。但此實爲勞工階級之工作，因爲其他各階級，雖不免利益衝突，仍有生產方法中之私有財產制度的享受，幷且仍願維持現存社會上的根基。勞工階級與資本主義的掠奪者間的鬥爭，實爲必需的政治鬥爭。勞働階級，如無政治權利，不能治理經濟鬥爭和發展經濟組織。如無政治權力，生產方法，恐不能成爲社會公有，使勞工階級鬥爭成爲覺悟的與一致的，幷指示他的確定的鵠的，這都是社會民主黨的工作。凡是資本主義的生產方法盛行區域，勞工階級的利益，大概相似，無甚軒輊。自世界商業與世界市場之生產擴張後，每地工作的情況，更加有賴於別地工人的情況。所以勞工階級的解放，實爲使文明各國工人平等得益的工作。認識了這點，德國社會民主黨，願宣示報告與各國階級覺悟的勞工前。所以德國社會民主黨不主新的階級特權和獨占權利，而是主張取消階級管理和階級本身，且力爭人人——不問性別與家世——的平等權利和義務。爲達到這種目的起見，所以和現社會肉搏奮鬥，不但祇是反對忍受掠奪和壓迫的工資勞工，且反對忍受掠奪和壓迫的各階級。』從這張綱領看來，對於社會民主主義，直是發揮盡致了。社會民主主義在經濟方面而主張一切生產機關，應歸國家所有，以民主主義的中央集權政府，管理幷經營生產上和分配上的事業。在政治方面而主張普通的直接的平等的選舉制，直接立法，男女平等，累進收入稅和遺產稅，每日八小時工作，禁止童工與女工。在分配上主張用相當的方法來調節各個人底收入，他所主張的分配平等，不是消費上的平等，而是收入上的平等，這都是社會民主主義的特質。在他方面，俄國的布爾謝維克主義，起初是社會民主主義，後來在一九〇三年從社會民主勞働黨 Social Democratic Labor Party 內分裂成布爾謝維克 Bolshevik 與孟謝維克 Menshevik 兩派。前者以列寧 Nicholoi Lenine 爲領袖，後者以馬托夫 Martov 爲領袖。自一九〇五至一九一七年孟謝維克實佔運動中之多數，而布爾謝維克確佔少數，孟謝維克主張在實行社會主義前，俄國須經資本主義發達的程序，而第二個程序爲政治德謨克拉西的程序。馬克斯曾說：資本主義須履行一個歷史使命，就是天然財源和生產的發達。當一國工業發達已臻極點，生產集中祇有幾個私人資本家統治着全國的經濟利益，而勞働階級因經濟的猛進，受教育，經訓練，有組織，在這種情形之下，德謨克拉西政府才能建立，以統治經濟生活；而回顧俄國，天然財富還未發達，一般民衆未受教育，從事工業的勞工，祇占全俄人口之百分之四五，因此，俄國尚不能進行社會革命，每一中產階級公民須服從獨裁主義，并且社會主義須服從每一中等階級公民。而在布爾謝維克方面，主張俄國可從古式工業發達跳進社會主義的領域，無須經過資本主義的程序，因歐洲幾個國家，正在實施資本主義的制度，所以俄國的社會革命，好像燃起一點火燄，使其彌漫全歐。自歐洲革命後，全歐各地，降臨着社會主義的公民，這使俄國很迅捷的適合於社會主義社會的需要，并且俄國可算是歐洲工業各地的農業棧房。兩派意見的紛歧，由此可鑒。一九二一年的十一月革命，布爾謝維克宣告成功，建立蘇維埃政府，列寧當選爲總統，杜洛斯基 Trotsky 爲軍政部長。列寧既是布黨的領袖，所以布爾謝維克主義也可稱爲列寧主義 Leninism 或共產主義。列寧主義革命理論，雖有許多與馬克斯主義相同的地方，但列寧實是截馬克思主義中階級鬥爭理論之一部分，成爲無產階級專政的理論與策略，所以他實非祖述馬克斯氏的全部學說的。列寧主義的眞義，可以斯達林對於列寧主義所下的界說來解釋他。說：『列寧主義是帝國主義與無產階級革命時代底馬克斯主義。它是無產階級革命的理論和策略。』所以，列寧主義理論，就是無產階級專政。他認爲無產階級專政當作無產階級革命的工具。他深信無產階級革命的成功，以是否實行强力爲大前提，換句話說：完全建築在强力上面，倘使遵照民主主義的方式，徵求全國大多數民衆的同意，按步就班的去革命，這種革命，永久沒有成功之一日的。所以列寧主張無產階級的步驟是這樣的：第一，在以强力鎮壓已推翻的剝奪階級，保障自己已經取得的權利和自由。第二，革命的事業，進行到底，一直到社會主義完全勝利爲止。因此，必須有無產階級的獨裁制，就是必須在革命後成立特別組織，以實行上述兩種職務，這是列寧關於無產階級認爲必要的解釋。現在，我們再將列寧理論的中心——無產階級專政——說明一下。本來，馬克斯氏認定資本主義的崩潰與社會主義的成功，一定在產業發達到極完備和工人階級佔有最多數的國家，而列氏意見，截然不同。他以爲列强帝國主義者與殖民地弱小民族之間的衝突，帝國主義固然侵略殖民地，然而他既要輸入商品，採取原料，剝削勞働，他更不得不使殖民地相當資本主義化，於是殖民地上，也可以發現無產階級。所以，他的結論，以爲資本主義的戰線最先崩壞的地方，不必一定是工業最發達工人最多數的國家。這樣看來，列寧主義與馬克斯主義在理論上，完全相反，列寧主義早已成爲「非馬克斯主義」了。列寧無產階級專政的理論，完全以强力爲基礎，實行無產階級對於資產階級的統治，而成爲片面的無產階級的民主主義。但是，嚴格的說：此種理論，完全是反民主主義，各國社會黨人，大都表示反對，認爲大背社會主義的精神。社會主義如沒有民主主義的勝利做背景，如不以自由原則爲基礎，則終是飄搖於風雨之中，隨時有崩潰的可能性的。

其次，工團主義 Syndicalism 導源於法國，乃是由馬克斯主義與無政府主義兩派的理論混合而成。從牠的積極的重要性說，於商業和工業同盟方面，似爲新工業組織的根基。於生產者方面，似爲工業上之統治要素。於同盟罷工及其他直接行動方式方面，似爲社會改造之方式。從牠的消極的重要性說，於取消政治國家及政治行動薄弱方面，似爲勞工階級解放之方法。革命工團主義的根本觀念，就是階級鬥爭，與馬克斯社會主義相同。他們以爲社會分成兩大階級，一面是勞工，一無所有，祗有勞力，賣了勞力以資生活；一面是雇主，具有生產工具。在此兩大階級間，永久鬥爭勢所難免。此種鬥爭，不是可悲的事實，而是引導解放勞働階級之創造力。由此種階級鬥爭，使勞工聯合在一條戰線上，以消除掠奪，使他們信托他們自己的才力，使他們發達他們的自覺智力與道德本性，并使形成關於他們的組織形式。依照工團主義者的主張，社會組織的單位，就是工團或商業組合。

李文 Leivng 博士對於工團主義有這樣的解釋：「工團主義者的工作，就是把多少有階級感覺的工人，加以組織化，并使他們對於階級利益和階級意識有澈底的覺悟。欲達此目的，只有將工人組成工團。工團是相同或相似商業的工人之一種聯合，以共同利益之契約相結合。牠的力量，就在這裏。在各種人類團體中，工團是最根本的而最永久的，因爲人在社會上，對於自己經濟需要之滿足，較任何物爲有趣。政黨理想者團體，具有共同信條的社會，都是微弱暫時的聯合，如從他們不同組織和他們聯合契約的偶然性質兩點上觀察。例如政治團體，是由利益不同之人民所組織，藉社會意識而集合。唯由眞正與根本利益的結合，如工團等，各人情形既同，聯合一致，切身有關始終不渝。……一個工人加入一個工團，不是加入一政黨，不是署名於黨綱，也不是接受一信條，他只是加入一種關係。此種關係由他的社會地位而加及他身上，幷且他同伴侶結合起來，使他和伴侶的生存競爭格外有力。此種情形，使工團特別適合於爲工人謀福利。所以工團是一種勢力範圍，由他的具體意見和緊張動作，使工人的感覺和意識追隨在某種模型後……』此外工人加入了工團，可與雇主從事直接鬥爭。「直接行動」Direct Action 是教訓工人爲自由而最後鬥爭的方法。李文這樣解釋，「直接行動」是工人自己的行動，並不有賴中間人的援助。這不一定是暴烈行動，雖含有暴動的式樣。這是澈底覺悟和外部代理者意志之宣言。這含有直接奮鬥的壓力以達到視察之終點。直接行動種類甚夥，此種行動的主要形式有罷工 Strike 同盟絕交 Buycott 標籤 Label 及怠工 Sabotage。在這種行動中，最重要的就是罷工。罷工使工人和雇主爲利益衝突而處於相對地位。罷工使工人和雇主間的深刻對敵更爲清晰，且使他們間的裂縫更爲深闊。一面雇主互相結合，他方面勞工團結一致，大家相互的抵抗。所以工團主義者都說罷工有些革命的潛勢力。此種勢力的大小，以罷工的方法做準則。假使罷工祇爲雇主和工團兩個錢袋的爭執，那是沒有多大意義。罷工時候，和解與仲裁，一概免避。罷工者唯有施迅速壓力於雇主，才有凱旋的希望。至於罷工時工人的財政力量，儘可不爲介意。因爲金錢，雖是必需，但也可從別的工商業來接濟。這樣更有助於階級休戚相共的發達。同情的罷工，也是使工人獲得勝利的方法。所謂標籤，卽用以顯示工人當作消費者的力量。工團主義者都以爲總同盟罷工 General

Strike 是工人所有的極大組織的和教育的力量，總同盟罷工的觀念就是「社會的神祕，」Social myth 近代勞工階級從事解放鬥爭時，很是需要的。至若同盟絕交，就是表示工人有消費者和生產者的力量。最後講到怠工，這是工團主義者認爲最有名的一個利器，這是種種阻礙有秩序生產的方法，使雇主有損而驚愕，最簡單的解釋，就是「在職業上游蕩。」Loafing on the job 怠工或係指錯商品，或係從容損壞或暫時擾亂機器商品。不過工團主義者，對於任何生命危險的行動，一律禁止。最後，工團主義者對於專制或共和的國家，一概反對。他們以爲種種國家，都是階級統治之工具，與馬克斯主義者的意見相同。一般勞工，如不破壞國家的權力，成功永無實現的一天。推翻國家的鬥爭，須由工人自己做去，這樣工團排斥政治的參與。他們又以爲議院制度，不能深信其將勞工從工資制度中解放出來。他祇適合中產階級之操縱而爲工黨代表的阻礙勢力。所以工團主義者主張須由勞工强迫國家依着勞工的意志，施外部壓迫於公衆當局。他們想於公衆間煽動民衆大會游行和其他示威方式。凡由强力而得的改革，才是眞正的，其餘都是虛僞和欺騙勞工的。如將德謨克拉西的改革，加以分析，就可知此種價值，悉被强力所扭取。立法者所主張的種種改革，都想用以發達階級和諧的方法，以薄弱革命運動的力量。所以階級和諧的原則，就使勞工盲目於現社會根基的不平等與階級區別的眞確事實。在工團主義下，政治的國家，勢將消滅，祇有地方及全國的組織，命名爲國家。他們想給全國勞工組織以最大權力，辦理一切事宜。把上面說的，歸納起來，可得如下的結論：工團主義最重要的精神，第一，主張階級鬥爭；第二，採取直接行動；

第三，不要國家及政權。階級爭鬥淵源於馬克斯，也是工團主義底基本觀念，他們主張廢除資本主義制度後，成功勞動者經濟組織的勞働組合，藉全體勞動者大聯合的力量，以期達到革命的目的。其次，工團主義的理想，就是想在新社會組織下，廢除政治的國家，此又與無政府主義的理想相近，不過他們所認為唯一的政治形式，就是由勞動階級實行「產業管理政治」，而其實行的方法，全不依賴政治運動，僅採取經濟運動。由上面說來，工團主義在理論方面，採取馬克斯的階級鬥爭，在目的方面又採取無政府主義的「直接行動」，而造出職工聯合的武器，所以，我們可以說是一種混合物。但是，他的缺點，據一般社會主義者看來，就在於輕視政治，拋棄了一種促進社會進步的重要武器，而且國家是消費者的代表，他有許多正當的社會職務，是應當履行的。依工團主義者的意見，以各職業選出的代表所組織幹部會議，來代行國家的最高權，也仍舊是拿代議制做基礎，依然免不了妥協權術種種政治上的策略。並且社會上各人的結合，不專在經濟一方面，必定要有一種包括種種政治組織，或稱為國家或為市鄉 Commune 或其他名稱，辦理社會住民的種種職務，如康健社會教育與娛樂阻止罪惡提高租稅與別國調節關係等。工團主義既排斥政治的結合，主張經濟的結合，這更顯然是一大缺陷。上面所說的社會民主主義布爾謝維克主義和工團主義等，都與馬克斯的學說，有連帶的關係，或是由馬克斯主義演化來的，或是採取馬克斯主義之一部。大體的說：都由馬克斯主義蛻變來的。至於無政府主義，Anarchism 則與馬克斯主義對立而存在的。近代無政府主義泰斗之克魯泡特金氏，以無政府一字釋為無政府的社會。A

Society without Government 渦文氏 Owen 釋無政府黨爲「不受支配之人」。一言以蔽之，無政府主義就是對於政治悉加否認。吾們可將蒲魯東的政治信條，括於一語，就是「政黨可棄，權力當毀，惟個人及市民之絕對自由是保」。巴枯寧於一九一四年作「革命問答」，其中有謂「得以福民的唯一革命，其惟將所有國家等類，悉數滅絕之乎？」無政府主義，分作兩種，一爲個人的無政府主義或稱哲學的無政府主義。個人的無政府主義，由麥克斯丁那 Maxstirner 創始。氏爲德國底哲學的著述家，著有「唯一者與其所有」Der Einzige und sein Eigen thun 1845 一書，成爲一種具有理論體系的學說。個人無政府主義的特質，在主張個人絕對的主權和自由，必須有完全的個人，始能實行無政府主義。無政府主義，始終以自我爲主，重在改造內部生活，發展心意性格，改造內部生活精神，斯丁那所創的無政府主義是極端的無政府主義，又可以說是極端的個人主義，他否認一切政府，否認一切國家，連社會都在否認之列。他把自由分成三種：一爲政治上的自由，一爲社會上的自由，一爲人道上的自由。他的自由是至高無上的自由，他主張用聯合代替社會，他要無限制的發揮「自我」，這就是他的無政府的內容。可知個人的無政府主義，決不是社會主義，不特不是社會主義，並且與社會主義，沒有相似的地方，所以社會主義各部門內並沒有個人無政府主義的位置。至於社會的無政府主義創始者，要推法國的蒲魯東，Prondhon 他對於私有財產的攻擊和私人所有者階級的反對，別人都當他爲好戰的革命家。各派思想家，從他的敎授上，得到不少的感化。他極力彈劾政府和當局，他譏笑先進者空想的烏托邦的計劃，所以他實在不是烏托邦社會主義者及共產主義者，而實爲無政府主義者。在一八四〇年，他寫了一本著名的書「財產是什麼？」— Qu'est-ce que la Propriete? 這是一種前驅者的工作，證明私有財產的罪惡。他書上說明的工作時間作價值估定的原則，並使無政府運動得一哲學上的背景。蒲氏理想，是在一種社會組織，沒有政府，沒有私有財產，沒有不平等。他深信自由平等，他的自由聯合的理想，他的有範圍的發展，人類人格的願望，如和無數國家管轄之個人舉止相較，恰似新鮮空氣的呼吸。蒲氏常想從社會問題中發現建築於自由平等博愛上的社會科學。他覺得建築在此種原則上的完全國家，決不能於昨夜誕生。他爲實現他的理想社會起見，組織一個國家銀行，使勞工不費什麼價格而獲得工作的工具。銀行發行支票形式的紙幣，以交換存入的商品。他的資本以徵收財產稅和政府官吏的薪金累進稅充之。至於利息一層，力求低落。一般勞工，可獲得種種東西。他購買生產品的價格，決不超過貨物本身的所值。每人都站在平等的立脚點上，互相聯合，這才是聯合的高尚方式。蒲氏主張的理想社會，也有幾種特質。第一，沒有所謂政府，因爲他相信最高尚的完全是從秩序和無政府的一致中找出。以人治人，就是壓迫。他又以爲無政府——沒有主人或元首——是吾們每天接近的政府形式。並且，我們根深蒂固的習慣，總以人爲引導者，以人的意志作法律，這樣使我們認他爲沒有秩序和紛擾表示的一堆。第二，蒲魯東的理想社會沒有所謂私有財產的存在。私有財產，我們認爲盜竊。一般經濟學家站在兩個立場上，承認私有財產爲正當，一爲佔有，二爲工作。就第一點來說：你的佔有依賴於一國人數國家領域和你的到達時間，凡後來者就沒有權利。但這一點，沒有充分理由，因爲某一時期佔有的財產，既無主人，理應歸諸整個的偉大的社會。現在佔有社會公有以爲私有，則於盜竊有何差別？就第二點來說：吾們祇可以說：凡我所生產的，就是我的。土地如永久被我耕殖，就是我的，一旦被人耕種，就是別人的私有財產。並且工作須先有工作的工具。假使一人當初並無生產工具，試問在私有財產制度下，從何處取得？所以勞工說必須廢除財產，使每人可得土地和工作工具。依照蒲氏的意見，不但財產是盜竊，就是所有者實爲盜賊。這是他從他的價值論中勞工說所得的結論。他以爲貨物的價值，以生產所需的時間和工作來估定。假使每一資本家或地主，加了百分之十於貨物的成本，而該貨物的價值，超越其本身所值，這樣所有者就成盜賊。不過蒲氏雖然反對私有財產，但他並不反對從勞工所得的私有。每人不能因他人使用工作工具而加以刼掠，如地租利息利益等等。蒲氏反對共產主義，因爲在共產主義下，社會不但是能算做貨物的所有者，且爲人與意志的所有者。工作本來應爲自然所利用之情形，而今成爲一種人類命令，而且共產主義的制度，是以弱者壓迫强者，而蒲氏並不主張人類酬報的平等，而爲生產財富的方法之平等。假使每人佔有工作的工具，則每人工作，一律平等，以工作時間估計的生產品，其價值亦必相等。他並反對給與優等智者以較高酬報，假使社會早已給與勞工者以做工作的方法。此外，他不知遺傳爲何物，他祇推想將來一定有人類才能的現有不平等減至不能辨覺的最低限度的一個時期。社會的無政府主義雖是起源於蒲魯東，但把這種學說充分發達的，要算巴古寧與克魯泡特金爲有力的宣傳者。巴枯寧 Michael Bakunin 是倡導團體的無政府主義認定一切人類不是孤立的存在，而是團體的或集合的存在。他說：『所有人類，雖同具有肉體的精神的政治的及社會的特性——此所謂特性就是人類之「個性」別乎他人而言，——然常團聚相保持團體以自存。』又以爲社會如有機體，係自然而然，不能矯造。因是他深信社會乃發達於自然，不因任何契約而生長，不爲相傳習慣所支配，不爲種種法律所束縛。所以他說：『社會是因個人的「自發的衝動」而進步，立法者的思想和意見都沒有關係的。』他認定國家只是共同的大墓地，直斥「國家僅爲特權階級之所有，——僧侶貴族工商階級之私產——無利於衆民。』且足以妨害人類的自由和生活力，所以他力主把國家教會法庭大學軍警警察等，一概廢除，階級也在廢除之列，男女都應得政治社會經濟的平等，廢止財產繼承權，每人對於自己勞動的結果，受同等的分配。巴氏又持「集產」之議，這是他的無政府主義的特點。他所主張，在日內瓦社會民主黨同盟會中早已實現，爲其最要綱領之一，就是所謂「土地農具以及其他之資本都歸於團體的所有。」他所謂集產主義者，於個人一切所有，雖非極端否認，但對於「生產手段」，絕對主張當爲一種超乎個人的所有，不與個人的所有互相混同，這樣使生產手段漸集中於國家或公共團體之掌握中，勢所必然，無庸疑義。但無政府主義原來排斥一切國家政治權力的，而事實又如是。反對黨——馬克斯派——之所以能有所藉口，肆意攻擊，就在這個地方。克魯泡特金 Peter Kropotkin 是共產的無政府主義者，他的主義經了學理的研究，生物的證明，費了一番深思功夫而來，在思想界的功績誠不可泯滅。克氏的主張悉與巴氏立於反對地位，但其「社會觀」頗與巴氏所抒者相似，克氏以爲人類社會並非由人力有意的造成，實已成立於人類存在之前，所以他對於社會的解釋是「以最小限度之消費而可以產出最大幸福所組織的團體。」他以爲社會的成立，非由人類相愛（有個人的愛與種族的愛之分別。）而生，乃由社會人類間彼此有同一之觀念才能成立。所以克氏主張的立脚點就在人類能够互助，卽爲社會成立的表徵。克氏因爲主張人類互助，所以力主共產之說，他意欲使事事能脫離中央羈絆，不使中央集權，地方因以得自由互助，共謀進步。所以克氏對於財產和土地的意見，完全根據共產的理論，這裏吾們也可看出克氏是反對巴氏的集產主義的。克氏在他的互助論一書中，詳論現在所謂社會，決非由一人或數人之力所能創造，必須經過多少的智慧才能宏謀碩劃，推演遞嬗，始有今日。所以社會是所有人類建設而成的產物。在克氏的著作中，對於互助的必要，闡發詳盡，茲摘錄於后：

『結合了數千年來之努力，始成就今日之良好現象，其爲力概可想見。試觀大地漠漠，何嘗不是數百年前開拓森林所致，……至於籌劃都市之建設，社會文化之發展，又因數百萬人於窮思苦索中……因爲各種職工與勞工的援助，藝術因此發展，文化由是發揚，所以各種學者，都能建設智識而推廣之，更能消滅社會上迷信偶像的謬誤，而造成一種科學的思想之空氣。假使沒有此等努力的經過，吾人是否能有今日的文明，奇績古人所具的天才與由刻苦所成的事業，比較近世資本家在出產上新闢途徑，其貢獻於人類，尤爲偉大。祇以吾人今日所居的都市而論，車馬雜遝，交通利便，考其由來，實非一朝一夕之功，乃積數世紀之力以至於此……』由上看來，今日所有文明偉績，都是幾世紀來幾千萬人努力的結晶——就是歷來社會的產物，這是克氏共產主義的無政府主義的立脚點。克氏書中又有下列一段：『這裏有一問題，不僅麵包問題，乃包括人類活動全部的問題，就是社會經濟的大問題。生產及可以滿足社會所有需要的手段，既須人類的共同努力，始克造成，所以不能不委諸各人自由處分。就是說所有人類，當同立於富之生產者及消費者的地位。』所有產物都是人類共同努力所造成，所以人類之生產者及消費者當立於同等地位，此即所謂共產主義——自由共產主義的眞諦。克氏的歷史的社會觀，一面主張人類互助為歷史之精神進化之傾向。於他方面，則要求個人自由，以為自由乃人類生活的要件，也是進化的傾向，因唱廢除中央機關之說。所以克氏的根本觀念，就是個人自發力的發展和社會互助的精神，都是歷史進化之要素，不可偏廢的。以上所述，都是克氏無政府主義的體系。

此外還有一種基爾特社會主義 Guild Socialism 盛行英國。基爾特領袖有四：第一是濱藏，A. J. Penty 他是一個技師，人家稱其為「最初的基爾主義者。」他會同了羅斯金 John Ruskin 及馬黎 William Morris 共同從事社會革改運動，並且都想回復中古時代的技術美感。他在一九〇六年的著作恢復基爾特制度 Restoration of the Gmld System 一書內，預示許多基爾特社會主義的特質。第二是屋萊琪，A. R. Orage 他是在社會主義運動中的濱藏的伴侶和何勃孫 S. G. Hobson 在新時代 New age 雜誌上發表很多關於國家基爾特的論文。第三是何勃孫，他是基爾特主義運動的老將，對於基爾特社會主義學說的闡發很多，並且他的學說，根基於馬克斯的經濟理論。第四是褌爾，G. D. H Cole 他從一九一三年參加運動。基爾特主義者，都贊同馬克斯的廢除工貲制度的主張。他們認為工貲制度在經濟上道德上心理上美學上及精神上的各方面，都是有害。他是一種不誠實和不精巧的工作，他足以發生一種奴性的心理，並能壓住在工作時的創造力本能。此外，他們都主張「工業上的自治，」因為工人有了自治，他就是機會發達他的品格。無論那個基爾特主義者，沒有一個不以基爾特為基爾特主義社會的單位。基爾特的定義是「互相依賴的人民的自治聯合為負責履行社會的特殊職務而組織。」基爾特含有幾個重要的特性：第一，他包括工業上的種種工人，將經理人技術家和勞力工人有薪金者和無產者，一律加以基爾特化。第二，他是負責的，在他的範圍內賦有權力的自治。凡腳踏實地做工作的人，假使避免消耗工作，則將負責基爾特的指導。第三，大多數基爾特主義者，都認基爾特是獨佔的，不過有幾種企業，也不在基爾特管理之範圍內。最後基爾特是德謨克拉西的，據褌爾的意見，所謂德謨克拉西，並不是在生產歷程的每一移動中，採取全體投票。他以為關於技術方面，如用全體投票，則成荒謬之事。假使丟棄技術專事全體投票，則該工廠既不能使工作有效力，亦非工作樂園。在基爾特制度下的所有領袖，都由基爾特本身選出，換句話說，基爾特領袖的選擇，都是從在下選出。大概的說：基爾特主義者都主張以分權的國家基爾特為基爾特的單位，不過意見也不一致。濱戴同他的伴侶，均主張以地方基爾特為單位，因為中古時代的基爾特，都屬地方的，而且祇有恢復了工業上的地方自治後，機械生產的苛政，才能去除。但是他方面，大多數基爾特主義者，指出生產以國家為範圍之經濟——如貨物的購買和交易和商業聯合之也以全國為範圍，而且即使要回復到最高權之中古時代基爾特時的地方經濟，事實上也屬不能。并且吾人不必恐怕機械的統治，對於離職的所有主之管理機械，倒有恐怕的可能。說到國家基爾特的職務很多，如購買原料品獲得市場，設計普通政策，如工作與安全之標準調查之管理基爾特工業對外關係時的代表等。至於實際事項之處理，由地方基爾特——常為工廠——隨意為之。至於基爾特與社會的關係，在基爾特主義者間，意見甚多，此種異殊之意見，悉根據於各派基爾特主義者的根本不同的政治社會學說。何勃孫一派主張國家必係最後的仲裁人，而裨爾力主廢除國家，否認其有主權，而祇以自治郡 Commune 替代之。不過此處有二點，被任何基爾特主義者所默認。第一，他們以為社會上一大部分的職業，不能使其基爾特化，而必須獨立存在，此種職業，有新聞事業政府各部技術發明等。此輩專門職業人員，從事自由工作，由私人團體給養，或由基爾特津貼。第二，他們以為私有財產，不能絕對的一概廢除，在某種工業內，有繼續存在之必要，尤其如小工場或手工工業。但大部分工人，應使其在基爾特制度的旗幟下，就是基爾特以外的職業，亦應有相當管轄，使其注意某種基爾特準則。前面說過何勃孫一派承認國家的存在，他們主張市民主權說 Civic Sovereignty Theory 深信國家仍須存在，但大部分實際管理職務，悉由基爾特辦理，國家祇為個人的代表，易言之，不是消費者，也不是生產者，而祇是市民，由是國家將握個人的事務之最後權威，他是生產工具的所有主，他將他的財產授與受托人的基爾特。但隨時可得一信托帳目。他并爲最後之法庭，處理兩個或兩個以上的基爾特間或國家基爾特會議與社會間的爭執。在他方面，國家當許多基爾特間發生阻滯時，得能自由行動。在平時基爾特可以自由製造貨物，自由訂定貨價，自由支付工貲，自由供給資金。但國家亦有直接向基爾特徵稅之權力，用以阻止掠奪社會。依何氏計劃，基爾特亦可創辦自己的銀行。

褲爾一派主張基爾特自治郡說，否認國家的權力與其任何職務。他們主張用自治郡來替代，自治郡與基爾特間，有密切關係，自治郡的組織，由地方而區域而全國。每種自治郡與每種基爾特互相聯絡。據褲氏意見，自治郡是現在政治國家的擴張。褲氏對於國家的態度，第一，他以爲國家是「階級統治之機關，不但因爲他被資本家所利用，且因他建築於壓迫上，一向是壓迫的工具。國家的重要理想是在外部安置的秩序，要將他改造成自治自由的形式，實屬不能。」其次，國家是「建築在代表政府的錯誤觀念上，此種政府，以爲一人可以完全代表他人關於某種特殊意見或團體意見。」所以必須其他組織替代此種組織，就叫他自治郡。自治郡是生產與消費者的完全代表，自治郡的會議，一面有從工業及市民基爾特中產生代表生產者的代表，他方面又有從各種合作社產生代表消費者的代表。此外，尙有從區域產生的代表。自治郡的職務，大別有五：其一，財政問題，尤其是天然財源之分配，資本之供給以及進款貨價之管轄。其二，職務上的團體間，關於政策問題上的異殊。其三，職務上的團體間，關於分疆劃界之組織問題。其四，關於對外關係之幾種問題。其五，關於壓迫上的職務。至於基爾特的種類，有工業基爾特 Industrial Guild 農業基爾特 Agricultural Guild 市民基爾特 Civic Guild 分配基爾特

Distributing Guild 工業基爾特的作用甚多，如運輸農礦建築印刷衣服食物織物等農業基爾特的份子，都係在小農村從事農業上小規模工作之非農夫市民基爾特包括今日之許多專門職業，如醫藥或康健教育法律戲劇以及其他分配基爾特管轄許多零售商業至此吾們可知基爾特社會主義和集產主義及工團主義有相似點，亦有相反點基爾特社會主義與集產主義最相似的一點就是把一切生產用具，都歸代表社會全體的國家二者最相反的一點就是關於一切產業的管理在集產主義之下，國家管理一切產業而在基爾特社會主義下，實行工業自治，以基爾特為經濟組織之基礎。至於基爾特社會主義與工團主義最相似的一點，就是主張撲滅現在的資本由工人團體管理一切產業而其最相反的一點，就是對於國家的意見工團主義以顛覆政治的國家組織為職志而基爾特社會主義，則在相當限度以內承認國家的權力和政治的作用總之，基爾特社會主義是折衷集產工團兩主義而成的一個社會主義。

## 第二章 社會主義的國際運動

### 一 社會主義的國際運動之產生（第一國際）

社會主義的國際運動就是勞動階級的解放運動，溯自一八四七年馬克斯高揭着「全世界的勞働者團結起來」的旗幟後，勞働階級的解放運動盛極一時，勞働階級的國際團結也逐年進展。吾們站在世界史的立脚點來觀察，不能不承認其有重要的地位和普遍的影響。勞働階級的解放運動，如以歷史眼光來看，可將其劃分爲三個時代。第一時代自一八四八年的革命，一直到一八七一年的巴黎公社爲止。第二時代自巴黎公社起到一九一七年的俄國革命止。第三時代自俄國革命起，一直到現在。這裏，我們要特別注意的就是第一時代，第一時代也就是馬克斯的時代。當初馬克斯學說，還沒有什麽重要地位，後來因爲馬克斯以前的許多空想社會主義都已曝露着非階級性。馬克斯與恩格思從事批評他們的著作，到了這個時代的末期，第一國際（一八六四——一八七二年）就應運而生，所以第一國際是以馬克斯與恩格思爲中心的。吾們又要知道在第一國際前，已發現了勞働階級的國際聯合的企圖，這些團體，可以「義人同盟」與「共產主義者同盟」爲代表，前者可說是第一國際的先驅者，而後者又是追隨着前者而誕生。「義人同盟」創立於一八三六年，地點設在巴黎，參與同盟者有四百人，都是屬於手工業的工人，而牠理論的指導者爲惠爾林氏，Wilhelm Weitling 到了一八三九年五月，因起事失敗，組織遂形解散。許多同盟，散處歐洲各國，如瑞典比利時倫敦等地，復在各該國組織一種小團體，而這些散於歐洲各地的小團體，後日就蛻變成「共產主義者同盟」，其間馬克斯與恩格思，也有相當的襄助與貢獻。那個時候，馬克斯住在比利時的不律塞，恩格思住在巴黎。他們倆又會同許多伴侶，極力想把散在歐洲各地的小團體，加以統一的組織。因爲馬氏腦海中早已擬定一個計劃，要把各地共產主義團體，變成一個整個的國際組織，藉以獲得雄厚的力量。所以他先設法統一不律塞巴律倫敦各地共產主義者團體的組織，結果產生了一個委員會命名曰「共產主義者通信委員會，」到了一八四六年的下半年時，在不律塞的中央通信委員會與各地的委員會聯絡一致集中力量這時國際組織儼然已具有雛形了。一八四七年夏各地委員會代表集會於倫敦正式組織「共產主義者同盟，」其規約的第一條有如下述「本同盟的目的，是在消滅資產階級，確立無產階級的支配，廢除立足於階級敵對關係上的舊資產階級社會，建設沒有階級，也沒有私有財產的新社會。」規約第二條，規定加入同盟的條件，凡加入同盟者都要以第一條所說的爲總目標，努力宣傳，信仰主義，服從議案保守祕密并不加入一切反共產主義的組織。那次會議，決定一種出版物，定名曰「共產主義者時報，」其發行日期，早於「共產黨宣言」半年，這是勞働階級最初應用「共產主義」四字的機關報。一八四七年末，舉行第二次會議於倫敦，這次會議的主要案件，就是同盟的綱領問題，後來就承認馬克斯的提議，并由馬克斯與恩格思二人負責起草宣言，這就是日後所謂一八四八年二月發表的「共產黨宣言。」宣言發表後數日，到了一八四八年二月二十四日，革命起於巴黎，這就是所謂二月革命。那時，共產主義者同盟，早已組成，革命爆發後，許多同盟員，奔赴德國參與戰鬥。不幸革命失敗，馬克斯恩格思卡倍爾 Charles Chabert 胡爾夫 Maior L. Wolf 等逃亡倫敦，以避鋒鏑。一八四八至一八四九年的革命失敗後，歐洲就陷於極端反動時期，法國拿破崙恢復帝制，普魯士自由的政治活動不復存在，出版言論自由，概被禁止，勞働組織，又遭摧殘。在他方面歐洲資本主義正在醞釀孕育中，金礦銀礦相繼發現，鐵道汽船電信冶金銀行交易所等，蓬蓬勃勃，盛極一時。一八五七年至一八五八年，歐洲各國，如俄英意法等，都在恐慌狀態中，在這樣充滿着恐慌的社會情勢之下，就促成了第一國際的產生。在沒有敍述第一國際的本文前，吾們須先將各國勞働者間互相接近的歷史說一說。第一，一八五一年倫敦舉行世界博覽會。第二次在一八五五年舉行於巴黎。第三次在一八六二年，又舉行於倫敦。經了這幾次大會，英法德的勞働者，得相接近。第二，一八六〇年至一八六五年，美國爲奴隸問題而起的南北大戰爭，南美原是世界棉花原料品的唯一供給地，自開戰後，各國紡織業因無原料供給而相繼歇業，失業工人，不下數十萬，英法勞働者都組合團體，設法救濟，兩國的團體間，也有相當的聯絡。第三，一八六一年俄國的廢止農奴制度，自農奴制度廢止後，俄國政治經濟，爲求進步改革起見，各地起着騷動，尤其是波蘭，陷於叛亂狀態。沙皇政府，用高壓手段制止叛亂，結果壓力愈大，反動力亦愈大。在英國有救濟波蘭的運動，後來在倫敦（一八六三年四月）又舉行國民大會，大會議決召集國際大會。到了一八六三年七月二十二日，國際大會舉行於倫敦，決定創立勞働階級之國家組織，又決定由英國勞働者，致送勸告文於法國勞働者。後來，法國選出特別代表，前往英國，一八六四年九月二十八日，英國開歡迎法國代表的盛會，參與者有意德愛爾蘭的勞働者代表，嗣後又產生了草訂規約細則委員會。這個委員會第一次會議，討論團體的名稱，後定爲「國際勞働者協會」，關於綱領規約宣言等，都由馬克斯起草，經過委員會多次激烈的討論，方得通過。從前馬氏所草的共產黨宣言，是從一切歷史發展與政治活動之淵源的階級鬥爭下筆的，這次宣言，也以當時勞働階級的情況爲出發點。宣言的開頭幾句是這樣的：「……歐洲各國機械的發明，科學的應用於產業上，交通方法的猛進，以及殖民地新市場等等，都不能去除勞働階級的貧乏；」其結論是這樣「社會秩序建築在舊基礎之上，勞働生產力的猛進，只是使兩階級間的懸隔更加廣大而遼闊，其對立狀態也更嚴厲而尖銳。」「勞働者具備着一種成功要素，這就是人數之衆多。但衆多的人數唯有團結起來，認定着前面目標向前做去，才能成功。」過去的經驗告訴吾們「因爲各國勞働者間缺少一種友誼的團結，所以常使工人階級的運動陷於失敗之地。」最後以「全世界的無產階級團結起來啊！」一語作爲宣言的總結束。至於綱領方面可得而述者如左：

工人階級的解放，必須由工人階級自身來追求。解放工人階級的鬥爭，不是爲了階級特權及階級獨占而鬥爭，而是爲了平等的權利義務與消滅一切階級支配而鬥爭。勞働者最大目的，是求工人階級之經濟的解放，一切政治運動，不過是當作手段，而必須隸屬於前者。這都是綱領內容中的幾條而已。在臨時規約上決定第一次大會於一八六五年秋在不律塞舉行，後來變更議案，改在同年九月召開協議會於倫敦。協議會的主要任務是草擬各項報告，幷籌備第一次大會的議事日程。後來第一次大會於一八六六年九月三日至八日舉行於瑞士的日內瓦，各國出席代表有六十人之多，倫敦代表五名，法國十七名，德國三名，瑞士二十名，馬克斯沒有出席，會議的案件有十二件，就是國際的組織與目的，勞働時間的限制，婦女及少年勞働，工會的過去現在及未來，合作社，資本和勞働，外國的競爭，直接稅和間接稅，國際信用問題，破壞俄國在歐洲的勢力與波蘭復興的必要，常備軍，宗敎觀念問題，共濟組合的組織，由內苑這次大會名聞遐邇，不啻一個有力的宣傳武器且又激勵國際工人運動的發展勃興。第二次大會舉行於洛桑納，（一八六七年）第三次在不律塞，（一八六八年）第四次於巴塞爾，（一八九六年）第一國際在這三年間，勢力浩大，得未曾有。在洛桑大會出席者有七十一名，在不律塞大會出席代表有九十八名，三次會議，對於所有權及生產手段的國家化數問題，特別注意。在洛桑會議時，土地國有化問題，未有決案，留待下一次大會討論。所議決者祇是通信交通機關與礦山的國有。在不律塞大會時，議決煤礦鐵道運河道路電信以及其他交通機關，都屬社會所有。在巴爾塞大會，從集產主義的立場，決議交通機關及大獨占經營的國有化，又議決廢止遺產相續權。說到這裏，吾們要把不律塞大會關於戰爭的重要決議，提出說明：自洛桑會議以來，國際間的中心問題，是戰爭與防止戰爭的問題。一八六六年普魯士戰勝奧大利後，法普又起戰爭，拿氏三世，因感遠征墨西哥的失敗，想從歐洲方面求補償方法，但是萊茵左岸的占領，既歸失敗，收買盧森堡大公國問題，又引起德國愛國主義者的憤慨而未成功，於是他的威信，完全掃地。但是拿氏仍舊力求掙扎，以恢復往昔的光榮名譽。當不律塞開會時，歐洲風雲緊急，氣象森嚴，戰爭好像一觸即發，迫在眉睫，大會因恐戰事一起，德法工人，將受莫大之損失，所以決議在戰爭爆發前，實行總同盟罷工，以作反對戰爭的表示。在不律塞大會前，共產主義與集產主義者，一面和工會主義的信奉者——急進的自由主義者——相戰，一面又和蒲魯東主義者相爭。自巴爾塞大會後，新的勢力，又異軍突起，所謂新的勢力，就指巴古寧組織的國際社會民主同盟，這個團體抱極端革命的政策，使每一會員均成為無神論者，幷要求一切階級的經濟與社會之平等，牠雖含有些革命的性質，但始終沒有提出理論一貫的社會主義的綱領。國際社會民主同盟，曾以具有規約和綱領之獨立團體資格，要求參與第一國際，終被拒絕。後來解放了這個團體，允許巴枯寧及其一派，加入第一國際。一八七〇年七月十九日普魯士與法蘭西正式開戰，第一國際的總務委員會於二十三日發佈第一個宣言，由馬克斯起草，宣言的大意是咒罵戰爭之禍害，揭發拿氏的陰謀。後來戰事終於六星期內告終，法蘭西軍全被破滅。九月四日共和國在巴黎宣告成立。公社成立後，第一國際的總務委員會又發表第二個宣言（一八七〇年九月九日）也由馬克斯起草。宣言的最後部分是以目前工人階級的實際問題作結，就是勸告德國工人為要求和平及承認法蘭西共和國而戰，幷忠告法國工人嚴厲的監視資產階級的共和主義者，幷利用共和國以發展自身的組織，以求自己的解放。後來巴黎城被普魯士軍包圍，巴黎的資產階級，對城內敵人——無產階級——還較城外敵人為可怕。於是法普就簽訂凡爾塞和約。三月十八日巴黎全市公社萬歲的聲浪充滿着人的耳鼓，二十八日就成立了世界上第一次的工人政府。法普聯軍圍攻巴黎，無產階級的獨裁終於五月二十二日被資產階級蹂躪淨盡了。自巴黎公社失敗後，國際運動的自身，也受到不利的影響，歐洲資產階級極力壓迫國際運動，而德法英數國的運動也都在停頓狀態中。在這樣情勢之下，一八七一年九月召集協議會於倫敦，巴古寧派與馬克斯派為政見而發生嚴重衝突，結果，巴古寧派失敗，其後又爆發更激烈的鬥爭，後來第五次大會舉行於海牙，（一八七二年九月）因鑒內部分裂，遂議決將總務委員會所在地移往紐約，一八七六年紐約總務委員會發表第一國際勞働者協會宣告解散的通告，於是一八六四年以來的悠久歷史從此湮逝。

## 二　社會主義的國際運動之復興與分化（第二國際）

第二國際是成立於第一國際消滅後十五年。第二國際的時代，各國工人運動更是進展而擴大，罷工事件，絡繹不絕的發生，社會主義的勞働黨組織，又是雨後春筍的生長。而且當這個時代，大家把馬克斯主義，加以修正，用合法手續推倒資本主義，這是第二國際的特點所在。吾們要敍述第二國際，可分三方面來說：第一，牠在世界大戰前的發展；第二，大戰中的情形；第三，大戰後的情形。牠在世界大戰前的光榮歷史，又可分作三個時期，第一時期（以一八九六年倫敦大會爲止）是社會主義和無政府主義相鬥爭，第二時期（以一九〇四年阿姆斯特大會爲止）是以討論確定政治鬥爭之原則爲中心的時期，第三期是以決定對待帝國主義戰爭之態度一問題爲中心的時期。第一期及第二期的工作，着重於反對「沙皇主義」的目標，第三期則純是爲「反對帝國主義」。現在吾們依次敍述之：在一八八八年九月，倫敦開世界工人大會，出席者有德奧瑞士美的代表，會議決定在一八八九年召開下次大會於巴黎，這次決議，就成了創立第二國際的動機。至一八八九年七月，在巴黎舉行兩個國際的大會，一爲可能派的大會，一爲馬克斯派的會議，後者曾先開會於荷蘭的海牙，討論對可能派大會的態度。後來議會一致參與可能派大會，結果被其拒絕，於是馬克斯派就決定在可能派大會的前一日，舉行大會，這就是第二國際的第一次大會了。這樣看來，第二國際原是繼承馬克斯主義，於一八六四年成立之工人國際（第一國際）消滅後而重行復活的。這次大會出席者有十九個國家的代表三百九十九人，眞可說是社會主義運動史上空前未有的一次盛會。大會的議案很多，有八小時勞働制，廢止幼年勞働問題，婦女勞働問題，工場監督問題。議案中最重要的要算是議決一八九〇年五月一日各國社會黨一致爲爭求八小時勞働而舉行大示威運動，因此，五月一日就成爲全世界勞働紀念日了。到了一八九一年八月，第二國際又舉行第二次會議於比利時的不律塞，重要的議案，關於反對國際戰爭及勞働法問題。關於國際戰爭一議案，當初荷蘭代表曾提出在國際戰爭開始時，兩方交戰國工人，一致實行總罷工，不過後來沒有通過，只留下一個空洞的反對國際戰爭的決議罷了。到了一八九三年，在蘇黎世舉行第三次大會，當時歐洲列强間戰雲彌漫，空氣緊張，故此次大會的主要議案就是戰爭問題。當時有兩個提案，第一個提議一致對各該國作反對出兵的宣傳，并以總同盟罷工——尤其是軍事工場——來對付，第二個提議主張國際的革命的社會民主黨，各須極力反抗支配階級的排外運動，而努力於工人組織之發展。這次大會的宣言，有這樣一段話：「國際的革命的社會民主黨，須在各國，盡全力反抗支配階級的排外主義。工人在議會中的代表，都有反對任何戰時預算，主張完全解除武裝的義務。」第四次會議舉行於倫敦，時在一八九六年，議會政治行動是工人爭扎政權的運動，獲得政權是工人唯一解放的手段，而爲建社會主義共和國的良策。以上都關於第一期的歷史，現在吾們進而述第二期第二國際的第五次大會，舉行於巴黎，時在一九〇〇年，出席代表之多，實爲罕覯。這次所要討論的，就是各國社會黨是否要加入內閣，與資產階級沆瀣一氣的一個問題。還有一個問題，就是組織第二國際的中央機關，以增加團結的力量，從這次會議後，第二國際方有其中心組織。降至一九〇四年，舉行阿姆斯特大會，上次會議的參與資產階級內閣問題，又在討論，爲了這個問題，第二國際內就存在着革命的與改良主義的兩種趨向，同時考茨基又提出妥協案，這個妥協案，一面說社會民主主義者不得參與資產階級的政府組織，一面又規定在某種特殊情形下，可作例外，以上是第二國際的第二期歷史。第三期的中心問題是對待帝國主義的政策，第二國際所取的態度，一部分對無政府主義所主張的軍事罷工的鬥爭手段，取了否定的態度，一部分取了改良主義的態度。前者的主張要求常備軍的廢止，及人民的武裝組織，人民又有決定戰爭和和平的權力，并設置國際法庭，以處置一切糾紛事宜，這種主義，完全是一種改良主義的表現。但是改良主義終究佔着優勢。至一九〇七年，第二國際開第七次大會於德國的斯徒嘉德，雖議決了「反對戰爭」，但一切問題都以改良主義爲根本原則，大會中多數贊成擁護祖國。在一九一〇年舉行的第八次哥本哈大會，到會者有二十三國代表八百九十六名，關於戰爭問題，大體與上次決議相同。不過此次會議，又加上了「國際仲裁裁判所」與「撤廢軍備」的決議。嗣後，歐洲大陸，戰事日迫，情况豹變，列强都有參加戰爭的氣概。一九一二年，第二國際召集臨時大會於巴塞爾，到會者也有五五五名。會場四周，舉行反對戰爭的大示威運動，各國議會又盛行着反對運動，大會的決議，明白表示工人階級對於軍國主義和帝國主義戰爭的敵意，在巴塞爾大會的聲明書上，有這樣幾句話：「大會警告各國支配階級說大衆的窮乏，都是由資本主義式的生產而起……大會是盡力要求和平的，……無產階級對於爲了增加資本家的利潤，爲國家的名譽慾，或是爲了外交的祕密契約之更高名譽而互相殺戮，覺得這是一種的罪惡……」上面所說，都是世界大戰前的第二國際的史略。到了一九一四年七月二十五日，奧國因塞國一位青年投擲炸彈而遂揭了世界大戰之幕，經了四年的苦戰，留下了一千萬的死者與一千三百萬的廢兵之成績品。本來第二國際在戰前經了多次會議，都是討論如何決定對待戰爭的態度問題，並發表了許多決議與宣言。現在戰事已臨，正可實施從前許多具文了。但是事實上完全不同，許多工人都是擁護祖國，與第二國際當初的期望，適得其反。例如法國社會民主黨的議會集團，贊成戰時的預算，他們固竭力使法國不參與戰爭，但深信社會主義者對被侵略被脅迫的祖國，也有防衛抵禦的義務。德國黨及議會集團情形也同，議決贊成政府的軍事預算，並且，法國社會主義黨在八月初旬雖拒絕參加政府，但到同月十八日，即當第一次戰敗後，塞姆巴與蓋司德自身，即黨的代表資格參與政府。翌年五月二十二日，更有杜瑪 Albert Thomas 參與政府。在比利時方面，自德國侵入後，在一九一四年八月三日成立了包括一切政黨代表的聯合內閣。在英國，勞働黨在戰時公債投票時，表示棄權，但至翌日，他們已是贊成募集徵兵。這樣看來，社會主義黨對各祖國，仍舊有一種深切摯厚的情感的。當在戰爭的歷程中，協約國的社會主義者在一九一五年二月十四日集會於倫敦，開會的目的，是在使英國勞働黨左翼停止對於戰事之消極的反抗。此後在一九一七年八月二十八日及一九一八年二月二十日，又舉行會議，也是抱着同樣的目的。同盟國方面的社會主義者，曾在一九一五年四月十二日及十三日集會於維也納，出席者有德奧匈的代表，席上討論的，也無非援助他們的祖國。至於中立國的國際會議，也在一九一五年一月十七十八兩日在哥本哈根開會，與會者有荷蘭瑞典挪威丹麥等國的代表，曾發表一種勸告書，以促交戰國的社會黨，阻止戰爭，實際沒有什麼結果。自至一九一七年俄國三月革命，突然爆發，這樣似乎給與了第二國際以中興復活的新生命。不過那時同盟國的社會主義者與協約國的社會主義者，都是照舊進行，不想解放中立國的社會民主黨雖奔走斡旋，以期雙方重修舊好，再圖合作，但亦沒有相當效果，在這種情形之下，各國革命派，以俄國布爾塞維克為中心，就有所謂第三國際的組織成立，詳細情形，容後敍述。第三次協約國社會主義者會議是在一九一八年三月舉行於倫敦，第四次會議舉行於同年九月，美國的勞働總聯盟也惠然賁臨，參與會議。於是第二國際徐徐地復活了。當在大戰後的一九一九年二月，舊的第二國際右翼及中央派的人士，結合起來討論復活計劃，地點是在柏恩，出席者有二十六國的代表一〇二名，議案甚多，如國際聯盟領土問題，國際勞働契約，民族自決，戰爭責任問題，對待布爾塞維克主義問題。最後兩個問題，殊有解釋的必要。關於戰事責任問題，大家都承認這應由德意志官僚負責，不過德國社會民主黨早已與他們斷絕關係，所以責任問題，只是紙上空談而已。至對布爾塞維克主義的態度，則有兩派，一種是承認他是根本違反民主主義的原則，而思加以攻擊的右翼。一為末悉俄國實況而不主張輕率的加以攻擊的中央派，結果後者勝利。後來在一九二〇年二月正式舉行第一次大會，大會決定了許多新規約和新綱領，其議案有如下述：一、認定德意志官僚應負戰事的責任，二、反對國際聯盟的規約及和解條約，而要求澈底的從內部改良聯盟。三、贊成設置國際勞働局。四、樹立第二國際之社會主義及時局問題的根本方策。五、遷移事務局至倫敦。這次大會，最值得吾們注意的，要算是法國社會黨德國獨立社會黨及西班牙社會黨的相繼退出而加入第三國際。第二國際的勢力，不免衰落了許多。第二國際內部發生意見後，站在左派方面的奧國阿德列德國考茨基法國浪格和其他數國的少數派在一九二一年二月集會於維也納，退出第二國會另建新的國際，這就是所謂第二半國際。後來他們覺得國際運動分裂爲三，實爲不利，於是想拉攏了第二與第三國際，以成一强固有力的組織。一九二二年四月，三個國際的代表，開會於柏林，後來第二國際與第二半國際合併爲一，第三國際，又巍然獨立，第二半國際自加入第二國際後，曾舉行多次會議。去年（一九三〇年）九月間第二國際主席樊迪文氏應我國中央研究院電邀來華演講，他在北平大學演講「第二國際與其他」，演詞如左：

「在歐戰前，社會主義及社會黨，均有組織，而反對政府之力量並不偉大。後經十年戰爭，自一九一四年之後，其勢力在世界逐漸擴大，一日千里，成爲不可漠視之特殊勢力。惟第二國際及社會黨之勢力，雖於歐戰後逐漸强大，但有一事實不容否認，卽在歐戰之前，第二國際係政治之第二國際，在歐戰後，復發生一種工團國際，爲各國職工團結之發動，除荷蘭外，英法德各國職工，均行加入，美國職工，亦有加入者，一時參加之工人，計達二千三百萬人，爲世界工人最大之集合成最大勢力之團體。此時有一點，應行聲明，卽當時美國之職工，雖有組織，而並未正式加入在當時蘇俄之工團人數，與工團國際人數，不相上下，約有一千四百萬人，工團國際會址在荷蘭，蘇俄之工團會址在莫斯科，其地點固異，其加入工團之程序亦不同。在歐洲各國爲各工人之自由加入，而俄國則係强迫其加入在二年前據稱中國旅俄之工人加入者已有二百萬人，但據俄國最近報告，則稱中國加入之二百萬已離開工會他去。」「現在世界上所存者，只有二個國際，一爲第二國際，會址在倫敦，二爲第三國際，會址在莫斯科。前者爲社會黨，後者卽共產黨。但以前復有一國際，卽在維也納所組成的第二半國際，是其成立目的在拉攏第二第三兩國際，使雙方合作，而打成一片。其結果，第二國際及第三國際，乃於一九一九年在德國柏林舉行會議，經數度之討論，知悉第三國際絲毫不能步讓，無合作之可能。第二國際與第二半國際，乃重在漢堡會議，第二半國際，實行加入第二國際，故第二半國際於今已不存在。此外，仍有一點應闡明，第二國際之主席昔爲英國外長麥克唐，依照第二國際政綱，政府官吏不能作黨之領袖，故於一九二四年英國勞工政府成立之後，麥克唐卽將主席辭去，於是第二國際舉行改造，兄弟當選爲主席。吾人既知現今世界所存之國際，一爲第二國際，一爲第三國際，其第二國際在政治上之勢力，確有可觀，已如上述。此時吾人應行注意第三國際之會員，大部分均在莫斯科，換言之，卽第三國際會員，大半均爲蘇俄人民。若第二國際會員，則散處歐洲各國，尤以歐洲之西部與南部爲最多，且社會黨多數均在朝執有政權，歐洲國家無一國無社會黨人參加政府，關於社會黨之法律政治，以及歐洲各國之內政均無用兄弟多講，諸君業已明曉，所應闡明者乃第二國際之目標究係若何？」「第二國際所希望者爲聯合世界上各級職工及被壓迫之弱小民族即所謂勞工大團結而從事反抗一切不平等待遇，打倒所謂階級制度使世界上無不平等，大家聯合一氣，向人道及和平之道路上前進。第二國際之目的在取消殖民地，取消不平等待遇，在中國則取消不平等條約，此時諸君或發生一種疑問，即第二國際之目標既如上述，何以第二國際所組織之政府所行之政策，大多數不合於第二國際所定之政策，如英國爲勞工政府即應實行第二國際之政策，何以其政府之外交如對埃及，對中國，不但不較以前保守黨政府時消沉和平，而反出以最高之高壓手段。其原因乃由於社會黨在野與在朝之環境不同，故其所行之政策亦不得不異。英國保守黨當政府對外不能爲過分之壓迫者，以有社會黨在野之監督，而勞工政府亦因保守黨之監視而不能完全實行其主張。且目今社會黨政府仍爲少數黨員之政府，不能不顧及一切反對黨之意見，兄弟相信在社會黨由少數政府變爲多數政府時，必能達到一切國家一切社會平等之目的……」

## 三　第三國際之組織與政策

第三國際是以俄國布爾塞維克爲中心的各國革命派所組織的，在第三國際還沒有正式開會前，伊利基在他的中央機關報上這樣說：「第二國際是在十九世紀最後三十年間及二十世紀初頭的平和期頑强無比的資本主義奴隸化的時期……第三國際負有倒壞資本家的政府，組織無產階級力量的使命，幷且負有爲實現政治革命社會主義的革命與一切國家的資產階級相鬥爭而組織無產階級的任務。」建設革命的國際之最初嘗試，是在一九一五年九月初旬發動於瑞士的徐墨瓦爾德，參與份子，異常複雜，思想系統，更是紛歧。但是對於反對戰爭一問題，却是異口同聲的通過了。自徐墨瓦爾德會議後，至一九一六年四月，又開肯開爾會議，會議的決議是這樣的：「資本主義下一切平和的希望，都是幻想，由民衆自身來獲得政權，才是唯一的解決方面，永久的勝利是無產階級勝利的結果……」後來許多活動份子，逐漸集中於俄國，於是爲第三國際鬥爭的中心點，移到俄國了。所以齊諾維埃夫這樣說：「第三國際在牠的誕生時，牠的命運已和俄國無產階級革命的命運相結合了。因爲這個革命的發展爲第三國際而努力的口號，也得到了肉和血，同俄國無產階級革命的加强和鞏固成比例。第三國際者全世界的地位，也變得鞏固了。」第三次的會議，在一九一七年九月，舉行於司托科姆，到了這個時候，情勢又呈大變，各國社會黨的左傾份子，逐漸得勢，組織共產黨，因此第三國際的成立，已成時勢所趨之必然結果了。在一九一九年一月二十四日，俄國共產黨中央委員會，同了波蘭匈牙利奧大利各共產黨的在外事務局，立陶苑共產黨在俄事務局，芬蘭共產黨，巴爾幹革命的社會民主主義聯合會，美國社會主義勞動黨的各中央委員會，連名發表如下的檄文：「這裏署名了的政黨與團體，承認召集新的革命的國際的第一次大會是一件緊急而必要的事情。在這次的戰爭及革命中，不但證明舊社會主義各黨及社會民主主義各黨之完全的破產，第二國際之完全之破產，而且曝露着舊社會民主黨的中間份子，即所謂中央派，在積極的革命的活動上實在是沒有能力的。同時真正革命的國際之輪廓，已是變得明顯了。」又謂「現今的時代是廢滅資本主義體制的時代，我們如不廢滅資本主義，歐洲文化，勢必陷於崩潰。無產階級的任務，是在獲取政權，所謂政權的獲得，是推翻資產階級的主權，而組織無產階級國家的機構。這個新機構，必須具體的成為工人階級的獨裁。……無產階級國家的形態，不是資產階級民主主義，而是蘇維埃形態的無產階級民主主義。為了沒收土地和生產手段，把牠歸全體民衆所公有，故須解除資產階級的武裝，而以武裝全體的工人階級。」第一次大會是在一九一九年三月三日至六日舉行於莫斯科，蘇維埃俄羅斯因受資本主義列強之封鎖，祇有少數代表出席會議。會議席上，各國代表報告本國的情勢，大會議決案第一關於國際方針，第二關於資產階級民主主義及無產階級獨裁，第三關於國際的情勢。後來又發表一個宣言而閉幕。第三國際的執行委員會，在第一年進行工作，遇到不少的困難和叢挫，因為當時各國封鎖的關係，大部分委員不克出席，但是執行委員會繼續進行着。到了一九二〇年七月十七日第二次大會舉行於彼得格勒，俄國工人羣衆熱烈歡迎，這次會議中重要的議案，是關於第三國際的根本任務，結果決定「無產階級的獨裁」與「蘇維埃政權」，除外，尚決定工場委員會勞働者蘇維埃議會主義，農業問題，殖民地問題等的方針，并採用國際的公約十七條，茲擇其較重要者錄后：

第一條，新國際組織的成立，在謀全世界工人階級的共同活動，以便達到推翻資本主義，實現社會主義（

到共產主義社會的第一步）的目的。第二條：這新的國際組織定名曰國際共產黨。第四條：由屬於這種組織下的黨及組織所合開的世界聯合會議，爲此國際黨之最高機關，世界聯合會議每年至少開會一次，在這聯合會議中，可以審查各分組的計劃，並且討論與決定一切有關係之重要規程與進行計劃，……第五條：由世界聯合會中選出一執行委員會，此會爲召集開會之指揮機關，對於世界聯合會議負責。第九條：執行委員會爲世界聯合會議閉會期間內之指導機關，執行委員會須以四種語言發表中央機關報，其重要之職務爲請願要求黜逐違背國際無產階級紀律之犯罪份子，並組織執行事務時之一切專局與所。第十三條：凡同隸第三國際之份子，照習慣上只有間接的關係，不過在緊急時候，亦可發生直接關係，但必須同時通知第三國際執行委員會。第十五條：少年國際共產黨，附屬於第三國際及其執行委員會之下，亦得派遣一個有決議權的代表到該執行委員會，而執行委員會亦得派遣一個有決議權的代表，到少年國際的執行機關。第十六條：第三國際執行委員會，承認婦女運動的國際書記，幷組織第三國際婦女股。第十七條：凡第三國際黨員旅行至各處時，該地的第三國際本地會員，應當以手足的情誼，維持他的生活。這裏吾們要注意，第三國際雖已粗具規模，但尚未組織得强固有力，當時第二國際的一部份人，突然要求加入第三國際，本來，第三國際與第二國際，完全處於相對的地位，前者常常詈罵後者爲「改良主義者」或「資產階級最忠實的奴隸。」這次他們靑天霹靂似的要求加入第三國際，那能不驚惶失措呢？後來第三國際擬定了二十一條的加盟條件，條件中之重要者，有如下述：第二條：凡欲與第三國際相聯絡者，必須從重要位置中除去一切改良主義者及中央派的黨徒，而代之以信仰第三國際者。第四條在軍隊中必須有一種堅忍的系統的宣傳與煽動的工作，倘若不肯進行或參加此種工作，便不必加入第三國際。第五條對於農村方面的宣傳是決不緩的，如有推諉這種事業，或將這種事業交給不可信的人，則等於反對無產階級革命。第六條凡欲加入第三國際的黨應明目張胆的反對愛國主義並抉破社會平和主義的虛僞。第七條凡欲與第三國際聯絡的黨，應完全的并且絕對的與改良主義派或中央派決裂，同時將此種決裂的宣言佈告會裏黨員。第十條凡屬於第三國際的黨，應該向亞姆斯特的國際（指第二國際）堅持鬥爭，並極力排斥那黃色國際，這許多繁文縟節的規條，主要目的不過用以堅密牠的組織而已。第二次大會延至八月七日閉會。第三國際的第三次大會是在一九二一年六月舉行於莫斯科，這時的國際情勢，吾們將略加敍述：那時無產階級革命的事情，很是猛烈，在匈牙利及伯魯兩國，無產階級終能獲得政權。有的國家，政權都被社會民主主義者佔領着，例如在德奧捷克斯洛伐克等國，都成立所謂「社會主義政府」，上面這種情形，也不過限於極少數的國家而已。在一九二〇年春，日本美國發生恐慌，并逐漸波及到各工業國，由是各國財政拮据，生產短少，失業工人，不下數百萬，工人雖有暴動騷亂的行爲，但都沒有達到成功的。在第三次大會上討論的案件，關於世界經濟問題；以及應付這種情勢的戰勝問題。第四次大會是在一九二二年十一月五日舉行於彼得格勒，出席的代表亦甚多，討論的案件，可分開來去說：第一，他們以爲第三國際是統一的世界的黨，對於所屬各黨的內部問題，須加特別注意。幷且對法國意國捷克斯洛伐克挪威丹麥巨哥斯拉夫波蘭美國西班牙等國的黨的問題，大會都給與相當的解決辦法，尤其是對於意大利格外注意，因爲意國正在法西斯蒂的統治下，大會決定在這種特殊的情況之下，無產階級的革命勢力，須設法結合集中起來。第二，關於戰術問題，大會主張「由上而下的聯合戰線」和「由下而上的聯合戰線」。此案在第五次大會中更有詳細討論。第三，大會因鑒俄國新經濟政策的實施，與意國法西斯蒂的勝利，故對無產階級的友軍農民問題，曾加詳細的討論。第四，東洋各國的被壓迫民族，他們認爲是唯一的無產階級的友軍，詳細綱領，未曾討論，祇限於基本的部份而已。第五次大會於一九二〇年六月十七日至七月八日，在莫斯科舉行會議，那時，列寧業已逝世，在他們說起來，已失去了一個第三國際的唯一的心臟，實爲一個大不幸的事情。這次大會的重要任務，是在竭盡心力，使國際所屬世界各國的黨，完全脫離了社會民主主義的系統，而須把他們訓練成爲鞏固的布爾塞維克黨，所以這次大會的標語是將前次大會的標語「到大衆中去」，再詳細的改爲「以黨的布爾塞維克化到大衆中去」。大會做的工作，可概括的敍述一下：（一）關於綱領問題，在會議席上，討論至爲詳晰，例如社會民主主義的規定，改良主義之根據的指摘，無產階級革命之定義，蘇維埃政府之詮釋，無產階級與其他階級層的關係，對於民族問題及殖民問題的態度，都加以明確的規定，不過這都是一種草案而已。（二）還有一個重大問題，就是關於黨的布爾塞維克化的中心問題，大會席上，就決定以工場細胞與街頭細胞爲黨的兩大根基。此外尙有工會問題，國際規約，法西斯蒂主義等等，茲爲篇幅所限，不能縷述自第五次大會後國際情勢，呈複雜奇突的變化，第三國際，逐漸轉輾浮沈於多事之秋的潮流中。那時情況，如英國總同盟罷工的勃興，資本主義國家之漸趨穩定，中國革命之迅速進展等等曲折變幻空前未有，而第三國際在這種情況之下，終於一九二八年八月中旬開會於莫斯科，出席者有五百十五人，全球代表麕集一處，而尤以殖民地與半殖民地的代表爲多，佔代表總數的百分之四四，歐洲以外各國的代表總數有一百人，占全體的百分之二十，在該次大會中，新加入了七國的黨，就是愛爾蘭日本古巴紐西蘭柏格伊的共產黨，愛克多爾的社會黨，及哥倫比亞的社會黨，這七個新加盟團體中的，都屬中美南美。此次大會期有一個多月。重大的問題有三：即綱領問題，帝國主義戰爭問題，及殖民地問題。關於綱領問題，第三國際自一九一九年成立以來，迄今始有正式的綱領。本來綱領原案，在第六次大會，已經訂就，今又經過最後的決定。至於戰爭問題，第三國際以爲在從前資本主義國家，瀕於危險的境域，似有岌岌不可終日之勢，時至今日，情況不同，資本主義的國家，既日趨穩定，所有危機不再存在。但第三國際仍力主這都是暫時的情形，而不足以長久支持的。他們以爲在世界資本主義的發展中，內部含着許多矛盾，而這些矛盾，一旦衝突，即足以使資本主義的國家，重陷危險之境界。他們更進一步的預言着這種資本帝國主義的危機，一蹴而幾，就在目前。最後關於殖民地問題，他們在大會時，對這問題討論得最詳盡仔細，把這問題分作中國印度安南數部分，加以分別討論。而他們着眼的是在殖民地領域的社會民主主義所以支持搾取殖民地的經濟之基礎，以及殖民地農民運動及民族獨立運動和無產階級解放運動的關係。此外，大會對於規約，曾加修改，這是爲便利實際上進行工作而做的。在一九二九年七月，第三國際開第十次執行委員會總會於莫斯科，主要的案件是：（一）國際情勢和國際的任務，（二）經濟鬥爭和共產黨的任務，（三）反對帝國主義戰爭的國際日。第一項的決議，完全是否認布哈林等所主張資本主義的現階段是在穩定時期，這次執行委員會，仍固執的堅持着這樣的見解：「現今戰後資本主義的第三期是資本主義危機的急迫時期，是帝國主義內外各政策之矛盾，更爲尖銳化的時期。」幷且，此次會議，對共產黨內的右翼及和解派，力主作猛烈的鬥爭，幷將布哈林等重要委員，一起從執行委員會幹部會中排去，這是一件値得注目的事情。第三國際的歷史，吾們說到這裏告一結束。不過吾們還想引用列寧的話，以明第三國際之任務，而使讀者進一步的了解其底蘊：「第一國際（一八六四——一八七二年）是以準備對資本主義實施攻擊爲目的，給工人的國際組織樹立了一個强固的基礎。第二國際（一八八九——一九一四年）是廣汎的無產階級運動之國際的組織，牠的成長，勢必有革命水準之一時的低下和引起改良主義之一時的優勢，但改良主義終於將這個國際導引到崩潰路上。」「……然而在形式上，第三國際是在一九一九年三月舉行於莫斯科的第一次大會時創立的。第三國際的特徵，是在遵行馬克斯主義的遺訓，實現社會主義和工人運動的理想，……」「第一國際是給國際無產階級爲社會主義而鬥爭的基礎。」「第二國際是在各國給了運動的大衆化以準備。」「第三國際是繼承第二國際活動的結果，切斷牠那改良主義的，愛社會主義的資產階級的小資產階級的病根以實現無產階級的革命」—「第三國際之歷史的意義，是在實現馬克斯那句偉大的標語——無產階級的獨裁」第三國際的理論已被列寧說得淋漓盡致，但是吾們想想此種理論是否健全？是否有語病？事實上已實現此理論者究有幾許？

## 四　社會主義國際運動之傾向

吾們在前面已將第一國際第二國際和第三國際的歷史，加以概括的敘述。現在吾們將用客觀的眼光，冷靜的頭腦，站在理論與實際的觀點上，以測社會主義國際運動之傾向。目前世界上所存在的，祇有兩個國際，一是第二國際，會址在倫敦，一是第三國際，會址在莫斯科。所謂第一國際，早已成為過去的名詞，祇留下一些歷史上的陳跡而已。第二國際是社會黨，第三國際是共產黨。第二國際的目的，據第二國際的主席樊迪文 M. Emile Vandervelde所云是「聯合世界上各級職工及被壓迫之弱小民族，即所謂勞工大團結，而從事反抗一切不平等待遇，打倒所謂階級制度，使世界上無不平等，大家聯合一氣，向人道及和平之道路上前進。」第三國際之目的，是在取消殖民地，取消不平等待遇，而第三國際則力主無產階級須一致聯絡起來，團結起來，以無產階級專政為唯一目標，而以恐怖暴動為唯一手段。萊特樓氏 Harry W. Laidler 著的社會主義思想史 History of Socialiste Thought 一書中，對社會黨與共產黨有這樣一個結論：「社會黨與共產黨在理論上，容或相似，而在他們的策略上，截然不同。共產黨方面，以為暴動與內戰，是建築新社會之必需及必然之條件，而在社會黨方面，則以爲暴動雖可達到社會革命之目的，但吾等須盡力利用和平方法，促社會主義之實現，所謂和平方法，即如工業組織，合作運動，教育計劃，國會制度等。彼等且謂如用暴動方法，則所有努力，勢必回復至原始狀態，祇用以拒反革命派的襲擊，而得保護革命之所得而已，且保護革命所得之少量，亦將減至最低限度。共產黨又以爲實行共產革命的時候，工人將建立無產階級專政，換句話說，就是共產黨之專政，將不事生產之階級，概不准投票或執政，對於出版及言論將施嚴厲的限制，幷將一切權力，集中於專政者之手掌中。他們並且深信在實現共產革命的時期，蘇維埃的政府是最有效率的一種攻守。而社會黨一方面承認現代民治制度之缺陷，贊成國會制度之改造，一方面又以爲站在勞工階級與全社會的立脚點上，專政制度，無論在理論上或實際上，也包着不少的缺點與危險，所以他們深信民治制度如設法將其適合於目前情況，則實爲至善至美的政治制度。社會黨又指出俄國無產階級的專政，雖許農民自由佔領土地，但終未博得俄國農民的同情結合，而結果歸於失敗。其他西方國家實行無產階級專政者，也同樣不能得技工之同情結合，而陷於失敗之境。社會黨又以爲蘇維埃制度如用以爲實現社會革命的唯一工具，固有莫大的價值，但是他們的缺點，就是在永久爲政府之工具。除非應用根據於地域而產生的直接代表制，則或能避免其缺陷。吾們平心而論，自一九一八年共產黨宣言發表後，共產黨的策略，已大有變更。當初共產國際力主將西歐國家的勞工階級分化成社會主義的集團，幷想武裝勞工階級以反對祖國之政府。但自歐洲情況漸趨穩定，俄國急需國外資本國際資本及外國政府之承認後，所有往日共產黨之策略，今已改頭換面，與昔不同。俄國共產黨份子，也不再着眼於專政而移轉工業生產上，幷極力聯絡農民工人，以發達其國家……」吾們對社會國際與共產國際既有一些概念，還要從理論與實際的觀點上，加以詳細確切的分述，等到吾們分述完畢後，再歸納起來，以測將來社會主義的國際運動之趨勢。吾們都知道社會制度完全是歷史的產物，換言之，就是經了已往數千年的人類歷史而得今日社會制度的結果。吾們又知道人類歷史是一部含有連鎖關係經着無數次的蛻變遞嬗的人類活動的總紀錄。因為有了這一部人類活動的總紀錄，故有今日存在的社會制度。反過來說：沒有已往的人類活動的紀錄，決沒有今日社會制度的存在；所以吾們說社會制度是人類歷史的產物。誰都知道人類是進化的動物，已往的歷史也不啻為一部進化史，因為這個關係，社會制度當然也是繼續不斷的向前進展，以達盡善盡美的領域。吾們從理論上去說，社會制度正在向前進步，但事實上未必盡然。現代的人類社會，——尤其是工業發達的國家，——很顯明的曝露着兩種人類，一種是握着大宗資本的，一種是貧困得不堪設想的，如用新的名辭來說，則前者是有產階級或是資本家，後者是無產階級或是農人工人。前者以後者為工具，盡力製造資本，以滿足其佔有慾。後者在前者的壓迫剝奪之下，掙扎生活，二者完全處在相對狀態中。吾們已在本篇第一章第二節社會革命與社會政策之區別中，對此點詳加敍述，這裏不必多贅。不過吾們要注意的，就是社會主義的國際運動之產生，——不論其為第一國際，第二國際，或是第三國際，——都是以這種社會情況為背景的。牠們既都以此種情形為背景，所以吾們可以武斷的這樣說：所有社會主義的國際運動，都是歷史的產物，換句話說：都是在人類歷史進展的過程中某個時代所不可避免的一種自然結果，這是第一點。其次，牠們的組織，既是一種不平而鳴的表示，所以牠們都想將目前貧富不平等的人類社會，加以改造，使其成爲一種理想的人類社會，沒有貧富鬥爭之現象，沒有壓迫剝削之事實，而是各盡其力，爲社會服務，共享和熙安樂的人類生活，這都是牠們的理想的目的地。這樣看來，他們既具有此高尚的超人的幻想，我們對之，當然不能加以否認的。這是第二點，這裏吾們所要愼重討論的，不在這兩點，吾們討論的重心，不在他們產生的背景怎樣？也不在他們抱負的理想怎樣？而是在他們實現理想所用的策略問題。本來策略，就是手段，手段就是用以達到或實現一種目的的必要工具。近世許多社會主義的國際運動，其產生的背景，既無異殊，其抱負的理想，更相類同，而其所以有許多不同名稱，就是由所採的手段不同而來，因爲所採手段的不同，就有名稱不同的國際運動。由此說來，手段問題，是一個重大問題，吾們不可漠視的。前面已說目下世界上國際運動，祗有二個，一爲社會黨的第二國際，一爲共產黨的第三國際。第三國際的手段，就是馬克斯所主張的無產階級專政，詳細的說：他們以爲從前有產階級壓迫無產階級，現在由無產階級執政，以壓迫有產階級，這完全是一種報復手段。至於用什麼方法去實現無產階級專政，則他們力主用武力去爭奪，詳細的說：利用殘酷强硬的武力，搗亂社會秩序，破壞社會制度，造成一種赤色恐怖的狀態，他們就在這種狀態下，乘機奪得政權，組織共產政府，以壓迫有產階級，而求無產階級之解放。吾們常聽到他們嗚罵第二國際爲改良主義者，如將這句話，加以分析，就可推論出他們是以武力——暴動流血的方式——爲實現無產階級之唯一手段。吾們在前面，早已再三說過社會制度是人類歷史的產物，牠是建築在數千年的歷史基礎上，根深蒂固，堅强有力。目前社會上所有一切不合我們要求或理想的現象都是社會的缺陷或病態，吾們應當設法改造，以求美善。不過吾們如將這個數千餘年相沿遞嬗而來的建築物，當牠是一所破舊的房屋一樣，就率爾的用迅雷不及掩耳的手段，將其破壞搗毀，企圖新社會制度的一蹴而幾，試問這種辦法，是否合乎邏輯？是否能奏效？實施後是否就能產生新社會制度，而遂實現我們理想的新社會？無論何人，對此問題，排除了感情衝動，用科學家的態度，從理論上去澈底研究一下，一定不敢加以肯定斷語的。吾們既知社會制度是數千年人類歷史的產物，而今在旦夕間施以破壞手段，欲望新社會制度好像已經跟在後面似的隨着而生，以這樣堅牢的物件，加以急遽的破壞，而就望另一適當物件之代之而興，這都是一種夢想，一種不合邏輯的理論。吾們曠觀歷史，走遍天下，决不能找到這樣一件容易事的。平心靜氣的來說：目前社會制度，既發生着許多缺陷和病態，吾們理應抱着只事耕耘不問收穫的精神，存着瓜熟蒂落水到渠成的期望，把社會當做一塊玉石，吾們自己當作玉匠石匠，切以刀鋸，琢以椎鑿，磋以鑢錫，磨以沙石，加諸繼續不斷的功夫，這樣做去，不經流血的方法，不需紅色的恐怖，而社會自能日新月異的走向進步大道，自能達到眞美善的境界，自能實現合乎吾們要求的新社會，自能使吾們享着和熙安樂的新生活，這樣，才是正當的合理的辦法。誰都知道俄國是曾一度實施共產主義的國家，第三國際的大本營也就在俄國的莫斯科。吾們今要從俄國革命史中實施共產革命的一段紀載摘錄如下，（俄國革命史另詳本篇第四章俄國革命）以證明前面理論的不謬。俄國自經一九一七年的三月革命後，俄皇就被廢除，成立聯合政府。Coalition Government 經一九一七年的十一月革命後，布爾塞維克領袖出而組織政府，滿擬改造社會制度，實現共產主義。布爾塞維克黨本來沒有具體計劃，最初執政的五個月，毫無建樹。後來在農業方面，厲行廢除土地私有制度，在是年十一月中，將大地主一概由國家收下，另由貧農或鄉村無產階級耕種管轄之。一般鄉村中產階級或富農，均在貧窮農民之統治下。在工業方面也採相似的原則，即將生產管轄權，移轉於工會之工人手中，至一般管理機械之技工，繼續工作，唯處於被雇者的地位。吾們如將整個的全部工業來看，則是採用列寧主張的，建築在階級上的單純的集中組織，簡單的說，大權都由政府掌握。以上不過是作為一種鳥瞰而已。現在將其共產革命的結果，分述如下：第一，就農業方面來說，當革命後數年，適值荒歲，尤其是一九一八那年，蘇俄各地，都遭殃害，列寧也大聲疾呼的說「飢荒的區域，不僅影響及兩個都城，且遠及全國各地。」又說「人民立時忍受飢餓的痛苦。」「從前的剩餘物品，已不再存在。」到了一九二一年，又值旱災，數百萬成為餓莩，又數百萬嗷嗷的等待外人的救濟。這幾年災眚的原因，是由布爾塞維克革命後，全國入於混亂狀態，農事隨之衰落所致。有許多土地因為經了多次分配，資本農具肥料等，俱形缺乏，一般農民，更無熱誠的心理，馴致產量大減。茲列統計表於后：

| 年份 | 耕地總面積（以一百萬公頃為單位） | 穀類收穫額（以一百萬Pood為單位） |
|---|---|---|

| | | |
|---|---|---|
| 一九一三 | 八八・三 | 四六二四 |
| 一九一六 | 八二・四 | 三四八二 |
| 一九二〇 | 六三・五 | 二〇八二 |
| 一九二一 | 六一・九 | 一六八九 |

上表如以一九一三年爲一〇〇，則耕地總面積之減少自一〇〇至七〇・一，而穀類收穫額的減少，自一〇〇至三六。其他收穫額較穀類尤爲低落。亞麻自三三・四減至五・一，苧麻自二五・六減至一〇・〇，煙草自六・三減至〇・三，甘蔗甜菜自五五・〇減至二・五。（以一百萬Poods爲單位）至於家畜方面，自一九一六至一九二一年，其減少程度有如左表：（以百萬爲單位）

| | |
|---|---|
| 馬 | 三一・三減至二三・六 |
| 牛 | 五〇・三——三八・一 |
| 羊 | 八〇・五——四五・五 |
| 豬 | 一九・三——一三・五 |
| 統計 | 一八三・九——一二〇・七 |

以上都是農業方面的情形。第二就工業方面來說：依照布爾塞維克的政策，城市工業異常重要，因爲城市

工人，都是直正的無產階級，而為無產階級革命之中心。後來布爾塞維克的全部革命，根據馬克斯共產黨宣言的遺教所示，是想引起無產與中產的階級鬥爭，使前者勝利後者，而得實現無產階級專政，所以城市工人所得的權力甚大。至於一般中產階級，自經一九一七年十一月的法令，建立所謂「工人管理」Worker's Control 後，所有雇主經理職員，都在工人的指揮下。但結果此項計劃完全失敗，因為工人沒有能力去進行，國家乃進而佔據工廠。此外，共產政府厲行强迫工作，Compulsory Labour or militariz ation of Labour 不做工作就不得食物，Nowork, no food 托洛斯基 Tratsky 曾說：强迫工作之原理，業已永久替代自由生活之原理，好像生產工具之社會化替代資本主義的財產一樣。」自採强迫工作後，自由工作 Freedom of Labour 名辭，從此廢掉，所有人民，一概實施强迫勞働。這種制度實施的結果，較農業尤為惡劣，吾們可以左表為證：

| 年份 | 大規模及適中的工業 金羅比（百萬單位） | 指數 | 小規模工業 金羅比（百萬為單位） | 指數 |
|---|---|---|---|---|
| 一九一二 | 三七二一 | 一〇〇・〇 | 七三〇 | 一〇〇・〇 |
| 一九二〇 | 五一八 | 一三・九 | 一九三 | 二六・四 |

吾們如將大中小工業合計起來，則生產額價值從四四一七羅比，減至七二羅比，（百萬為單位）如以指數表示，則從一〇〇減至一五・九。吾們再以別的生產作證：

| 工業 | 百萬普特 Poods （一九一三年） | 百萬普特 （一九二〇年） | 指數 （一九一三年為一〇〇） |
|---|---|---|---|

| | | | |
|---|---|---|---|
| 煤 | 一七三八・〇 | 四六七・〇 | 二六・〇 |
| 石炭油 | 五六〇・〇 | 二三四・〇 | 四二・〇 |
| 鐵鑛 | 五五〇・〇 | 一〇・〇 | 一・八 |
| 豬鐵（生鐵塊） | 二五七・〇 | 一・〇 | 二・七 |
| Siemens Martin 鋼 | 二五九・〇 | 九・九 | 三・八 |
| 捲鋼 | 二一四・〇 | 一一二・〇 | 五・六 |
| 棉紗 | 一二・〇 | 〇・八 | 六・七 |
| 棉布 | 二七〇〇・〇 | 五五・〇 | 二・〇 |
| 煙草 | 三八七三一・〇 | 一八七〇〇・〇 | 四八・三 |
| 糖 | 八七・五 | 五・五 | 六・三 |
| 紙 | 一一・九 | 二・一 | 一七・六 |

俄民每人之金羅比產額，從三一・七九（一九一三年）減至四・六三（一九二〇年）。在一九一三年，每人之收入爲一〇一・三五羅比，至一九二一年減至三八・六羅比。一九二一年至一九二二年農業收入祇爲百分之五二・九，工業收入祇爲百分之二一・九。其他城市鄉村之生產額，都呈低落的現象。一方而城市不能得

到食物，一方面鄉村不能得到農具肥料及其他必需品，同時交通阻斷，更使這種情况，陷於嚴厲的狀態。以上都關於生產額方面，現在我們再問勞工生活是否因經共產革命而向上進步？事實回答吾們：勞工生活，未曾有何進步，他們在革命前原是奢望着從水深火熱中解放出來，但革命後的情形，依然如故，也許還不及戰前的情况。因為自從革命後，許多執政的共黨領袖，確是生活進步，享福不淺，但是其他人民，一律强迫勞働，無自由餘地，工資則每况愈下，物價則扶搖直上。在一九一七年現金工資，祇為一九一三年之工資標準之百分之九六・四，翌年，工資低落至百分之二一・五，至一九二〇年工資低落至百分之二・二。至於農村人民，每人的金羅比消費額，戰前為二一・三，降至一九二〇——一九二一年，減至一二・四一。我們所以要敍述這一大篇的已往事實，無非要使我們深知共產黨的施政結果是這樣的。列寧在一九二一年所以拋棄了原有計劃而毅然實行所謂新經濟政策者，也深悟到共產革命的結果不能如其所望，而不得不毅然棄置，重復舊觀。吾們看了上面許多事實，更可豁然而悟共產黨的第三國際之策略，都是一種烏托邦的幻想，其施行結果，祇是流血拋顱，造成亂象而已。我們再丟開了事實，專從共產黨的第三國際所主張之「無產階級專政」一句話來觀察一下，也覺得這是一種根本錯誤。因為無產階級專政，完全是一種報復舉動，一種殘酷手段。吾們人類自己承認是為萬物之靈，為理性動物，現在共產黨不想別種和平建設的方法，而只是野蠻强硬的以報復手段相對，這豈非同類相殘嗎？豈非人類進化的開倒車嗎？現代社會的不平等，吾們是承認的，現代不平等社會，加以改革，使其平等，吾們也承認的，至若共產黨第三國際之以無產階級專政爲改革現代不平等社會的唯一策略，則未敢贊同。無產階級專政，完全是一種階級鬥爭的具體表現。吾國國民黨孫中山先生主張階級協調，否認階級鬥爭，他的意思，以爲社會各階級，本是相需爲用互相協調的，人類社會的出發點也就在這裏。至於社會上發生階級鬥爭的現象，這不過是一種社會的病態，而非社會的常態。所以孫先生的結論認定階級鬥爭是莫大的錯誤。我們再退幾百步來說：假設共產黨的第三國際之理論，完全實現，其實施結果，無產階級中又將形成某種階級，俄國共產革命時，執政的共產黨份子，身居要職，威風凜凜，所辦的國家大事也不問其效率若何，他們充滿官僚主義的色彩，不自然而然的形成一種特殊階級了。所以羅素說：「無產階級打倒有產階級以後，無產階級何嘗不可有少工作少生產和多工作多酬報的兩種主張，這兩種主張，又何嘗不可產生階級？」拉斯基Laski也說：「我們就看不出打倒資產階級以後，就一定成爲無產階級的社會，社會或者就分爲共產黨和共產黨領袖兩個階級。」幸而俄國革命，不久失敗，倘長此以往，則執政諸公的特殊階級，將更顯著。到了那個時候，無產階級中，又形成了兩大階級，此非共產黨的第三國際之理論的自相矛盾嗎？吾們再設想共產革命後，形成了兩大階級，再由被壓迫階級起而革命，推翻壓迫階級，如是輪流旋轉，永無休止，這種循環式的拉鋸式的不澈底的革命，試問有何革命意義可言？有何革命理論可言？現在我們要回顧到社會黨的第二國際。第二國際完全採用和平的漸進的方法，與共產黨的第三國際所主張的，完全不同。并且第二國際，是以世界上各級職工及被壓迫之弱小民族即所謂勞工大團結爲主體，還又與第三國際所主張無產階級專政根本不同的。第二國際主席樊迪文氏來華後曾這樣說：「……彼軍閥帝國主義者固均不欲戰爭而希望和平者，惟彼所要求之和平，爲彼等之和平，爲維持現狀之和平，武裝之和平，侵略之和平，不平等之和平，反對民族主義之和平，果使彼等所求之和平實現，則反乎吾人所希望之和平矣！……世界潮流所趨，必有民族主義，亦惟民族主義方能壓倒強權與武力之壓迫及殖民地主義也。如英國戰美總統林肯發表民治民有民享三大原則而勝利，中國孫中山先生亦以三民主義而成功。……兄弟遍遊各國，深知欲求和平得有保障，須造成強大之民主勢力。觀社會上與政治上之民勢，超過反民主勢力，方克實現。參觀中國故宮看到中國幾千年之文明，已成過去。前者帝王所有，今則爲民所有，卽可知民主已逐漸實現。因知世界上之和平分三階級：一爲上之和平，卽以前之世界和平卽軍國帝國壓迫吾人之和平，二爲中之和平，卽專制和飄泊無定之和平，三爲下之和平卽平等之和平，人適之和平，亦吾人所希望之全體全人類間之穩固堅宗之和平。……」又謂「……兄弟前曾讀到三民主義之英文譯本，後來上海天主教復譯有法文，近亦獲睹，對三民主義之基礎根本思想亦頗明瞭，因覺得三民主義又與歐洲社會主義之基礎大致相同，如民族主義係要求民族自決自由平等，與歐洲社會主義正復一致。所要求之目的，並非將所有全世界國家與民族，均聯合成一國家一民族打成一氣，乃爲要求世界各國家各民族獨立自由之大聯合。法國革命，卽爲此主義之表現。至如民權主義，正如美總統林肯氏所主張之民有民治民享，卽要求人民均爲公民，不受任何壓迫。卽民生主義，亦與歐洲社會主義無異，中山先生之民生主義，爲提高生產，解除民衆痛苦，而使民衆之精神生活及道德生活程度提高。在歐洲對工人之待遇，亦無時不在改良提高中進行。以兄弟之見，孫中山先生之三民主義與歐洲之社會黨，其立脚點固無不相同也……」這樣看來，吾們更可深信第二國際的理論，與吾國孫中山先生之三民主義相似，唯與第三國際水火不相容的。說到此處，吾們要觀察近世社會主義的國際運動之傾向。吾們如以世界各國來說，則大部分國家正在積極實施一種社會政策，想用和平穩健的方法，增進勞工的幸福，醫治現社會制度的病態，而期望自然而然的造成人類理想的社會。社會政策的具體方式，至少包括下述六項：（一）民主政治 Political Democracy 民主政治有兩個影響，一爲影響於立法，一爲影響於心理。前者如普選制的規定等，後者如激起一種自尊心 Self-respect 以及責任心 Responsibility。現在世界各國，除幾國如意俄等實行獨裁外，餘都採用民主政治。有一個德國社會主義者說：「無論遭遇什麼事情，德國決不致發生革命事情。」也可見民主政治功效之偉大。（二）社會改革 Social Redorm 自有社會改革後，社會上發生極大的變動，而這種變動至且還在進行狀態中。所有社會改革，都用一種立法的計劃，以改進貧窮階級之生活狀況，去除社會上的罪惡。社會改革與「勞工法」Labour Laws 不同，因爲前者還包括其他內容。自大戰後，社會改革盛極一時，一面受戰時發生的情況之影響，一面受民主政治的開展之影響，另一面受國際聯盟的勞工局之影響。社會改革的目的，是想減輕或移去特種的罪惡，使社會漸進於完善。這種辦法，頗爲馬克斯主義者所反對。但吾們須知改進現狀，也可同樣得到無產階級的革命的目的。關於改進現狀的實例甚多，例如八小時工作時間，最低工資，夜工，星期休假，社會保險等都是社會改革的成績，其中尤以社會保險與八小時工作，最值得吾們注意。(三)工業民主，Industry Democracy 工業民主自戰後發生，這是工業演進的歷程中的一個步驟，就是使被雇者與雇主，處於同等地位，後者不再認前者為有生命的工具，而是大家從事工作，共同享受利潤。這種制度，以工會的長期歷史為其背景。(四)科學組織或工業實現化，Scientific Organization or Rationalization of Industry 合理化一名詞，應用於德國，但在美國，呈猛進之狀態，這是一種工業組織，應用一種正確知識，包含着該業所需的原素及最有利的方法。換句話說：就是應用科學於工業上，內中包括許多問題，如技能心理生理商業財政等，這都與工人有密切關係的。(五)資本家民主，Capitalist Democracy 在現代經濟生活的進展中，這是一個最大的改變。現代資本所有主，格外增多，因之合作社，儲蓄銀行，建築合作社，保險公共借款，合股公司等，風靡一時，不可遏止。此種情形，尤以美國為最顯著，這樣下去，也可減輕貧富階級懸殊之程度，以上五種，就是代表近代盛行的社會政策之實例。這裏吾們要特加留意的，就是這種社會政策之理論，與社會黨第二國際所主張的，完全脗合。我們如再以整個世界來說：近世民族主義的思潮與運動，真可說是一件空前未有的事情，殖民地半殖民地，次殖民地的國家，正在積極奮鬥地從事民族運動，都想實踐威爾遜氏所主張的民族自決，使各民族間都得自由平等。詳情已見第一篇第一章近代民族革命之發生及其意義中，此處不再重述。不過吾們要知道近世民族主義的思潮與運動都是與社會黨第二國際所主張的，水乳相融，完全一致。至此吾們可歸納成一個總結論如下：我們從多方面觀察下來，深知近世社會主義的國際運動之傾向，似有漸趨社會黨第二國際之情勢。

## 第三章　歐洲的社會革命之失敗

### 一　巴黎公社之曇花一現

巴黎公社 La Commune de Paris 是法國巴黎工人在一八七一年暴動後，所組成的無產階級獨裁制的政府機關。在列寧這派的人看來，這次革命運動不獨是巴黎無產階級的革命嘗試，也不獨為法國無產階級的革命嘗試，而實為全世界無產階級的革命嘗試。蘇俄的十月革命，也由此而誕生，所以這次革命運動，據他們的意思，在全世界的革命運動中，站有相當的地位。吾們再讀列寧說的幾句話：「公社的烈士，不僅為法國工人所尊敬，而且為全世界無產階級所尊敬，因為公社的鬥爭不是為着狹義的一地和一國的利益，而是為着一切勞働人類一切無財產者和一切被壓迫者的解放。」「公社所要成就的宗旨，是社會革命所要成就的宗旨，是勞働者完全的政治解放和經濟解放所要成就的宗旨，是全世界無產階級所要成就的宗旨，而這個宗旨，是不朽的。」現在吾們要進而述巴黎公社發生之背景。法國在十八世紀末葉，自由平等的學說，風靡一時，路易腓利的復辟陰謀，終歸失敗，後日成立第二共和，又被拿破崙第三所推翻，自拿氏執政後，禁止言論出版自由，加重國民納稅的負擔，滿擬立功異域，宣揚國威，所以參與土耳其克里米之役，軍事勝利，大得人民的信仰。後與普魯士戰爭，結果大敗。一八七〇年九月，全軍投降普國。翌年一月二十三日，巴黎又告陷落。二月二十日，由政府臨時執政參爾同普軍簽約停戰，但人民忍受的痛苦，已不堪設想了！當巴黎被困的時候，人民組有國民軍，有兵二十萬人，鎗四十萬枝，大砲三千架，自停戰議和，都被解散，但他們尚有組織會社，稱國民軍民主協會中央委員會。國民軍的新任司令是一個保皇派人，他在就職宣言中，曾說及要剷除一切擾亂人民治安的害蟲，而政府對國民軍，完全取仇視的態度，且想殲滅國民軍，免貽後患。在三月十八日晚，政府軍隊，暗至軍械庫，想奪國民軍的槍械，這時，夜深人靜，萬籟俱寂，國民軍絲毫未曾覺得，不料這事適被買糧食的婦女瞥見，於是大聲疾呼，國民軍乃包圍軍隊，並且叫兵士不要向人民開槍，結果人民均得安全，軍官反死了二人。參爾政府，有鑒於此，將政府機關與軍隊，都遷出巴黎，於是國民軍，進而佔據政府機關，巴黎完全在暴動者的掌握中。但這些舉動，毫無計劃，祗是一種暴亂式的行為。後來國民軍中央委員會，佔領市政廳，開始組織新政府。到了第二天早晨，市政廳上，已飄揚着紅旗了。當時巴黎市長，勾通參爾，混入臨時政府，國民軍因不願與自由資產階級，完全破裂，仍望他們共同合作，但市長多方為難，徒使臨時政府，耗費時間，坐失良機，反使逗遛在外的法國政府，積極準備，以施攻擊。三月二十一日，商人及其他市民，舉行示威運動，喊着「打倒公社」的口號，國民軍中央委員會，仍想反攻，以求出路。布朗葵派，在中央委員會，雖具統治權力，但中央委員會的實際行動，和布朗葵所擬的綱領，大相逕庭，截然不同。在布氏的綱領中，規定着不少辦法，如改常備軍爲國民警衛隊，對於公社社員行動之共同監督，國民軍有選舉軍長之權限，建立共和國，延緩房金繳付期，延緩期票交款期，及軍隊退出巴黎境外等，總之布氏學說的基點，即宣佈巴黎專政。但中央委員會深信其本身祇是一個公社式的政府，未便施行此種重大任務。中央委員會執政時期，祇有十天，眞可說是曇花一現而已！不過在斯期間，牠也頒布許多含有政治經濟意味的法令，吾們可隨便舉出幾個例子：如期票及其他各項付款期，一概從圍攻時期起，延至十月一日，禁止房東驅逐不繳房金的住戶，停止出售押在當舖的物件，以及把零星物件，發還原主，幷支出一百萬法郎，平均分配給窮苦無告的人民，以上都關於經濟方面。至如政治方面，則有取消包圍形勢，撤消軍艦，大赦，出版自由，將巴黎常備軍，改編爲國民軍等法令。巴黎公社執政後，所採選舉制度，仍根據舊時帝國法律的規定，凡婦女都無選舉權，而以區域作爲單位。公社委員，共有九十人，其中十七人，他們認爲是資產階級的份子，很有勢力，其餘七十三個委員中，有二十五個是工人，七個是辦事員，其餘的人，他們都認爲是屬於自由職業及城市的小資產階級的份子，社中分子，既甚複雜，因是意見紛歧，見地異殊，其施政結果，也可想而知！公社在第一日當政時，就遇到不少困難，因爲政府機關，都搬往凡爾塞，所有官吏有的一起搬去，一部分留守的官吏，實行怠工，不受公社的管理。後來公社頒布一個命令，謂凡在三月二十三日前不執行職務的官吏，一概宣佈解職，所有各機關官長，悉以公社社員中央委員會委員國民軍軍人和有名的第一國際的巴黎支部的人員充任之。當新政府成立後，首先取消常備軍而代以全民武裝，同時又宣佈國民軍爲巴黎唯一的武裝力量，凡有當兵能力的公民，必須盡服兵之義務，新政府又認定教堂是資產階級之助手，共同壓迫工人階級，所以於四月三日，明令教堂與國家分立，并將教堂的動產與不動產，一概沒收作爲國有財產。此外，又宣佈(一)行政司法等官員，一概由選舉產生，凡選舉者隨時可得罷免不信任不忠實之官吏。(二)公社將行政權與立法權，一併握在自己手中。公社內部組織，共分十部，即執行財政軍事司法衛戍軍需工商外交公用教育等，另外又設立十個委員會，每個委員會，設委員五人至八人，共同辦理行政事宜。後來公社內部發生問題，他們以爲這是內部反革命力量之增長的現象，因此就有後日社會治安委員會之組織，這委員會有殺人之權，其後又搜捕背叛者，拘捕與凡爾塞政府有關係的人物，作爲「質人」，並宣稱如果凡爾塞政府槍斃公社一個俘虜，則公社必槍斃三個質人，以作抵償。從此，凡爾塞政府，不敢濫殺公社人員，但公社殺戮的質人，倒有三百六十四人之多，這未免殘酷忍心啊！巴黎公社存在的時期，自三月十八日至五月二十八日，共計七十二天，當在成立那天，就宣佈這次革命，是世界革命的起點，今後深願聯合各國革命分子，共同奮鬥，以求人類的自由平等。這幾句話，從表面看來，似乎很冠冕堂皇的。公社在兩個月內所擬政策甚多，其重要者有如下述：(一)在公社服務的職員薪俸與勞働者工銀要相等；(二)保障勞働者的權利及自由，禁止雇傭主的壓迫；(三)禁止夜工，主張八小時工作；(四)普及教育，免收學費；(五)廢除宗教教育；(六)人民有結社集會的自由；(七)人民有居住言論的自由；(八)改良市政；(九)注重公共衛生；(十)取消常備軍和警察，改爲人民武裝；(十一)審判官由人民選舉任免權都在人民；(十二)減少私營生產，提倡國營實業。這裏吾們要特爲提出幾項政策，詳加敍述：第一，公社的工人政策。公社因鑒此事重要，特組織一個專門委員會，辦理勞工事業，該委員會的工作，爲數甚多，如禁止夜工，禁止罰款及扣除工銀，各區創設勞動交易所，以維持失業，爲消滅包工計，規定凡定製貨物，概交工人組合製造。又命令工會代表，組織調查委員會，從事調查因不滿意於公社而宣告停閉的工廠，將其交與工人會社。公社又將質在當舖或借貸處的物件，無條件還給人民，總算起來，共發還九十萬件物品，價値八百萬法郎。公社做的社會救濟事業，如四月十一日的法令，規定爲人民爭鬥，爭平等而死的每個國民自衞軍人的孀婦，每年可得卹金六百法郎，年齡不滿十八歲的子女，每人每年可得卹金三百六十五法郎，至於無父母的孤兒，則完全扶養。此外，改組舊的慈善機關，並且妥善的處置乞丐與賣淫所。公社對居住問題與糧食問題，亦曾顧及，四月二十四日宣布沒收三月十八日前後住戶所遺棄的房屋，都給生活維艱沒有房屋的人民住居。對於食糧問題，公社用了許多方法，抑平市價，並規定凡接濟巴黎糧食的人，有享受各種保護及特權的權利，在另一方面，禁止糧食輸出，以裕民食。糧食委員爲消滅投機事業計，採購大宗食品，規定相當價格，售給人民。此外，又開設公共食堂，凡做相當工作者，都得參與用膳。牠對農民問題，祇發表了兩個宣言，第一次於四月二十八日發表，內容都涉於誇獎巴黎公社本身的話，無庸贅述，第二次爲致鄉村工人的宣言，宣言中說及土地都歸農民所有，生產工具，都歸工人所有，全體人民皆得工作。這種宣言，都是空洞言論，始終未曾見諸實施，引爲遺憾。吾們對公社的財政政策，略加說明。公社每天發給三十三萬或三十五萬失業工人的生活費，而其收入，在城市金庫內存着四百五十萬法郎，法國銀行內有九百五十萬法郎，若是將各項機關的收入一併計算在內，進款共有三千萬法郎，而各項支出須有四千六百萬法郎，所以公社最初就遇到財政困難的問題，在過去的財政部內，公社找着二萬一千四百萬的有價證券，然巴黎法國銀行所存各種有價值物件共值三萬萬之鉅，其中有一萬萬爲現金，公社未曾提用。在公社存在期內由銀行領到的款項，不過有一千六百萬法郎，而銀行接濟凡爾塞軍隊的現款，在兩個月內，有二萬五千七百萬法郎之多。從上面各項政策看來，可知公社活動，並不帶有特定的社會主義的性質，牠祇爲工人運動史上一種新的現象而已。馬克思認定巴黎公社，是無產階級的專政，而列寧則認公社是將來政府的新形式，他說公會畢竟開了無產階級革命的先聲，公社是可以獲得勞働解放的一種公開的政權形式，公社是第一次無產階級革命打破資產階級國家機關的企圖，公社是可以替代舊的政治制度的新政權形式。他們讚美巴黎公社的話，固娓娓動聽，但巴黎公社本身，終陷失敗之境。溯自法政府搬往凡爾塞後，整軍經武，養精蓄銳，力謀撲滅公社。當時凡爾塞的軍隊，共有十七萬人，其中有戰鬥力者十三萬人，而巴黎公社的實力，祇有三萬多人。自四月三日至四日巴黎軍隊的襲擊計劃失敗後，凡爾塞軍隊業已陸續進展，巴黎頓入包圍狀態中。四月九日，大砲轟擊巴黎，二十日起，政府軍佔領塞納河的左岸，到了五月二十一日，政府軍衝入巴黎，對公社社員，均施相當的懲罰，總計自五月二十三日起的一星期中，戰死者有一萬七千人，被囚者三萬八千五百六十八人，內有婦女一千零五十八人，孤童六百五十一人，罪犯重者概行槍決，輕者放逐荒島，至此，巴黎公社，宣告崩潰。公社之所以失敗，有數原因：第一，一般民衆，熱烈擁護政府，他們實不願有什麼公社組織，人心如是，公社不得不崩潰了！第二，公社中黨派複雜，內鬨時起，所有行動，頗多乖謬。第三，巴黎公社之組織，既無理論之根據，秉政後，又乏成績之可言，所以失敗，亦爲其必然結果。吾們所以將巴黎公社，詳加敍述，無非要使大家澈底的知道在近世民主主義盛極一時的時代，第三國際的策略，終究是行不通的。巴黎公社的曇花一現，即其明證。

## 二 德國革命之價值的估定

大陸國中，除俄國曾實現社會主義而用有組織的方法外，最重要者，要算德國。因爲他有廣大的領土，衆多的人口，經濟發展，異常迅速，社會運動，實行六年以上，所以值得吾們注意的。當在一九一二年時，社會民主黨 Social Democratic Party 在國會中算是最大的一個政黨，除德國外，再沒有別國的社會主義像有這樣成熟的，沒有別國社會主義的理論，像有這樣準備就緒的，也沒有別國的戰後情形，像有這樣順利的企圖的。假使德國革命，眞能成功，則別國當步武其後，如不幸失敗，則那個國家再有成功的希望？自一九一八年十一月革命後，德國原是一個許多君主的帝王聯盟的國家，而今變爲一個聯邦共和國家。當初叫做 Reich 表示王國的意思，而今可譯作「國土」。Realm 這次立憲大變革，發生於阿密斯的斯 Armistice 前時，在十一月九日。在十月二十八日，仍被喀叟 Kairer（德國帝稱）及太子嚴詞拒絕，還未宣告成功。這次變動，起於十月二十八日組成了一個臨時共和政府，其形式與人民代表議會無異，其中都是社會主義者。最初社會民主黨在戰爭的重壓之下，呈着崩潰的狀態，與在別國的同樣政黨之情形相似。這時社會民主黨分為(一)多數社會主義者，Majority Socialists 與(二)獨立社會主義者 Independent Socialists 這就代表右派與左派 Right Wing and Left Wing 而已。而德國革命結果終使這兩派合組成臨時政府，政府中設有六個委員，其中三人為左派，三人為右派，而多數社會主義者愛勃脫氏 Friedrich Ebert 為指揮政府的委員。都奉出於自願的民衆命令而產生，換句話說：就是經過全體的通過而無任何反對者。實際上這次德國革命運動，完全是一種出於自願的民衆運動之結果，而這種民衆運動的起源，是在是年初經了大罷工而發生。革命的最初一個記號，是在十月軍艦發生許多暴動，接着就是許多暴亂舉動於凱爾 Kill 地。凱爾地的工人與兵士以及青色短衣者，同具斯心，深表同情。軍艦水手的行動是這樣的，他們在港口內實行怠工，自朝至夕，無所事事，祇空談戰爭。當他們上岸時，則參與左派社會主義在小酒肆中舉行和平祈禱，而這般左派分子，自受俄國布爾謝維克革命的影響，具有極豐富的熱誠。但是吾們要知道，海軍的起一種暴動，因由一種謠言所致，其謠言謂軍艦將令參與一次無望的戰役，他們聆此消息，耿耿不安，都以為在這種情形下，犧牲性命有何意義？假使這次暴動不是由這種情形興起，則當有別的途徑爆發的。這次是一種民衆運動，完全出於他們的力量之上，而在短期間內就成為公開的活動。凱爾一地的暴動，最含有反動的特性，不久，很迅速的展開到其他海岸市鎮，尤其是漢堡一地。謬熱區 Mumich 地在十一月的第一星期，隨響應幷當德皇辭職前，即宣佈革命。其他州省，也先後發動。當時沒有什麼計劃，更沒有專門領袖，祇有幾位在地方上稍具聲望者而已。照吾們推想起來，在革命進行中，一定要召集會議，組織兵士工人的議會，正可將俄國情形當作圭臬，但沒有人能確切的說明其如何產生，且當時意見亦未臻一致。最令人注意者，即社會秩序，未嘗紊亂，這是因全國民衆一致贊同，沒有反對派的存在所致。於是社會主義者出而攝政，組織臨時政府，於十月十日召集議會於柏林。他們祈禱革命，幷激勵民衆——無產階級——認識自己。一般民衆都願在社會主義的指揮下，但吾們不能觀察出他們如何或為何選擇出來。本來確切的步驟，沒有多大關係，最重要的事實，就是他們已被公認了。社會主義者的內閣異常自由任意，因為沒有議院的存在。一直等到正月十九號實行普選後就產生國民議會。National Assembly 要之，社會主義者內閣，是建築在人民及軍隊的後而，假使牠不建築在民衆兵士的後而，則將不成其為社會主義者內閣。吾們請看社會主義領袖海爾孚定 Hilferding 博士在牛布格 Nurberg 的第十次工會會議上報告社會主義有這樣幾句話：「吾們在十一月九號社會主義占着極好的優勢，……在十一月九日發生崩潰的現象，勞工階級獲得政權，幷用了這種方法，以保護他們自己。為什麼要這樣？我在這裏無庸多贅。吾們要注意的，就是在十一十二及一月各人心裏都對社會主義發生一種好感，許多資本家也私自忖度着總崩潰之就在目前。吾們舉個例子來說，那時公衆意見，都以為在資本主義的煤礦業上，社會主義的時機業已屆臨。工人兵士議會的第一次會議，這時就決定立刻介紹社會主義到礦業上。」海爾孚定的同志恩勃里脫 Paul Umbreit 他是社會主義的工會領袖，也曾作同樣問題的演說，他回憶到過去情形，尤其是馬克斯的共產黨宣言，從這個論點上他有這樣一個結論：「在共產革命前，先任統治階級發生恐慌，這次共產革命，無產階級沒有損失，祇不過失了他們的鎖鏈而已。他們將戰勝得一個世界。各地的無產階級，一致聯合起來。」他又繼續說道：「這種組織的熱力在勞工階級中，已有了七十年的歷史。現在儘可任他們到政治工會及合作組織，激勵他們向資本的政治的經濟之權力宣戰，幷使其記憶着力求上進，逐一成功……這樣德國勞工階級在十年來已有學識能組織，幷宣佈爭求解放的戰爭。他們在十年來已熱烈的希望着資本制度的崩潰，與無產階級之自由，社會主義的社會之產生。而回顧今日，都已實現。在一九一八年的十一月九日革命勝利，德國無產階級，去除中產階級君主及軍閥而獲得政權。」以上言論，都足以代表民間的共同感覺。他們殫精竭慮的使社會主義者獲得權力，好像從此他們就有辦法實現他們的願望，而現在終得如願以償。社會黨之如何獲得政權，這是爲吾們不易觀察出的。那時，舊的秩序一概取消，使其成爲過去遺物，而使支持這種舊秩序的人們，驚異而恐慌。吾們要問政府究竟用何方法，以實現他們的希冀，結果組成一個調查委員會，Commission of Inquiry 專事偏重於社會主義，而與煤業又有重大關係。在德國及其他國家中，這是第一個調查問題的委員會，幷且也是最先一個私人企圖在紙上求得解決的委員會。因爲德國革命後，就遇到實際的問題，所有實現這種理想的實際工作，很游離模糊的包括在「社會主義化」的一個字中，他們實在不知如何實施，所以在經濟生活的實際改造尙未實現前，必須有豐富的智識才可，不過他們都沒有想到這點。本來馬克斯氏本人對社會主義一個題目，也沒有詳細的論述，因爲要以馬氏哲理來設計一個建設計劃，很容易引起莫大的爭論，幷且因爲他們祇知馬氏空洞的遺敎，所以當實際問題在他們前面時，就覺得束手無策，將瀕失敗。全部破壞性質的反資本主義家的階級戰爭的馬克斯主義，至今就顯露出許多缺陷來。在羅平斯汀 S. Rduinstein 著的 Romantischer Sozialismus 一書上，所以這樣說：「在歷史轉移點上，從鬥爭到創作，馬克斯社會主義已證明其不結實的。」本來破壞很是容易，每人都可做的，但建設起來，倒不像破壞的容易。德國社會主義者，祇知階級鬥爭，除外他們沒有別的，所以羅平斯汀又說：「他們沒有其他計謀的意思，也不知其他生活方法，祇有是階級鬥爭。」「他們祇有一門爭時期中的民主與社會改革計劃，但社會主義的計劃從未想到。」他們唯一實際觀念，就是國家所有與管理的一個概念，這是由批扣烏阿 Constantin Pecqueur 在一八四二年擬就，而馬克斯氏不經試驗的就作爲其理論。但其他種種實際問題，如有償抑無償，從何開始，做到那個地步，組織方式若何等，都沒有詳細規定。有了這許多情形，調查委員會不能不肩斯重任了。調查委員會在十一月十八日產生，委員會中共有十二個有名的社會主義的政治家與經濟家，以考茨基 Karl Kautsky 爲會長，他們很努力的進行工作，因爲此種社會主義事情早已由政府允准施行，實含有急迫性質，所以他們幾個委員先自商議良久，後卽於十一月四日或五日舉行第一次公共會議。一般無產階級，對社會主義的遲遲實行，都抱懷疑態度，他們以爲這種改革是很容易的事情，在短期間內，總可拭目而觀其結果。而調查委員會在十一月十日報告工人兵士議會，謂此事不能急遽實施，且現存之私有財產制度，目下須任其存在，以便恢復生產與交易。吾們曾聽到許多贊成社會主義者謂社會主義用了高超的組織與效率，可得增加生產與改進商業。他們力主把德國社會化，以拯救此經濟的地位，但把以下所述對證一下，就可覺得贊成社會主義者所說的幾句話，也沒有充分的理論基礎。恩勃里脫說：「德國必須要及時實施社會主義化，因爲社會主義可使吾們不致跟着其他資本主義國家走上帝國主義的路途上，……社會主義可以單獨的克服這次世界大戰的可怕結果，他可再建共和政府，可將荒地變成熟地，并可替代沉的船隻，恢復地球上人民間的關係，——吾們必須要社會化，吾們不是祇被和平情況强迫施行。」假使爲了商業衰落的關係，私人企業，必須維持，而又須加以改進，這樣下去，私人企業與衰落商業之鬥爭，必較公共事業更爲得力。這樣慢性的將經濟活動，從私有改爲公共管理，彷彿像財產豐富效率不足時所享的奢靡一樣。不過，在效率認爲最重要的時候，這種辦法，當然不能實行的。依據調查委員會的意思，急遽間改變，將使在經濟活動上，發生許多阻礙，反致僨事。調查委員會的第一個調查結果，就是宣佈任何不能實施的迅速步驟。他們想採行一個實現社會主義的漸進方法，而以煤鐵兩業，最先着手進行，因鑒這兩種事業，據他們意思，以爲已行成熟，可以轉變了。委員會之選擇煤鐵兩種工業，爲實施社會主義的初步，頗得人民的同情。但是工人兵士議會，不以爲然。他們反對延遲施行，而力主政府須從速將各種適宜的工業，加以社會化，尤其是礦業。結果，終採調查委員會的計劃，說到此處，吾們爲求明晰起見，將政治與經濟情形，分開敍述如下：先就政治方面來說：當在一九一八年十二月二十九日，三個獨立社會主義者，從臨時政府中退出，而由多數社會主義者起而代之。自經一九一九年二月十日的在威馬 Weimar 舉行的國民會議後，政府中完全是由多數社會主義者獨佔着。但這時因爲共和國的立憲根基的一個問題，全國各地發生極大的鬥爭。吾們在上面已說過，在革命前各地已有勞工兵士議會的組織，（與俄國的蘇維埃一樣）另外又加農民議會，這都依照俄國的方式，這種組織運動盛極一時，進展無已，於是就發生兩個問題：第一，這些組織，是否爲新政治制度的根基？第二，是否仍須保留舊時的代表制度？如若保留，最高權力是否爲蘇維埃的中央委員會或是一個國會？右派社會主義者，都表同情於後者，極端左派，則贊成前者。除外，尚有第三派，也有左傾的趨向。因爲這樣，就有三黨並立，一爲多數黨，一爲獨立黨，最後就是斯巴達斯脫黨 Spartacists 最後一個黨，原是一個在一九一六年組成極端左傾的小團體。他們都是抱着布爾謝維克的信仰，并且都組織得强固有力，頗足以應付革命。在一九一八年的十二月三十日，他們就組成德的共產黨，他們都是極力鼓吹蘇維埃的組織，并贊成建築在這種團體上的政治制度，而他們稱之爲無產階級專政。在那個時候，全國都在緊張狀態下，國內有無數的聲音，表示沒有完盡的不同意見，迷離複雜，更僕難數。在一九一九年的正月，在柏林曾有共產黨份子的起事，亦可想像當時時局的嚴重了。德國蘇維埃制度與國會制度鬥爭的結果，是遵照俄國的政治組織。國民議會本是力主國會原則，被迫贊同蘇維埃制度。在一九一八年十二月十六日這種辦法，宣告勝利而得力於工人兵士議會開的一次會議者不少但是在一星期後，共產黨的舉動都被禁止，而其領袖李勃納奇脫 Poul Liebknecht 及羅克孫布格 Rosa Luxemburg 都被暗殺。這許多事實，足使吾們看出德人心理已被戰爭與革命所攪亂，後來到了一九一九年一月十九日國會議會舉行選舉，至二十日召集會議，二月六日正式開會於威馬。在二月四日那天，工人兵士議會的中央委員會宣告辭職，吾們要知道上述兩種政治制度的選擇，完全遵照着人民的公意而行。俄國正在進行中的政治制度，未見使贊成民主主義的引起一種注意，由這種政治制度，也未見產生一種新的經濟組織，使人步其後塵。在國際的社會主義與工會主義中，德國要算是反對莫斯科最有力的一個。他們對布爾謝維克主義的理論方面，會加有力的批評。德國這次國民議會的選舉，社會主義份子，並未見得占着若何的優勢，推其原因，或是因爲人民對他們沒有一種信心，或是一種反動的表示。議會選舉的結果，多數黨社會主義者佔一六三席，獨立黨佔四二一席中的一八五席，至自由黨保守黨中央黨共計二二六席，共產黨一席未得，其結果組成一聯合政府，或威馬聯合，Weiman Coalition 在政府中十六個位置中有八個都被社會主義者佔着，首相一席，亦包括在內，而衣布脫 Ebert 前曾任兩次社會主義內閣的領袖，被選爲共和國的總統。這個新的內閣任期也很短促，至第二年的六月，卽告解散。這時國內擾攘不已。在柏林與羅愛 Ruhr 等地，發生大罷工。在布羅斯威克 Brunswick 及密熱巨 Munich 地方，又建立蘇維埃共和國。有的地方還發生暗殺著名政治家的事情。總之，全國又陷於極端不安定的狀態中。這種情形，一直到了一九一九年的下半年，漸告安定，在那個時候，有二件事，足使秩序安謐，第一是凡爾塞約的簽訂。第二是新憲法的產生。但是在一九二〇年又發生一種短時期的變動，卒使政府遷至屈萊斯敦 Dresden 繼又移至斯搭脫格脫，Stuttgart 接着在羅愛地方有斯巴達黨的起事。在這種紛擾的局面下，聯合政府依然進行，祇將國務員略為調動。直至一九二〇年六月舉行新內閣的普選時，聯合政府的執政，才告一結束。這次普選，悉根據新憲法的規定，而新憲法主張代表選舉制，凡年滿二十歲者，均有選舉權，這都是合於最近民主主義的原則。當在選舉時，兩方意見，各走極端，換言之，就是右派極端的趨右，左派極端的趨左，這樣結果，多數黨的社會主義者，失掉五〇席，而獨立黨反得五九席，共產黨得二席。在他方面德國人民黨 German Natonal People's Party 獲得四五席，而民主黨失去三六席，中央黨也失去二〇席。這樣看來，此次選舉結果，就成為社會主義與反社會主義的兩大敵壘。講到投票力量，贊成社會主義者，有一一五〇〇〇〇〇票，而非社會主義者，有一五五〇〇〇〇〇票，這樣結果，聯合政府不能存在，而由中間黨，既非社會主義者，又非保守主義者，出而另組政府，從此社會主義黨已失去牠的地位，再不能恢復原狀。雖是在一九二一年的聯合政府與一九二三年的大聯合政府 Great Coalition 社會黨仍得參與其中。但他們終不得如往昔之有力。社會主義黨自分為多數黨與獨立黨後，勢力已衰，今獨立黨又分為二派，其中聯絡共產主義者，亦不乏其人。在這種情形下，保守黨的聲勢，自然日益隆盛了。說到此處，吾們要將德國政治情形，綜合的觀察一下，以明社會主義的地位及人民對社會主義的公共意見如何。德國自戰後，共有十七次的政府與四次的總選舉，而其結果，使社會主義的勢力，江河日下的趨於衰落。不過社會民主黨曾重整旗鼓，而爲國會中二十六個獨立政黨中的最大一個，這許多獨立的政黨，在一九二四年選舉時誕生。當是年十二月最後選舉時，他們共得七八八〇〇五八票，佔總數的百分之二十六，在議會中得到四九三席中的一三一席。吾們如再加上共產主義者，則左派選舉票共有一〇五〇〇〇〇〇，即佔總數百分之三十五，共得一七六席。但是共產黨的參與，使社會主義黨陷於疲弱，所以結果反激勵着保守黨（德國國家黨）的產生，保守黨是第二個偉大的政黨，共有一〇三人，獲在六〇〇〇〇〇〇票，即佔總數百分之二十。而主張和平主義的反社會主義黨，仍保持着原有的地位。至於中央黨地位，仍甚穩固，在一九二四年十二月的總選舉時，共得六十九席，牠地位之所以鞏固，因得反社會主義工人的襄助不少。這許多情形，都是很特異的，幷且那時德國正在多事之秋，政黨政治受到影響甚大，因爲其時德國發生很多問題，如對外關係，凡爾塞和約，軍事佔領，賠款，以及內部紛擾，貨幣下跌，經濟紊亂，失業租稅問題等等。這種紛擾的局面，當然使社會主義得一良機，而社會主義也終得如願以償。但是他們執政後，施政成績，實不能饜人民的願望，而其原因，一面是內部的糾紛，一面是左派的搗亂，於是暴亂罷工，都隨之而興，更使政治日趨窳劣，反動事情，方興未艾。但是除此還有一個原因，就是他們不能實現其希冀，最初他們祇組織了一個調查委員會，而這個委員會的工作，可說是在零點上，因爲委員會的委員，事前都沒有相當準備，不知如何解決目前急迫的實際問題。那時擬先將煤礦社會化，但他們因未調查清楚，無從着手，及已調查後，意見不一，叢挫又生。吾們敘述到此處，要回頭至經濟方面，及一九一八年十二月開會的調查委員會的情形。調查委員會開門見山的第一個工作，就是將煤礦社會主義化，因爲煤礦已屆成熟時期，正可及時收穫。在一九一九年二月十五日委員會着手進行，由該會擬就一書面報告。在未述該報告前，吾們先敘述德國當時的情狀。德國的煤礦工業有三點值得注意：第一，大部分工業都由德國國家所有，幷由國家辦理。普魯士有五十四以上的煤礦，每年產煤二五〇〇〇〇〇〇噸。第二，德國有櫻色煤及硬煤。第三，私人所有煤礦，都是合資的經營，有完善的組織。因有最後一個特點，所以國家想加干涉，以免競爭發展工業。自從調查委員會成立後，卽將國有私有煤礦的全部情形，加以縝密的觀察。那時人民對國有煤礦，亦嘖有煩言，就是調查委員會亦謂國有煤礦，含有官僚惡習，辦事又狥私溺愛，不甚公平，且又往往受政治影響，缺乏財政責任心，因循顢頇，昏庸遲緩，這都是國有煤礦的缺陷。一般商人亦從未敢如委員會的加以淋漓痛快的批評。後來委員會終決定將一切國有私有煤礦，施以社會主義化。他們的報告有如左述：

報告書（一九一九年二月十五日）

（一）概論

在戰前國家干涉煤礦，處理煤業，早已被政治家所同意。吾們所以要把煤業歸於社會所有的理由，不單是因爲煤礦是吾們全部經濟生活的根基。在英美等國，煤礦之歸國家，尚不贊成，而在德國的特殊情形之下，大部分的煤礦——不屬於國有的——都由各地獨占的公司所占有。因爲這種情形，新的競爭事業的可能性，卒被減至最低限度。凡屬新創的事業，必是成本提高而收入銳減。這種情形都由獨佔事業所致，換句話說，就是煤礦掌握在幾個人手中，而他們都是享開採礦山的利益者，亦爲經營偉大煤礦業者。吾們都知道有許多大的地方已由國際鑽木公司，移轉於李因煤礦公司，公司的股東都認公司爲將來的公積金許多煤礦所有者，具有廣大領域的經濟獨佔，所謂經濟獨佔者，即在市場上別的競爭不得與獨佔者或獨售者經營事業。現在我們採用獲得生產工具的永久獨佔，在這種情形下，競爭者將無所施其技，而幾個有力的生產者，也將處不利的情形。吾們知道獨佔最重要的原料品，足以成功一種專制的情形，這是不適合於近代國家的特性，也不獨是以社會主義的國家爲然。這種情形吾們也不必去說。對於人口獨立工業消費者及工人方面如何不公正，必須將其完全廢止。

## (二) 國有問題

現在進而述全部煤礦都歸國有及處置生產品一個問題。在委員會的立場上，以爲現在國有煤礦的組織，實在不合經濟上的需要。所以在全部工業沒有變動，必須先將煤礦情形，加以澈底改造。在沒有敍述現在國有私有煤礦工人的最高生產力問題前，本委員會深疑官廳式的組織委派升擢支薪的情形，預算與簿記，簡言之，國有事業的全部組織，具着官僚主義的觀念，實爲發展煤業前途的莫大障礙。國有事業，加以擴充，既不甚經濟，且永久不能與政治背景相完全截斷。而且始終帶着國家經濟事業的官僚主義之傳統觀念。所以本委員會絕對主張將煤業情形，加以全部改造，國家煤礦，也不能例外。在國營煤礦事業常有的現象，如富有才能的官員，辦理輕易工作，無目的的調動職分，薪金異常低賤，自由職務設施之嚴加限制，缺乏財政方面的責任心，依賴着國會而設的駢枝機關，爲數甚多，對某問題原在私有工業，祇須數小時解決的，而今須經年累月的從長計議，這都是國有事業的特點。除了這許多缺陷外，本委員會以爲如將煤礦，都被國有而使資本家從事其他工業，這種辦法不能稱其爲社會主義化，這不過是一個雇主另外替代着別個雇主而已。根據這個報告的最後幾句話，委員會以爲國有私有煤礦事業，都不足以實現社會主義，唯有另行創造一種新組織。該委員會中的委員，都是異口同聲的承認國有私有煤礦的弊竇。他們對開礦工人及煤礦職工的地位及支薪方法，亦不甚同意。他們進一步的主張建立國家煤業工會，以統轄全部工業，但他們對這計劃，有兩個意見，第一，是完全社會主義化，由七個委員同意簽字。第二，是主張先經準備步驟，祇有二人同意簽字。簡單的說：他們主張將一切煤礦，都作爲國家的財產，但將全部事業，由一團體管轄治理，這團體共有一〇〇〇人，都是管理者開礦者消費者及國家的代表，人數各相平等。大多數委員主張不用一切私人資本，少數人又主張此種事業，初辦時不能獲利。這個報告實際沒有多大力量，一方面因爲這個報告的意見紛歧不一，一方面因爲這個報告，祇有少數人注意。這樣一個調查報告，無甚用處，而委員會也被人白眼相加。但在一九一九年三月二十三日，國民議會自調查報告發行後，即行組織成立。他們通過一個社會主義法案，其中包括着一個管理煤礦工業的條文。這個法案的第二條是這樣的：「國會利用了立法的權力並用相宜的償報，(一)將經濟事業，尤其是礦業，及其他天然富源，凡適合於社會主義化者，改變成社會經濟。(二)目前最需要的是將貨物的生產與分配，加以社會化的管理。」第四條又這樣說：「由第二條規定的權力，凡經營硬煤褐色煤壓煤焦煤水力及其他天然富源等，都依照社會經濟的目標進行，有了這個法案，管理煤礦的法律，須即發生效力」因為有了這條法律的規定，私有的煤礦工業，併合於全國煤業聯合會，而由全國煤業會議監督之。煤業公會中有所有主，開礦者，商人，專門家等，這種組織，實在沒有社會主義化的意義在內，而其主要結果，反使這問題陷入政治的背景。但公會仍進行工作，到了翌年，政府被煤礦區域所驅使，再行討論此問題，在一九二〇年五月恢復調查委員會，其範圍較廣，同時經濟部有其他關於煤礦工業的立法報告，及礦業公會通過的決議。但是這樣做去，困難依然存在，而其重新調查的結果，也未見異殊於昔日。在一九二〇年七月發行的報告，包括兩個條陳。這個問題，由全國經濟會議的一個委員會審查，另有專家襄助調查。後來為了凡爾塞條約的規定，私有礦產的國營，作為罷論，而另採別的計劃。這個計劃，實際祇將從前所擬的加以修正，許多煤礦業，結合成七個區域的組合，再組合一個中央團體，名曰全國煤業會 National Coal Association 該會在全國煤業會議的統轄之下。煤業會議有一〇〇人，都是代表所有主，礦工，消費者各業代表，人數相等。這是一個社會性的工業重組的計劃，企圖限制所有主或雇主的權力，但這並不涉及所有權的原則，幷且其間也沒有什麼社會主義的意義。吾們敍述了上面長段歷史，就可看出在這樣一個單純的最適合於政治情況的工業，還不容易將社會主義的理論成爲實際。但是德國煤礦的歷史也不是至此結束。吾們已說過，普魯士國有煤礦，擬採行一種包括一切煤礦的國家制度的計劃，這個計劃，雖未施行，但普魯士國有的煤礦，略有更改。自凡爾塞和約規定後，國有煤礦，縮小範圍，不過仍舊辦得窳劣腐敗。這種情形，已被調查委員會說得至周且詳。另外又有一個社會民主黨的黨員畦斯脫洛斯 Herr Osterroth 曾說在十九世紀初，德國在普魯士的煤礦上獲得重要的地位，幾將完全獨占着生金屬礦及鐵礦。但自這種工業擴張發展後，國有煤業，爲數甚鮮，就是有存在的國有煤礦，沒有什麼進展，而且其所有的，都是早已由私人創辦的。至於國有煤礦的管理方面，非常腐敗，牠缺乏一種必需的堅決力量，其管理沒有一種創造力量的自由，辦事的人，都沒有一種責任心。一般經理，也頹唐因循。一言以蔽之，國有煤業，一面是技術上的沒有效率，一面是政治的腐敗，於是大家都想改革，尤其在戰後，改革的呼聲，鎮天價響。普魯士議會，從各方面加以細密的審查後，就決定將國有煤業，變成公司組織，所有一切股份，都由商業部與財政部平均負擔。在一九二三年十月九日，頒布的法律，規定亦得發行其他股份，增加其他股東，這樣一個公司的組織，其專門名詞爲 Preussag，由四個管理者統轄之，並受監察議會的監督。這個監察議會，包括政府議會及其他礦業工會的代表。這樣一個公司組織，正可在技術商業組織社會政治關係各方面，都得自由處置，而身任經理者，得切實負責，所有狗私曖昧事情，都被廢掉，總之將官僚主義色彩，完全除去，到了一九二四年，公司獲得盈餘，至一九二六年五月，議會決定補助三〇〇〇〇〇〇〇馬克，以作發展煤礦業之需。這種國營事業之成爲商業化，眞是模範的方式。後來國有鐵路，也照此辦理。現在我們要將「州」的情形，略述一下。所謂州者，卽德國憲法與法律下的份子，但牠們都是自己管理的。最著名的有如普魯士等，牠們也經了革命時期的擾亂而才告安定的。吾們在前面已說過實現社會主義的方法有二：(一)採行暴亂方式，就是共產主義；(二)採行立憲方式，就是社會主義。這兩種方法，都存在於德國。第一種方法，已被擯棄，吾們祇述及第二種方法。但是共產主義的方法，在各地時見發生，其間尙有別種性質與原因的暴動，除了共產主義的暴動外，還有軍事及愛國的舉動及需要分離與獨立的行動。吾們特提出二點來說：第一，種種地方上的紛擾，這種情形，實在不利於政府，且使國家陷於阢隉不安之境，而結果在經濟與外交方面，都發生反動行爲。第二，分離派的暴亂，起因是因爲在新的組織下，政府太形集中，而使地方政府，不得獨立自由，尤其是撒克遜與巴非列兩州政府，最易感覺。但是有的暴動，純是共產主義的特性，由極端左派所煽動，亦爲俄國先例所感動。這種舉動，最初發生於一九一九年，直到一九二三年底，其間仍賡續發生。降至一九二四年後，國內漸入和平發達之域。本來共產主義的運動，旣無有能力的領袖，而在領袖背後，又無强固的力量，純是一種破壞性的行動，所以不齒於人，但因有其破壞暴動，致生反動勢力，而有礙近代社會主義的產生。這種情形，尤以巴非列爲顯著。該州時有種種暴亂破壞的舉動發生。在一九一九年四月，蘇維埃共和國成立，維持了一個月，而巴非列人民黨有四十八人，Popular Bloc 有二十三人。

在普魯士的議會中，社會主義黨仍爲一個大黨，在四五〇席中占着一一四席。但在國會內，實較保守黨及中間黨爲弱。共產黨有四十四席，社會黨與共產黨合計有一五八席，德國人民黨有二六三席，至於撒克遜州議會內，社會主義勢力甚大。在一八六三年的德國，社會主義運動，即起於撒克遜地。在一九二四年社會主義者投票的甚夥，而保守黨勢力較差，這因受到共黨起事的影響。在一九二三年底，社會主義共產政府建立於撒克遜，於是中央政府，派兵往征，幷組成撒克遜內閣，實施臨時的狄克推多制。撒克遜原是一個工業發達之區，惟較次於萊茵地，地方上糧食不足，常發生飢荒暴亂。社會主義勢力在這地既已耕種成熟，共產黨當然乘機收穫，社會主義黨對此自然不勝驚惶的。吾們要知道德國中央政府遇着一個嚴重的困厄，因爲同時在巴非列地擾攘不已，雖有別種原因，但社會秩序卒致紛亂。巴非列人暴亂，在一九二三年十二月起於密執區，起因很是複雜。在一九二二年多數黨與獨立黨聯合一致。同時又成立一個新政黨，叫做德國社會主義工人黨，或稱爲全國社會主義自由運動，這是一種反對一切的運動，而與法西斯主義暗相脗合。在一九二三年，社會主義黨與國家社會主義黨間，發生緊張情勢，這是一個很嚴重的舉動，而在九月巴非列政府組織一個特別國家委員會實施獨裁手段，結果貽害甚大，飢荒暴動又告發生，因爲農夫不願將生產品運赴城鎮，以交換毫無價值的貨幣。後至十一月八日至九日，暴動發生於密熱區，卒爲軍隊所克服制止。在巴非列地方對公共事業，實際沒有什麼社會主義的實施。而在撒克遜，實施社會主義的地方甚多，成績斐然。該州政府財政總長萊因霍特 Peter Reinhold 曾說，本州自經革命後，有許多公司，不過管理方面，缺陷殊多。因在一九二三年通過一法案，將此種事業，一律施以商業化，將官僚主義的管理改爲私有企業之商業原則。他又說及這條法案，不是把此種事業，使其解除種種桎梏，政府祇使其逐漸進步而已。吾們覺得現在撒克遜州的各項事業中，適合於政府經營者，厥推汽車運輸業與動力生產，尤其是經營動力的事業，非常發達。撒克遜州的事業，進展發達，頗有趨向社會主義的情勢，這種事業，不想將私人企業起而替代，政府經營的事業，既臻發達，收入增加，而納稅者之負擔，也因之減輕不少。吾們總括說來，德自戰後，大受痛苦，人民亦深切感覺，前幾年失業人數，有增無減，在一九二七年，已超過二〇〇〇〇〇〇人，德國貨品，不能暢銷於市場，幷受英國競爭，與英煤屯併的影響。現在德國也不想效法莫斯科，更不想再起戰釁，他們唯着眼於將來時日。德國的社會經濟之發達，並不向着社會主義化的道路上進行。在憲法一五六條規定有償還的沒收私有企業，而將其變爲公共經營。但在一六五條，又敘述組織工人議會。現在最宜於社會主義化的工業，要算是炭酸鉀工業，此種工業，另有一九一九年七月通過的法令管理之，與礦業情形相同。總之，社會主義之在德國，已變易其意義。

## 三 匈牙利革命之失敗

匈牙利當初是在專制君王的高壓暴迫下，所有社會主義者的言論集會自由，絕對不可能的。在一九一七年春，社會主義的各團體，召集祕密會議，決議反對干涉俄國，力求匈牙利的獨立，幷聲明反對戰爭。政府方面，主張以放棄非戰運動爲承認社會民主黨的條件，而社會民主黨不爲所誘，繼續從事非戰運動。一九一七年秋，因奧匈軍在意大利戰線連告失敗，於是匈牙利境內產業衰落，糧食不足，民衆暴動，不時發生，專制政府，隨諸崩潰。自十月十一日夜到十二日晨，遂完成不流血的革命，政權移轉於急進派貴族資產階級及右翼社會民主黨所組成的國民委員會手掌中。到了十一月，急進派貴族苛羅里 Korolyi 伯爵任匈牙利共和國的大總統。這次輕而易舉的革命，實不能饜人民之願望。在國境內食料燃料都嫌不足，社會秩序，頓呈不安。當此之時，協約國的巴黎會議，正在匈牙利與俄羅斯國境設置中立地帶，并議決由羅馬尼亞法蘭西捷克等三國占領，而羅馬尼亞與捷克，就開始攻擊奮往直前，在這樣嚴厲的狀態下，反給予了共產黨一個良機，回顧境內工場停歇，失業銳增，各地暴亂，相繼發生，全國充滿着不景氣的現象。一九一九年三月，勞兵農的蘇維埃委員會所組織的革命政府，宣告成立，首相爲哥爾柏 A. Gorbai 外相爲坎恩，Bela Kun 自共產政府成立後，即宣佈無產階級專政，制定蘇維埃憲法，將所有大產業房屋商店，都成爲國有化。總之，一切的一切，莫不以俄羅斯爲圭臬。但這時協約國的干涉，得步進步，變本加厲，許多地方都被協約國所占領，馴致食糧不敷，消費經濟，頓呈停滯，國內王黨自衛軍，躍躍欲試的恢復舊觀。後來羅馬尼亞軍進攻至離匈京不過二十哩的境域，共產政府，驚惶失色，遂組織赤衛軍，侵入捷克，以謀殺出血路。這時法首相克里孟梭 George Chemensean 聲稱赤衛軍自退出捷克，則羅馬尼亞軍，亦即退出匈境，赤衛軍遵照辦理，不料羅馬尼亞軍，按兵不動，由是赤衛軍完全失去戰鬥力，協約國又暗地實施破壞手段，結果共產政府不得不土崩瓦解了。接着社會民主黨政府成立。八月四日，羅馬尼亞軍侵入匈國首都布打白斯時，占領重要官衙並發一最後通牒，要求裁縮軍隊，佔獲農民產物家畜，供給糧食與三十萬羅馬尼亞軍。次日，羅馬尼亞軍，刼奪家畜農具糧食機關車等，並對勞働者大肆殺戮。吾們看了這段殘碎斷片的匈牙利革命失敗史，更使吾們深信無產階級專政的共產政府，不合人類的需要，不適時代的潮流，壹意孤行，實行獨裁，其結局終究是趨向崩潰之途的！

# 第四章　俄國革命

## 一　俄國革命之理論與實際的觀察

俄國革命，在近代政治史上是一件重大的事變。近世革命運動之勃興，都根源於多數人民要求「民治」而起。一七八九年的法國大革命是由人民要求「自由」「平等」「博愛」而起，這是近代民主革命的開端。從此以後，民主主義革命的潮流，澎湃奔湧於全世界，莫從制止。而俄國革命，就是這種狂潮巨濤中的產物。布爾謝維克黨人把俄國的革命，稱爲社會革命的開始，其實吾們若從俄國革命的實際上來觀察，則俄國革命，始終還脫不了民主革命的範圍。本來近百年來革命運動的爆發，大都由於民族民權及民生三大問題，不能得到適當的解決而起。我們雖不能說各國革命運動的爆發，全是由此而起，但總逃不出這三大範圍。所以凡是一種革命，其革命的總目的，第一必須實現民族的獨立，第二必須建築自由平等的政治組織，第三必須適當的求民生問題的解決。俄國革命最初是起於民族間的不平等，在俄皇鐵蹄宰割下的各民族，不能平等發展。大俄羅斯民族是各民族的統治者，大俄羅斯民族的利益，超越着其他各民族之上。加以大俄羅斯民族中地主貴族之營私專權，落後民族之利益，自不能盡量發展，其影響所及，益使全國陷於阢隉不安之地步。猶憶布爾謝維克黨在十一月革命前，努力提倡民族自由，贊承各民族獨立自主，可與大俄羅斯分離而立。可是當布黨執政後，仍然脫不了舊俄時代的傳統政策。列寧在十一月革命後，本想藉武力克復各民族，而在一九二〇年春季進攻波蘭，就是這種計劃的開端。他以為波蘭如能征服，其餘民族，不難一一就範。并且他還企圖由波蘭西進，可以實現赤化歐陸的理想，所以不顧一切，遽爾開戰，結果，俄軍大敗，不獨蘇俄受着莫大的打擊，即列寧氏向歐洲西進的計劃，也得了「此路不通」的教訓。這都是俄國的民族問題。其次，民權方面，自十九世紀以來，各國立憲政治，盛稱一時，而俄國的君主獨裁政治，依然存在。俄皇仍是握着無限的權威，人民轉輾顛沛於專制政治的桎梏鎖鏈下，言論信教，都無自由，人民痛苦，與日俱增。自社會革命後，厲行「獨裁政治」，所謂「獨裁政治」，一面固是「無產階級專政」，實際上就是幾個共產黨領袖的獨裁。所謂蘇維埃，仍不外是一種「御用制度」。人民的自由意志，絲毫不能表現。列寧曾明白的說：「現在的革命已經把那強制民衆服從的最舊最强的重要的鐵鎖切斷了，這就是昨天做的事。但是今天，同樣的革命，又要求民衆絕對的服從那勞農工作的指導者（指執行獨裁的人）的單一的意志了，這實是因爲要實現社會主義而然的。」由可知在列寧獨裁政治之下，人民依然得不到任何政治上的自由。最後民生方面最主要的就是農民問題，俄國是農業國，農業問題實是俄國歷來最難解決的問題。全國土地三分之二，都在貴族大地主的手掌中，大多數的農民，都係貴族大地主的奴隸。俄國盛行農奴制度，貧富階級之懸殊益甚。十一月革命時，列寧政府爲迎合農民當時的要求起見，發布「土地國有令」，把大地主的土地寺院及皇家所領有的土地，統通一齊沒收，劃歸國有，由土地委員會負責分配農民。自十一月革命告成後，列寧政府絲毫未曾分給農民，農民得到的直等於零。并且頒布設立「貧農委員會」的法令，以武力徵收糧食，拿農民剩餘的穀物，給養五百萬以上的赤軍，農民痛苦，不難想見。因上述民族民權民生三大問題，不能得適當的解決，所以俄國革命的爆發，遂一發而不可止。本來俄國革命，先後三次，第一次在一九〇五年，第二次在一九一七年三月，第三次在一九一七年十一月。前兩次可算是政治革命，後者爲社會革命。革命結果，第一次祇能縮小君權，第二次只能推翻君主制度，而第三次則社會制度一并推翻。一九一七年的三月革命，可以說是俄國人民充分的表現民主革命的要求。克倫斯基政府，一切設施，不能滿足當時人民的要求，例如當時的「民族自由」，表面上雖加承認，但實際一仍舊貫，又如人民要求「和平土地和自由」，臨時政府也不能具體的與以滿足，結果克倫斯基政府，親寡叛多，遂致瓦解。這樣反而給與了布爾謝維克黨一個機會，最後一次十一月革命，布黨所以能告成功，全在利用革命時，俄國民衆爭民族的政治的經濟的自由底狂潮，順水推舟，奪取政權，這完全是出於一般民衆的誤解，有以致之。因爲布爾謝維克所給予民衆的，祇是一種手段，而民衆要求的，實爲一種目的，十一月革命在民衆方面原是希望實現他們民主主義的要求，而布黨反認爲是奪取政權的良機，所以布黨不惜横衝直撞，一意孤行，徒使國家元氣大傷，生靈塗炭而已。至此吾們更深信從俄國革命的實際上觀察起來，這種革命，還脫不了民主主義的範圍。我們再就俄國革命的理論上來觀察，俄國革命的歷史，是俄國人民爭民族的政治的經濟的自由底歷史。俄國人民對於自由異常熱心，除一部分主張大斯拉夫主義者外，一般農工商士，莫不設法脫去壓迫的鎖練，共登自由的樂園。他們不獨在物質方面忍受飢餓痛苦，就在精神方面又感言論思想自由的束縛。同時又眼巴巴的親見無數的良民，被流放於西伯利亞荒野間，或被拘禁於黑暗的牢獄中，或呼號呻吟於酷刑下，此情此景，均爲彼等革命情緒的興奮劑，匯合了不少的革命目的與情感，遂成革命的中心潮流，以引起反抗專制的大運動。俄國革命的中心勢力，可分三派：第一，是自由主義的自由運動，The Liberal Movement 俄國自由運動，起源於十八世紀，至十九世紀，又呈活動氣象。中間經過了一段潛伏時期，溯自加查林二世經亞歷山大一世尼古拉一世嚴酷的專制壓迫，直到尼古拉二世，爆發着一九〇五年的革命，都是自由主義的革命勢力底展開時期。自由主義派承認人世間痛苦，大都誕生於經濟的母胎內。他們又以爲土地資本的私有制度，與社會罪惡息息相關，不可漠視。他們主張開宗明義的第一步，先得政治上的自由，一旦自由政府成立，所有殘酷的禁錮和刑罰，都可廢止。當三月革命後，這派雖得實現其理想，但結果卒被社會主義派所戰勝。

第二，社會主義的革命運動從一八六一年後，以社會黨爲其中堅，降至一八七五年，分裂爲 Narodovoltsi 和 Narobniki 兩派。洎至一九〇三年復分爲孟謝維克社會民主黨布爾謝維克社會民主黨及社會革命黨三派。第三，工農運動自一八六一年起有公開的與祕密的農民運動，至一九〇三年後農民合作運動勃然而興。至工人運動，最初無甚勢力，最近益形澎漲。在一九〇五年工人第一次的組織爲一八七五年的「南俄工人同盟」，嗣後，社會民主的勞働黨復出現於一八九八年，直至一九〇五年，始有第一次工人代表的蘇維埃之組織。這些農民和工人的革命運動變化倏忽，莫衷一是，有時傾向於自由主義，有時傾向於社會革命，唯與社會民主黨較爲接近。此三種革命潮流分道揚鑣，掀起了俄國革命的風浪。在上述三大革命勢力發生前，還有無政府主義一派，此派三四十年前虛無主義盛行時，勢力甚大，自一九一七年後，已不成其爲革命的重要原素。俄國無政府主義，以巴枯寧爲主腦人物，彼力主用武力推翻資本主義和專制政府，不然，則當用暗殺和恐怖手段以冀成功。後來因受俄皇政府的多方壓制，遂引起無政府派與虛無黨實施暗殺政策，因是又激起俄皇政府的反動政策和壓制手段，俟亞歷山大被暗殺後，急進份子失勢，無政府主義遂江河日下的漸趨消沈。不過翻開俄國革命史一看，無政府主義者曾有一段激昂轟烈的歷史的，這都是俄國革命的理論的觀察。

## 二　俄國革命產生之背景

俄國革命產生之背景，可分作三方面述之：第一是政治的背景。俄國一向是實行獨裁政治的偉大帝國。在十九世紀中，歐洲及其他文明國家漸次改行立憲政治的時候，俄國獨維持牠的君主獨裁制度，俄皇是無限制的主權者，同時又是國教教會的首領。俄皇旣兼爲教主，實集人神之權於一身，因之俄皇專制之權威無限，人民呻吟於此種專制政治之下，益不能堪。俄國自彼得大帝 Peter the Great 1682—1725 數傳至尼古拉一世，Nicholas I 1825—1855 彼爲俄國最反動的君主，在位三十餘年，厲行專制政體，尊重國教，壓迫異教，嚴禁西歐新思想的輸入，排斥君主立憲政治，凡運動立憲的首領，或處死刑，或放逐至西伯利亞去，其專制手段有若是者。尼古拉一世死後，亞歷山大二世 Alexander II 1855—1881 承繼皇位，採取自由主義，厲行兩大改革，即農奴解放與創行地方議會制度。後來他的改革政策中止進行，回復到他父親時代的壓迫手段，法律自由，悉遭剝奪，人民請願，全受限制，於是革命黨人將其暗殺於一八八一年。亞歷山大二世被刺身死後，反動與壓迫勢力，日甚一日。當亞歷山大三世 1881—1884 和尼古拉二世 1824—1917 執政的時候，俄羅斯正是兩種勢力鬥爭的舞臺，一是表面上的勢力，就是俄皇及其官吏的權力，背後有許多軍警，一是俄皇勢力下潛伏而暗動的革命勢力，這兩種勢力無日不在激戰中。一九〇〇年日俄戰爭爆發，戰敗的俄皇政府大受人民的怨懟毀謗，革命黨人乘機起事，卒獲勝利。一九〇五年，俄皇允許頒布憲法，但這祇是對於俄皇獨裁政治的一個打擊，實際並未根本推翻俄皇的勢力，他仍有回復其勢力的可能。迨至一九一七年三月，在慘酷的戰禍中，大革命發生，於是羅曼諾夫王朝 Romanoff Dynasty 的命運，就此告終了。俄國歷代帝王的企圖向外發展，征服弱小民族，成功俄羅斯大帝國，所以俄羅斯帝政時代的歷史實爲一部侵略史。俄帝國雖擁有廣大版圖，但在「沙」皇統治之下，除了少數的大俄羅斯民族外，其餘大多數是被俄皇征服的弱小民族。本來俄國民族問題，實爲帝政時代極難解決的問題，以過半數非大俄羅斯民族語言習慣截然異殊，與大俄羅斯民族同處在「沙」皇政府統治下，被强迫的「俄羅斯化，」Russification 幷忍受種種難堪的政治經濟壓迫，而且各民族所有獨立反抗的舉動都被壓抑。在這種情形下，這些民族對俄帝國的恨如切齒固不待言。以數十年從事奮鬥獨立之高加索民族，結局終被俄國武力鎭壓下去。事後，整個部落，被逐至土耳其去。他如波蘭芬蘭猶太韃靼阿美尼亞等，都是横遭暴迫，痛苦不堪。俄皇對於各民族所施的手段，在文化上各被壓迫民族得不到一點自由。藝術上凡含有民族情感的，概被禁止。在經濟上當地人民往往要服從客居的大俄羅斯人，當地人民所佔領土地，也要常被地主士兵仗着官廳的權威，强行佔住，幷且還要驅逐至不毛之地。因此種種，各非大俄羅斯民族，對於大俄羅斯人，忍無可忍，耐無可耐，於是各民族反對官吏的暴動事件，便層出不窮。所以當俄國革命勃然而起，被壓迫各民族，雲集而響應，贏糧而影從，風起雲湧，拔刀相助。最初只是文化比較高尙的西方民族，如波蘭芬蘭立陶苑等，嗣後多數落後的東方民族，也都起來參與。俄國自彼得大帝以來，帝國主義的迷夢，總是盤旋在歷代君主和政治家的腦海中，都想開拓疆土，向外發展，但終不能實現其「求出海」的願望。俄國對於近東方面，因鑒波斯印度與英關係密切，實非對手，乃與英國妥協，另謀遠東的出路。而日俄戰爭，就是向遠東發展的一個致命傷。一九〇四至一九〇五年的日俄戰爭，使俄國經營東方計劃，悉成泡影，與日締結扑次茅和約，日本取得朝鮮的宗主權和以前俄國在滿洲所有的權利。這次扑次茅條約之締結固然是由於戰爭的失利，但其最大原因還是因國內紛亂，帝國政府，實有岌岌不可終日之勢。在沙皇政府專制之下，全用武力對付人民，已使國內人民受苦，今再出兵遠征，虛耗國帑，則人民嘗目怨怒，當更不堪設想。當日俄戰爭的戰敗消息，傳入俄境，各地人民，騷動不已，一般激昂慷慨的革命份子，不斷的作推翻現政府的運動，於是政府要人的被殺，和城市工人的同盟罷工，吹開了俄國革命之花，而第一期的革命卒獲凱旋。最後，關於俄國各派政黨，也有略加敍述的必要。當初俄國政黨，祇可分為政府黨，政府黨有所謂「十月黨」The Octobrist Party 這個黨是拿一九〇五年俄皇所發佈的「十月宣言」 October Manifesto為主義，故名十月黨。這個黨代表一般封建的地主與大資本家，他們對於俄皇在「十月宣言」中給予的權利，讓步表示滿足，希望造成一個有力的俄羅斯。不過這與其帝制派及復古派，在實際上，自三月革命後，即行消滅。在他方面，反對俄皇政府的有：(一)立憲民主黨 Constitutional Party 或簡稱為(二)社會革命黨，Social Revoliutionary Party (三)社會民主黨，Sociel Democratic Party 立憲民主黨創立於一九〇五年十月二十一日，黨綱是「俄國須成為代議制民主的共和國，立法權須歸於人民代表者的掌握。」社會民主黨與社會革命黨，都屬於社會主義一派，社會革命黨，創立於一八九九年，他們主張：「沒收資本家的財產，以社會主義為基礎，改造生產和全社會的秩序，」并且希望在民主共和政治的下面，「與郡縣鎮村以最大的自治，承認全俄國內各民族有自決權，於其民族間實行最廣義的聯邦主義，」社會民主黨創立於一八九八年，他們的主張，與社會革命派相異的地方很多，他們不相信農民具有革命性，而社會革命黨則自命爲代表農民爭鬥的黨。社會民主黨又分爲「統一」「少數」「多數」三派。第二是經濟的背景。俄羅斯占有歐亞，地廣物博，莫之與京。唯國內土質都是草原低地，適於農業，故工商業難於發展。加以地土遼廣，氣候嚴寒，人民求食艱難，在俄皇政府下，每年人口增加，超過農工業的發達，因爲國內人口與農工業間，不能保持平均的發展，人民因之日陷於貧乏。此外國內許多實業，都爲外國資本家所壟斷操縱，發展頗難，而資本家對於工農階級的剝奪，非常利害。勞働者的勞働條件，一切都無法律規定，勞働者只有一任資本家無限制的剝奪。至農村方面，貴族地主的掠奪，更是利害，農民耕得的穀物，三分之二要爲貴族地主取出輸出國外。例如一九一三年俄國全部收穫之量，輸出外國的，有三分之一，即遇凶歲，農民食糧不足的時候，他們所作穀物，也要被地主輸送國外。此外外債之增加與紙幣之濫發，也爲俄國經濟貧困的造因。俄國自日俄戰後，外債猛增，國內財政狀況，日陷困難。至俄國紙幣的濫發爲造成俄國財政上紊亂的主因，則因俄皇政府戰亂頻仍，政局不寧，產業蕭條，人民貧困，於是不得不濫發不兌現紙幣，以資維持政費。計自一九一四年以後七年之間，流行的紙幣，較以前增加一萬零七百六十二倍，即由一六三〇（以百萬計）加至一七五九三六〇〇，同時物價隨之騰貴，一九一四年物價騰貴率爲六·七％，人民生計，益淪於極不安定的地位。說到俄國鄉村中農民狀況，亦係一幅殘酷淒慘的圖畫。俄國農村中三億九千三百畝，（照俄畝計算）只有一億三千八百萬畝，（卽三分之一）屬於農民，其餘三分之二，均爲皇室大地主官僚及寺僧所有而此三分之二的土地，農民只得生產物極少的一部分，其餘大部分，都是替地主耕種的。俄國的農奴制度有深長的歷史，降至十八世紀，仍依然維持未曾崩潰。農村土地旣爲貴族地主所壟斷操縱，農民無力支配土地結果大多數農民淪爲奴隸。地主對於農民壓迫加緊，農民愈感痛苦不堪。并且俄國都市工業不甚發達，不能吸收農村中失業的農民。同時鄉村中的人口增加甚快，每年增加人數不下二百萬人，其中三十五萬人被都市吸收，餘下六十五萬人逗留農村作貴族地主的奴隸。政府對於鄉村農民的苦況旣絲毫無所顧惜，反而袒護大地主援助他們剝削農民，並製定許多法律維護地主的利益。在這種狀態之下，農民革命的傾向，不能不勃然而起。溯自十九世紀以來，農民反抗運動不斷發生，計自一八二〇年到一八三〇年十月中，俄國的農民革命運動次數平均每年共十一次，一八三〇年到一八四〇年平均每年二十二次，一八四〇年到一八五〇年，平均每年三十四次，又一八一六年到一八三七年二十一年中，歐俄被人暗殺而死的地主，祇有九人，一八三七年至一八五三年十六年中，歐俄被人暗殺而死的地主增至一百五十人。農民革命運動的嚴重，可見一斑。農民運動最大的目標，就是在取得土地所有權。一九〇五年俄國農民大會中最流行的口號，就是「只有自己要耕種土地的人纔可以照各人所必要的給他。」再者一九〇五年農民大會中所宣布的決議，是「救治農民因缺土地而生的疾苦，唯一的方法，是將一切土地國有，分配給那些依家族的勞働或依合作組織而耕作的人來用。」所以他們的總口號是「把土地交給人民。」這樣看來土地分配不平均實是俄國革命爆發的導因。最後是俄國革命的社會的背景。先就俄國國民性來說國民性與地理歷史宗教教育等有密切關係。俄國國內大部分都是低原草地適宜農業天時又甚冷酷工商業及物質文明不易進步因之養成意志薄弱失却積極活動的國民性，同時還有他歷史的原因第一，俄國轉輾顚沛於韃靼的支配下有三百年之久，是以國民萎靡不振，漸成奴化。第二，俄國國民的精神，還被皮讚廷 Byzatim 思想所支配養成忍耐放棄的道德而有退步保守的傾向。第三，染着韃靼因循顚頓的惡習，加以農奴制度盛行，產生不少「贅瘤的人。」第四，自解除韃靼的壓迫桎梏後，接着又有帝王的專制鎖鍊，因是國民很少活動的餘地。在俄皇方面復提倡宗教不遺餘力使國民精神，益趨頹墮。俄國宗教師在社會上自成一種特殊階級，在政治舞台上都是重要的主角，宗教師有大小寺區之別，大的寺區神父可購田家蓄妻子，小的寺區，神父唯賴募化以自養。至後宗教師運用政治手段，操縱選舉，其勢力之雄厚，可見一斑。至於教育，當初俄國採取政教相資主義，就是政治與宗教混而爲一。其時，俄國不設小學，僅有寺區學校歸教會管轄，本政府授意而授教。間或地方上設的學校，須受政府嚴重的監督，毫無伸縮自由之餘地。斯時，一般明達之士，眼光遠大，創設學校，與教堂病院，一例看待，爲文化上留一些曙光。但俄皇總是多方作難，加以摧殘。而俄民求學興趣，與日俱增，未嘗少減。俄國國民因天時嚴寒，嗜好杯中物。俄國農民耕作一年，只有五個月餘爲堅冰時期，農家既苦天寒，復得餘暇，於是酌酒便成爲一般的嗜好。在政府方面而獎勵飲酒，以求減退國民之積極意志，結果，酗酒之徒，遍於全國酒樓飯館，喧擾不已，社會秩序爲之大亂。講到俄國階級，在帝政時代異常森嚴，官僚地主擁有廣土巨厦，優遊自得，勞働階級頻遭失業痛苦度日維艱。這兩大敵壘，針鋒相對，處於對立地位。在革命前貴族地主，在社會上佔着優勢，俄國貴族，受着皇帝的庇蔭，赴弱小民族處侵佔土地，以防止各民族的生存發展，於是貴族變爲大地主，所以俄國的貴族與地主，實在不能加以仔細的分別。至於被剝削的多數農民，因鑒生活窘迫，常向大地主租借土地或牧場，迨至納稅時期，無錢償付，乃高利貸借以應眉需，於是許多比較富裕的中產階級，又乘此機會，加以剝削，馴致貧農完全成爲無產階級。自一八三〇年後，俄國逐漸引用產業，歐俄遂成兩個經濟區域，南方爲農業區域，北方爲工業區域。北俄產物雖不發達，但工人需要增進不已，所以在北方幾省，大多數的農民，都成工業勞働者。至南俄農奴照舊忍受地主的高壓暴迫，就是都市中的工銀勞働者，莫不受資本家的剝削。俄國資本家，一面享受保護關稅的利益，一面賄賂官僚，獲得一切權利，對於工人勞働的條件，從來沒有法律規定。至此吾們可知革命前，俄國有貴族與勞働兩大階級，貴族階級包括貴族大地主官僚以及新興工業資本家，勞働階級包括純粹的農民半農半工的勞働者及熟練的勞働者。俄國大革命的原動力，就是這兩大階級的利益上的不平等。最後再將俄國文學略加敍述，俄國文字的優點，即在革命的情感與心理的發展，這都是由社會上壓迫剝削的呻吟呼號中產生的。俄國各文學家的作品，都是描寫黑暗的社會，惟妙惟肖，淋漓盡致，針針見血，憤慨軒昂。這種寫實的深刻的文字，不須畫蛇添足，不須錦上加花，祇是這樣單純的暗無天日的景色，沒有一個看了不爲之潛然淚下，陡然發生一種極强烈的革命情緒。所以，俄國革命，雖不能說完全是這種灰色文學的力量，但至少對於革命的醞釀，有不可磨滅的功績。俄國文學所以能促進革命，第一在他們能切合人生，無論何人，悉心披閱，未嘗不爲之神馳意往，發生極强烈的情感。其次，俄國文學既成爲俄國國民精神的中樞，於是一般民衆就奉爲唯一媒介。在俄國無教育的情況之下，文學不獨是啓發和激勵革命的火之利器，且爲訓練和教育羣衆的工具。復次，當時各文學家反抗强權與百撓不屈的決心，誠使吾人欽遲拜嘉贊嘆靡已。當是時，政府檢查嚴厲，許多書籍，不得發行，但他們勇往做去，不被屈服，是够令人拜服的。

## 三　俄國革命之經過

前而已過說俄國革命共有三次，即一九○五年一九一七年三月及同年十一月，此處將依次敘述之：當一九○四年日俄正式開戰時，俄國每次敗仗，適足以增加其民主勢力，共同反對專制政體。當此之時，罷工盛行。一九○四年七月社會主義革命者的戰事組織 Fighting Organization 中的一個會員暗殺內務部長披利夫，Von Plehve 尼古拉第二，惟恐將來暗殺的事情繼續不斷，於是另委了一個自由主義的內務部長，所有言論出版，絕對自由，幷且在披脫斯布格 St. Petersburg 地方舉行神斯脫伎斯 Zemstvos 會議，訂定十一條的改革條文。但不久政府又去除自由政策，凡討論改革計劃的出版物，一概禁止，所有公衆會議，認爲非法。至一九○五年一月九日適爲星期日，是日天寒下雪，數萬工人遊行至「冬宮」Winter Palace 請求「沙」皇厲行從前的改革計劃。此次遊行領袖爲官立勞工協會會長格胖 Gaupon 氏。在那天的前天，格胖氏曾迫「沙」皇共相晤面，接受請願書并擔保保持皇上的神聖。這個請願書的大意如下：「吾們已淪爲乞丐，吾們已受盡壓迫，吾們已如奴隸的飲泣吞聲付諸名運。吾們忍苦，但吾們寧入乞丐的無法及愚昧的巢穴。吾們被渾噩無知與不負責任之專制政治壅塞氣息，降至今日已達忍耐之邊際。目下既無人的權利，即言語思維，會議討論吾們的需要，設計吾們情形之改善等等權利，悉被剝奪……」所有人民——工人及農人——皆授諸政府官吏之手，彼等實爲偸竊國家財產之盜賊。……迄今全國代表頗爲需要，應該從速的召集俄國各階級的代表，工人代表也包括在內，每人一律平等，賦有自由選舉權。總之，此次國會選舉須用普遍平等和祕密的投票法……此皆重要而爲醫治吾儕傷處的膏藥。」他們還要求釋放政治宗教犯人，出版言論的自由，强迫教育，教會與國家分離，勞工組織的自由等。那天走進冬宮後，「沙」皇並未出見，另由沙皇的叔父凡萊笛米阿 Vladimir 大公爵走出命環繞皇宮的軍隊，射擊手無寸鐵之工人，直俟羣衆散開始止。一般兵士遵命辦理，結果男女老幼死傷街道者有一千五百人之多。自後此日遂叫做「流血星期日」Bloody Sunday。在八月三日發出宣言設立帝國國會 Imqerral Duma，但議員選舉依照極不民主的法律，且此議會祇有商議權，並無立法權，大家名之曰神斯脫伏斯。第二次會議，未幾，同盟罷工發生，在披脫斯布格地方及其他城市全行罷工，於是尼古拉第二遂罷免反動的國務員，另任委脫 Count witte 爲俄國首相。且在十月三十日的宣言中允准人民的聖神不可犯和思想言論集會組織的自由，此外並准予在帝國會議中許多階級有選舉權利。此種施政固足以引起人民的好感，可惜爲時甚暫。因爲自後沙皇的同伴組成了不少恐怖的殺戮，全國的猶太人和智識者在蛙特沙 Odessa 地方死者不下一千人傷者數千人殺戮時期有四日之久。從此以後，革命繼續展開在披得斯布格地方由工人從工廠中選出的蘇維埃代表於是誕生，各地聞風響應，農民兵士都有蘇維埃的組織。但是最後蘇維埃組織，逐漸鬆懈而弛散，政府有鑒於此，逮捕披地蘇維埃總統，後來托洛斯基繼任蘇維埃總統，但終不能引起人民的武力革命。當組成國會後，先後召集會議兩次，第一次是在一九〇六年五月召集，大赦是會議中的最重要的一個問題，國會的最先的一個動作，就是大赦和其他改革的請求，但沙皇極力反對。當國會議決請求解決田地問題時，沙皇命令軍隊包圍皇宮，國會宣告解散。最後舉行新選舉，成立第二次國會，第二次國會召集於一九〇七年一月，解散於同年六月。這屆國會生命祇有一百零四天。自後俄皇修改選舉法，使國會支配的勢力，轉移到資本家地主的手中。第三屆國會，終於一九〇七年十一月十五日召集，會中都是反動派與保守派，會議雖開，但一無貢獻。同時，俄皇自此以後，採取更嚴厲的壓迫手段。新聞記者和政治犯被放逐殺戮者不可勝數。一九一二年召集第四屆國會，在這屆國會，反動份子大大增加，而自由黨份子，也較多於第三屆，此屆國會直至革命發生時，還行使職權，但命運不久，就被無形消滅了。三月革命的發生，一面是對德大戰的失敗，一面是國內糧食恐慌問題。先就第一點來說：一九一四年對德宣戰事起，俄國自以爲準備充實，可以一戰，幷且英法兩國，與俄合力對待德奧，更有把握，民衆對於戰事，也都抱樂觀，他們以為合三國強大的兵力，勝利原是意中事。當宣戰的一年，捷報如雪片飛來，但不久交戰失利，迫而後退，國民聞訊，相驚失色。自一九一五年之末以後，俄羅斯軍事之破痕，已為協約國所不安。一九一六年中，俄國僅能維持其舊有防地。是年十二月，僧人拉普斯丁，在彼得格勒的議會中被刺身死，拉氏的親信內務大臣蒲俄多波波夫，日夕戒嚴，抑制禍亂，機關鎗四處密佈，探海燈八方照射，這樣戒備森嚴的情形下，那裏預料到次年三月大革命的發生。再就第二點來說，俄國參與歐戰有三年之久，人民糧食供給，日益恐慌，在前方的一千五百萬的陸軍，都要俄國的農民去耕種給他們吃，工人去做他們用。一九一六年耕地數較從前少十分之一，一九一七年春天更要較一九一六年少。三年的長期戰事，使俄國人民煩心焦慮，精疲力竭，所以戰爭的延長和糧食的恐慌，成了三月革命爆發的大原因。三月革命前數月，俄國的革命黨人，都有躍躍欲試之概。自一九一五年八月二十二日國會橫被停止後，國會中各自由團體與社會黨人，都想建立一個負責政府，至次年十一月十四日國會重開的時期，人民因政府的無力與對德戰爭的失敗，對於政府大施攻擊。嗣後物價飛漲，餓莩載途，革命的爆發就在指顧間了。一九一七年二月二十七日，在披脫斯布格地方的許多工人實行罷工，并且延及各地。政府中一般貴族力主鎮壓這種未成熟的叛變，免貽後患，所以他們竭力對付這種同盟罷工。到了三月初旬，因為糧食供給發生恐慌，披地飢民開始掠奪麵包，并要求釋放政治犯，暴動之事，隨諸發生。至三月三日，披脫斯布格宣布戒嚴，閱四日，紡織工人及其他工人又突然發生同盟罷工，要求麵包的口號，聲澈雲霄。至三月十一日星期日那天，大革命運動完全爆發。在披得斯布格的街衢大道上，站滿了革命的羣衆，警察隊伍，密佈屋頂，登高臨下，恣意射擊，俄國最有名的一個聯隊名兎令斯契，Volynski 當受命開去攻擊羣衆時，他們不肯用命，返戈相向，把他們的司令官殺死，他們在民衆的喝彩聲中，加入革命黨，別的隊伍，也和他們取一致行動。政府此時，無力對付，遞送信件與沙皇，沙皇沒有片紙隻字的答覆。其時，一般民衆都想捧自由主義團體為領袖，但在動作時，難於聯合，於是社會主義者，想任領袖職，依照一九〇五年革命的先例，就把羣衆組成工人代表蘇維埃，到了三月十二日早晨，革命組織業已完備。親信沙皇的保衞聯隊，亦參與革命隊伍，兵工廠被佔去，軍警被鎮壓，炮台侵佔，犯人釋放，革命空氣的緊張，不可具狀。其時國會優柔寡斷，無能為力，於是工人籌辦工人代表會的選舉，在星期一晚上的大會中，社會民主黨的首領吉其斯 Tcheidze 被選為工人代表蘇維埃的領袖，而克倫斯基副之。他們發表宣言，想把俄國實施政治民主，且須有普遍平等直接及祕密的投票，組成建國的會議。到了一九一七年三月十五日，有一個立憲民主黨的領袖，親向集陶利德宮 Taurida Palace 前的羣衆，宣布國會已同意廢黜俄皇，另組一個由各黨代表而成的臨時政府，并且發表了召集建國會議的宣言。俄皇聽見這個議決案後，立即簽定退位書，囑他兄弟密采爾 Michael 大公爵繼承皇位，但彼宣稱須經全國國民同意後，方能赴任，并希望由建國會議代表組成的平民投票，建立俄國政府和新的根本法，至此，俄國帝制，從此告終。未幾臨時政府，宣告成立，執政者都係立憲民主黨，總理為伏夫，Lvov 外交總長為密立克夫，Paul Milinkov 財政總長為糖王，工商總長係一富豪工業家，軍政總長則為一墨斯哥銀行家，至於司法總長為一社會主義者克倫斯基。不幸內閣誤認這次革命是政治革命，與經濟毫無關係，所以厲行政治改革，如普選大赦言論自由等，充公帝王家庭的財產，徵收利益稅，并將土地分配問題，延至召集全國會議時解決。至於俄國的參戰目的，也等閒視之。新政府的施政方針，引起人民的惡感，因為當時政府中人，不明革命的真義，和民衆真正的需要。而其施政方針，尤與俄國布爾謝維克黨人所主張的完全相反。三月革命之所以爆發，全是由俄國對於麵包問題與和平問題不能得到適當解決而起，可是革命後的臨時政府的執政者，漠視民衆的要求，且與他們革命的本旨相反，這樣自然不能令人滿意了。在那個時候，蘇維埃勢力逐漸雄厚，蘇維埃由工會店會專門職業工業的代表農民團體及軍隊代表所組成，他們起初被統治於溫和社會黨社會民主黨及社會革命黨。當時社會主義派別中各黨派的主張，頗不一致。社會革命黨和孟謝維克黨贊成繼續幫助協約國的戰爭，主張贊助臨時政府，并且覺得各派的聯合是必要的。至布爾謝維克派則要求根本實行社會革命。後來密立克夫和高池托夫 Guchtov 因事先後辭職，於是另組新內閣，其中社會黨六人，非社會黨九人，布爾謝維克黨極力反對內閣。托洛斯基并力主將權力移轉至革命的無產階級手中。其時，農民力主土地問題的解決，曾召集農民會議，想把土地私有財產及天然財富，概行廢除。在七月二十二日全俄蘇維埃會議開幕，克倫斯基力主繼續參戰，而列寧認為繼續參戰，是對社會國際運動的叛逆行為。但此會議，擁護聯合內閣，并深信如將一切權力歸於蘇維埃，則可避免再起革命的因素。在七月內西疆戰事的失利和一切土地工業改革計劃之遲遲未見施行，遂引起七月中反對聯合內閣的大示威，并迫其辭職解散。後克倫斯基榮任首相，蘇維埃加以擁護，以制止反對布爾謝維克的舉動。托洛斯基可洛太 Kalontay 等，因勾結德國當局，造成七月暴動，悉遭逮捕。後來新政府成立，其中社會黨四人自由黨兩人。但其時俄國邊境戰事不利，可熱洛夫 Kornilov 被克倫斯基的要求丟棄軍隊指揮，移駐披屈洛格萊特。Petrograd 蘇維埃遂起而守衛城市，他們設法使可氏的軍隊放下兵器。克倫斯基乃被任為總司令，但他沒有多大權力，并布爾謝維克反對聯合政府的聲浪日甚一日，不可遏止了。當在春秋二季時，臨時政府未見有關於土地軍事工業問題的政策的設施，而布爾謝維克黨力主將所有權力均歸諸蘇維埃，土地立即無償的分配，工業社會化，工人會社組織起來，并且從速締約媾和，以冀民主和平的實現，此種意見竟成為一種諧音，於是俄國逐漸趨向於左邊。全俄蘇維埃會議，被布黨所强制，於十一月三日召集會議。此次會議之召集，就是布黨準備侵佔政府機械的記號。他們想使這次會議，接受他們的目的，同時又感到武力做背景的必要，結果將披屈洛格萊特的警衛兵作為他們的護身符。在一九一七年十一月四日，他們聲述為「披屈洛格萊特蘇維埃的日子，」羣衆舉行反對克倫斯基政府的大示威，孫耀諾夫斯克 Semyonovski 的軍團，將他們財產散放於蘇維埃。後來布黨佔據披脫及普爾的炮台。兩天後，布黨的軍事革命委員會侵佔鐵路車站，并佔着電報局國家銀行及同樣機關，在十一月六日的夜裏，布黨又不經流血鬥爭的佔着許多軍事要塞。十一月七日冬宮臨時政府的大本營均被包圍。是日下午一時，托洛斯基聲稱克倫斯基政府的命運至此壽終正寢。是夜冬宮被佔，克倫斯基逃走，其餘部長均被拘捕，監禁於披脫及普爾的要塞。布黨自佔冬宮政權，就入軍事革命委員會之手。次日夜，社會革命黨及孟謝維克黨要求參與蘇維埃政府的建立，他們力主各黨——不論其爲反社會的或社會的——應共同組織內閣。布黨因是總想組成全共產的政府，於是列寧被選爲總統，托洛斯基爲軍政部長。後來反對布黨的空氣，特形緊張，數百反對蘇維埃政府者——社會黨及非社會黨——悉遭監禁，克倫斯基等得到柯山克斯 Cossack 的援助，柯氏原是被布黨擊敗的一人。在那個時候，最嚴重的問題，就是蘇維埃是否有管理政府事情的權力？是否將此種權力移入於由俄民投票選舉所組成的國民會議？布黨大聲疾呼的說：「一切權力屬蘇維埃！」他們以爲：(一)蘇維埃共和國是民主政體的高尚形式，較諸具有議會的普通中產階級共和國，誠不可同年而語。并且蘇維埃共和國是獨一無二的一種形式，可以不受任何痛苦而入社會主義的領域。(二)俄國人民在議會選舉和一九一八年正月召集會議的期間，社會思想逐漸左傾。是故議會已不能代表民衆。(三)開爾狄尼脫 Kaledinites 叛逆反對蘇維埃當局，反對農民勞工的革命，由是內亂不絕，人民受苦，結果俄民尤其在勞工農民而前，由歷史發生的一切嚴重問題，不能依照民主形式的方法而得圓滿解決。(四)一般反動份子力主議會保留權力，以破壞十一月革命的目的，所以祇有征服了地主資本家集團所獲的完全勝利，才可保持革命的果實。(五)蘇維埃實較議會更能着眼於俄民對於和平的需要。在正月九日那天，議會已允准蘇維埃提出的許多需要，唯尚未將權力移入其手，不料議會宣告解散。解散後蘇維埃政府在白利斯脫立托夫斯克 Brest Litovsk 地方議和，於俄國參與戰爭，至此告一結束，而蘇維埃組織在一九一八年七月十日採行。自蘇維埃政府成立後，布黨領袖發政施令，不受拘束，眞是普通所謂「一朝權在手，便把令來行。」他們決議案形式上呈與蘇維埃議會，但議會總是接受的。所以他們可以努力於經濟革命，使社會主義早日實現，社會秩序完全改造，這原是他們的目標所在。托洛斯基以外交委員的資格在一九一八年二月十四日開中央常務委員會時，說過這樣幾句話：「此次革命引起了土地與生產工具的私有問題，——就是掠奪階級的生死問題，……欲救國家，唯有使國家收入精確計算，生產組織秩序井然，——卽建築在遠大計劃上，——生產物品，加以合理及經濟之分配。此就所謂社會主義，……我們的口號，就是鬥爭，消滅等級，要有工作訓練，及社會主義的秩序，提高勞工的生產物。……」布黨執政五月，未見有具體計劃實現其目的。他們只是像馬克斯社會主義者的主張，廢除資本主義的破壞政策，同時着眼在新經濟制度的建設問題。這時列寧有兩個計劃：就是土地的充公與國有和各銀行合併成單純的國家銀行。但關於經濟組織形式的計劃，尙付缺如。至後具體計劃終得實現。本來布黨自十一月七日執政後，土地與和平兩大問題，急待解決，以孚衆望。托洛斯基在披屈洛格萊特地方蘇維埃第一次會議席上曾說：「……但是這次勝利的愉快，已被一種熱望所雲蔽，所謂熱望，就是國家如何接受這次革命，並且蘇維埃是否眞能保留這個政府」。列寧對於這兩大問題的解決方法，主用他素來主張的土地國有和與德媾和。國有土地就是廢除土地私有，實爲俄國經濟革命最重要的第一步，並於次年三月規定於一條法令中。這裏吾們將先敍述普通經濟計劃後述土地國有的實際情形。布黨施政的主要目標，是在廢除中產階級的經濟支配，所以每種計劃，總是異曲同工的達此目的。中產階級的經濟統治，建築在資本土地的處置權力上，而經濟奴隸的勞工，祇以工資工作來表示，此二者須臾不離。須將其從根拔取。那時有二個可能方法，一爲普遍瓜分，二爲集合共同生產。第一個方法，有利於農民，唯與馬克斯學說原則，大相背謬，因爲這不算是取消私有，祇爲瓜分而已。於是毅然採行共產主義實施計劃，就是將土地銀行工業，概歸國有。至於土地，一般大地主已遵一九一七年十一月的政令，沒收其財產，現在祇是農業如何進行問題。後來決定採大規模農業制度，從前私產共同耕種，市鄉中貧農或鄉村無產階級統治鄉村中產階級或富農，且由貧農管理指導生產事宜。至工業則採相似原則，唯須適合於不同情況，這就是說生產管理，移入於勞工手中，一般工程技師繼續工作，須俟工人富有技術學識後，方得去除；唯日常須受工人的管轄。這樣情形，工程師彷彿爲工人服務，好像從前工人爲雇主服務一樣。工業全部採取由各階梯組成單純的集中組織，最低爲工作委員會，逐漸向上，爲大大小小的地方會議。至若特別中央委員會代表全部工業的支流，其頂點爲代表全國的最高會議。總之，無論那項之採取集中組織，就是列寧社會主義的主要特質。布黨所以要用委員會制度，無非想以免去官僚主義。官僚主義的最大弱點，就是缺乏對於管理的個人負責。此外還有兩個原因：第一，因爲此種委員會及議會，原由社會上大多無知識的無產階級所組成。第二，此種制度，得能造成一種國家的特殊組織，使經濟管理與政治力量，不生關係。布黨施政的第二要點，就是替各人找到工作，一律強制作工。工作的分配和管理，悉由工人組織掌理，幷由工人組織決定每日的生產量，且考查每人達到這個標準。在他方面，也要使工作者深自覺悟到不爲雇主而作工，而爲社會服務。生產旣是這樣，消費也是如此，採用一種登記制度，使私人商業，一概取消，國外貿易均由國家辦理。凡供給消費的貨物數量，由代表消費者的組織決定之，此種組織，與生產組織相似，由各合作社推廣整理而成的許多團體，用以計算人口之需要和物品之分配，此種物品，悉由農工組織，依照說明書而供給。需要的計算，以最小的本地組織爲單位，經了許多階梯，彙合成一個總數，將此總數，送交最高生產機關，乃再經了許多生產階梯，分配給最小單位。由是以觀，生產品的進行方向，先是由生產組織的圓周至其中央，再由其中央至消費組織的圓周，這樣可使經濟官僚主義，減至最小限度，而每人自己要做的，只是消費分配得到的東西。工作酬報，用預算簿子的方法，這本簿子，也就是一律強制工作和分配消費物品的一個工具，每人每日的工作，載上簿子，就有獲得口糧的權利。凡簿上沒有這必要的記號，就無領取物品的資格。私人商業，旣是取消，市場亦付缺如。幷且當局還想逐漸取消金錢。當時用了時時變動幣制的良策，從擁有貨幣的人處，逐漸提取。凡貨幣超過了一定數額，就須充公，當錢幣廢除後，於是「天然經濟」之貨物，取而代之。這都是布黨執政後的計劃，都是全社會主義化的。Full Socialization 這樣計劃實施後，眞相如何？結果如何？這裏吾們也要略加敍述。先從農業方面說起，自組成許多「市鄉」(Commune) 後，每人只知自私自利，有的市鄉，因管理窳劣，而宣告失敗，有的雇用勞力，成爲資本家式的田園。許多農民，不願無償的爲社會而生產，政府雖施武力，但彼等只是供給自己需要的生產，農業生產，反而銳減，有時還遭荒歲的苦痛。在工業方面，布黨本來採用「無產階級獨裁」後來又依照列寧政策，實施工團主義，將工業由工人自己辦理，結果衝突不斷發生，工人亦無力進行。於是國家就無償的收歸國有。至於工業的產額，還遠不如農業，就是市鎮鄉村的生產，亦江河日下。在都市方面，不能得到食物，在國家方面，不能得到器具肥料及其他必需品。幷且運輸破壞，形勢益形嚴重。至於工人生活情況，亦未見全部改良，祇有共產黨員身居要位，怡然自得，充滿着官僚主義的色彩，其餘勞工，一面強迫工作，一面工資低落，物價昂貴，生活不勝其苦惱。這許多事實，就是布黨執政後的成績大觀。列寧因鑒於此，棄了「全社會主義化」的政策，改行新經濟政策。New Economic Policy 新經濟政策的眞義怎樣，吾們只要把列寧說的話介紹在這裏，不難了解。他說：「……現在欲增進小農民之地位，祇有二法，他必須能自由的商業貿易，和必須有需要物品。……自由商業，如能續存，那末國家可得定量小麥，以交換製造品。倘此小麥數額，足以供給鄉村及工業需要，則經濟制度，可江山重起。……吾們想農民供給穀物，須有相當獲得，此穀物，卽以分配與工廠及工場，這樣吾們才可達到生產分配之共產制度。……短期間內的經驗，已指出此種思想的錯誤，此種思想和吾們從前所說的從資本主義到共產主義，須經過社會主義的管理，不然，共產主義，永無實現之一日，適相矛盾。……吾們的經濟失敗，是無疑的，且這次是極嚴重的失敗，所以吾們要十分坦白的面向着新經濟政策的問題，……

……新經濟政策是將資本主義重建到某種程度。吾們也不知道究竟伊於胡底。……對於國外資本家的讓步，就是資本主義的直接重建，這與新經濟政策正相脗合。……吾們的前線攻擊已告失敗，吾們業已戰敗，現在吾們要坐下，開始挖掘地道。國家的全部經濟，須建築於個人利益上，討論應當公開，負責應由個人。……現在吾們如再工作窳劣，吾們將陷溺地獄。……」這樣看來，新經濟政策的眞諦，就是資本主義之重建。俄國於一九二一年實行新經濟政策，至一九二八年起，改行「五年大計劃」The Five Year Plan，所謂「五年大計劃」，就是自一九二八——一九二九年度至一九三二——一九三三年度止的實業大計劃。這計劃的總綱目，有投資總數的累增，工業資本的分佈，增加生產方面，減少消費方面的國家資本，專門技術的研究等等。他無非想把偌大的農業俄國，變做近代工業化的國家，以作來日實施社會主義的充分準備。俄國最高經濟委員會主席柯比西夫Kubischeff會說過這樣一句話：「五年大計劃在蘇俄的經濟史上，可以算是空前的創舉了！」將來俄國進行至若何地步，吾等祇有待將來事實的告訴了。

## 四　今後俄國革命之前途

俄國經了三次革命，由推翻專制而成立克倫斯基政府，再由推翻克倫斯基政府，而成蘇維埃政府，從極反動極沈腐的政治制度，走向嶄新的極奇突的政治組織，震動着全球的人民，驚駭着世界的各國。在這個觀點上，吾們不得不佩服俄國之富有冒險性進取性創造性和試驗性。可惜他的玄想太高，鵠的太遠，只着眼於目的而漠視着方法，卒致國家弄得落花流水，紛擾無已，國家元氣大傷，人民痛苦益深，世界友邦，亦對之唾罵不絕口，完全失去了當初革命的本旨，這是俄人那裏夢想得到呢？到了現在，已向後轉至資本主義的舊途，振興實業，製造國富，兢兢業業，奮發努力，以創造來日再行實施社會主義的背景。這樣看來，俄國未來的革命，正在遠遠的竚候，其爆發祇爲時間問題而已。今試分述如下：第一，布黨執政後，實行共產主義，既告失敗，於是從一九二一年起，不得不改行其所謂「新經濟政策」。新經濟政策，直截了當的說：就是資本主義的復活。自新經濟政策實施以後，在無產階級的獨裁或制限下的資本主義的生產，許可其生產物的資本的生產，許可其生產物的資本的交換，即是許可資本主義在無產階級獨裁或制限下的一種新方法。在這種情形之下，歷時既久，私產制度，又將發生，新的資產階級，隨諸實現，這原是無容疑義的。那時無產階級，既成爲有產階級，則所謂無產階級專政的政治，根本上就發生搖動了。第二，農民問題，一向是俄國歷來最難解決的問題，俄國是一個老大的農業國，農民佔全國人口百分之八十以上，在帝王專制時代，對於農民，橫征暴斂，施以極殘酷的剝削和掠奪。自蘇維埃政府成立後，對於農民，始終採取攏絡手段，表面上是拿「農民與無產階級聯合」的口號，表示與農民親善，但按之實際，變本加厲的剝削農民，凡農民耕種所得的出產品，除供給自己需要之一部分外，餘歸國家所有，這樣農民那肯從事超過自己需要的水平線去生產呢？并且布黨用「農村分化」的政策，使農村中發生混亂，而農民對於布黨，始終處於不信任的地位。俄國新經濟政策的實施，質言之，也是因爲農民問題，不能得適當的解決。如對農民，再不表示讓步，則俄國政府，將發生動搖。所謂無產階級專政，也就成爲泡影了。所以，農民問題，實是蘇俄的「致命傷，」自新經濟政策實行以來，蘇俄政府雖處處對農民讓步，但農民始終不信任布黨，蘇俄對於農民問題，仍無適當解決。自一九二八年蘇俄爲改造整頓其農工業起見，實施五年計劃以來，一方面對於「富農」Kulaks施以壓迫手段，甚至因其反對俄國的實行社會主義而加屠殺。在另一方面，根據各方面的消息和報告，亞俄及歐俄的農民，都有激烈的反抗政府的表示，他們所反對的就是政府對於農業上所施的左傾政策。由此看來，蘇俄農民問題中所包含的革命的因素，將來總有激盪而爆發之一日。第三，俄國自十一月革命後，實行其獨裁專制政治的無產階級專政，換言之，就是列寧的「寡頭政治。」列寧坐着交椅，獨攬政權，發縱指使，不可一世，國內一般黨徒，只是虔誠的服從「神」一樣。所以俄國自十一月革命後，直至列寧死前，簡直可說是列寧的個人獨裁政治的時期。他是威風凜凜的超越在全俄蘇維埃大會或全俄共產黨之上。因爲如此，國內一切政治機關，悉在他一人的掌握中，他有什麼主張和意見，總可在共產黨大會，不費吹灰之力的得以通過。吾們把他和一九〇五年革命前的沙皇兩人在天秤上稱一下，究竟有何軒輊？自列寧抱疾回鄉以後，蘇俄政治完全入於游離紛亂的時期。斯達林乘機排斥托洛斯基季諾維夫加美納甫等，竊奪政權，排斥異己。他爲保障他的地位計，將有反對嫌疑者，悉數逮捕誅戮，所以他獲得「犯罪的反革命的專政者」的榮銜。這樣看來，斯達林與列寧，沙皇，又是一而二，二而一的東西。因此，在這種專政情形下，革命勢力，仍不時發動。自一九一九年以來，就有各種反幹部的運動發生，而一九二一年三月克朗斯泰海軍的革命，尤爲轟轟烈烈，有人稱其爲俄國十一月革命後的又一次新的革命，使强横的列寧政府不得不改行新經濟政策。到了最近，社會民主黨又有「要求民主主義，推翻官僚政治」的新口號，異軍突起的反幹部運動，雖被幾個首領作爲政爭的工具，但已充分的表示一般民衆的熱烈要求。雖然這種革命運動常被鎮壓下去，但革命勢力日有進展，誰能擔保將來不致一觸卽發呢？最後目下俄國正在實施五年大計劃，他們希望在此五年間將俄國產業發達到最高限度，把整個俄國加以工業化，這樣下去，產業發達，財富充裕，資本主義的色彩日益濃厚，不久的將來自能水到渠成的爆發革命，所以去年十一月三日紐約的莫斯科通訊有這樣驚人的幾句話：「五年大計劃，不但是單純的農工改造，乃是革命，不特是革命，乃是世界史上的最大革命。」由此可知五年大計劃的本身是一種革命，將來眞正實際的革命，當然是免不了發生的。因此吾們根據客觀觀察的結果，而知俄國革命的前途，還埋伏着許多新的革命運動的潛勢力。近來民權潮流，盛極一時，任何革命運動須以民治爲基礎，以自由爲原則，所以我們由俄國革命史的因緣，可得下列幾個結論：(一)俄國革命爆發，完全由俄人爭民族的政治的及經濟的自由而起。俄國革命，如果不能達到這個鵠的，革命風潮，沒有終止。(二)布黨憑藉一時權謀，利用當時民衆誤解，獲得政權，施行强横手段，消滅一切革命勢力。但是獨裁政治的淫威，與「沙」皇專制，不相上下，結果使人民的民族的政治的及經濟的自由，無從獲得，反使俄國人民，由俄皇「沙」的專制主義，轉到布爾謝維克的獨裁專制，而更加以殘暴的形體。(三)自新經濟政策實行後，俄國實行資本主義的生產和交換，換言之，卽許可資本主義在無產階級下回復到資本主義的舊路。結果發現私有資本，產生新的資產階級，對於無產階級專政的政治根本發生動搖，他方面自列寧以至斯達林，都是厲行寡頭政治，所以新的革命運動的孵化方興未艾，緜延不絕。

# 第四篇　中國革命

## 第一章　中國革命之意義

### 一　民族革命的意義

什麼是民族？所謂民族，Nation 在英文中原有「民族」與「國家」兩種的解釋，這兩種解釋最易含混一起，不知其底蘊。吾們要知道：一個國家，大率由幾個民族結合而成，同時，一個民族，常常分散於幾個國家，比如大不列顛帝國，是由白種的撒克遜民族與紅人黑人等民族結合而成。美國是由英之撒克遜法意之拉丁德荷之條頓等民族及黑種人結合而成。又如拉丁民族，在歐洲建有法蘭西意大利葡萄牙西班牙等國家，在美洲建有黑西哥祕魯智利哥倫比亞巴西阿根廷及其他中美洲各小國，條頓民族有德意志奧地利瑞典那威荷蘭丹麥諸國，斯拉夫民族有俄羅斯捷克斯拉夫佐哥斯拉夫諸國，撒克遜民族有英美加拿大等國。我們既不能說某一國是斯拉夫或條頓民族，也不能說拉丁或撒克遜民族就是某一國。由上說來，可知一個國家，不一定是一個民族，而一個民族，又不一定在一個國家，簡言之，一個國家的種族，雖不一統，也可成爲國家的。中山先生對國家與民族，加以清晰的分別，先生說：「由王道造成的團體，便是民族，用霸道造成的團體，便是國家。」所謂「王道」，就是合於自然的，所謂霸道，就是武力强制的，民族既是由自然造成，則所謂自然力，自然是組成民族的要素，這種自然力，可分開說明：第一是血統，血統是民族最重要的團結力，初民的社會組織，大都由血統觀念來決定的，後來漸次擴大成爲種族，所以民族是種族分出來的，種族之一統，雖未必是民族組織的要件，但是各民族因血統關係而團結一起，是常有的事情，不過在社會內，都有特殊種族的存在，他們在法律上，政治上，都站着重要的地位，這樣就難成爲同一的民族。第二是生活，謀生方法的不同，結成的民族，也隨之而異，民族生活的要件，厥推地域，因爲一定的地域，可以發生民族的情感，假使民族沒有地域，民族自覺，便無法可以養成，同時又因氣候土壤及經濟狀態的不同，而養成各種相異的民族之特性，例如蒙古人逐水草而居，度游牧生活，所以就養成「行路不怕遠」的特性。第三要素是語言文字，語言文字雖非民族構成的唯一要素，但亦佔着重要地位，因爲語言文字是傳達思想的工具，人類進化的動力，語言文字相同，就容易發生共同的感覺，共同的文化，而民族因得永久存在，世界上許多民族，土地主權，雖然喪失，民族觀念，依然存在，都是因爲語言相同的關係，比如意大利的民族觀念，所以能依然保存，就是因爲這種原因，反之印度因爲語言隔閡，就不易組成統一的民族，又如中國地廣人多，語言一統，故始終是一個民族。中山先生說得好：「如果外來民族，得了我們的言語，便容易被我們感化，久而久之，遂同化成一民族，反過來看，若是我們知道了外國語言，也容易被外國人同化，……所以語言也是世界上造成民族很大的力。」第四是宗教，在上古與中世紀的時候，宗教信仰，是人民團結的最大力量，宗教不同的人，就同異族人一樣看待，如與宗教信仰有衝突的時候，雖有血統關係，也不能相容。孫先生說：「大凡人類奉拜相同的神或信仰相同的祖宗，也可結成一個民族。宗教在造成民族的力量中，也很雄大，像阿剌伯和猶太兩國，已經亡了許久，但是阿剌伯人和猶太人，至今還存在。」此外對於民族構成的要素，還有一個就是精神上的團結，這種精神的團結，包括各種的風俗習慣及其他公共利益，大凡人民同居一地，他們的歷史風俗習慣及道德等，如若相同，便容易發生一種民族精神；穆勒 Mill 解釋民族之成立，謂由於一羣人類具有共通的同情，這種同情在他們與外族間所不能存在的，因此使他們願意合作，願意立於一個政府之下，願意由他們自己或其一部分人統治他們，由此看來，這種民族精神，便是現代國家發生的基礎；由此說來，民族純是一種自然的產物，由血統語言生活宗教以及風俗習慣相同的人民所組成的。當上古時候，人類為抵抗自然界壓迫起見，共同團結，以維生活，這就是人類經營團體生活的特徵，團體生活的原始形態，實在祇是性的結合，因有性的結合，就蛻變發展成家庭，在漁獵經濟時代，人類生活，游移不定，沒有固定的住所，更沒有家庭的形式；後來進展至農業經濟時代，生活安定，部落形成，各部落間往來交通，接觸日多，由是逐有同樣的語言風俗習慣生活方式的產生，而民族勃然而興；所以民族在社會發展的過程中，由漸而來的自然形成的結果，與國家之以武力强迫而組成，截然不同的。當部落與部落之間，民族與民族之間，發生戰爭，結果戰勝的部落或民族，合併了戰敗的民族或部落，這樣就變成國家的形態，所以中山先生，以為國家是以霸道造成，而民族是以王道構成的。民族既是社會發展過程中的一種形態，故其本身，具有變化的特性，吾們如以歷史的眼光，觀察一下，就可發見兩種事實：第一種是民族的同化，換言之就是由數民族合併成一個大民族；第二種是民族的滅亡，質言之就是一個民族，受了自然或人為力的影響，趨於消滅；這都是歷史上常有的事實。世界上任何民族，各有其特性，這種民族特性，即形成各不相同的民族，假使沒有民族的特性，則民族當無區別，民族本身也不會存在。德意志人的沉毅，盎格魯撒遜人的沉着，拉丁人的浮囂，日本人的鄙吝，中國人的優柔寬大，此即各民族的特性。無論那個民族，欲其自由獨立，不被同化，不致消滅，則非有一種自强不息的民族意識不可，有了這種民族意識，才能認識保持及發揚自己民族的精神和文化，倘沒有民族意識，則每人祇知有己，不知有人，不知有民族，更不知保持及發揚自己民族的精神和文化，在這種情形之下，欲望民族之興榮獨立，戛戛乎難矣。上面吾們已將民族詳細敘述，茲進而述民族主義。

民族主義最初不過是一種强烈的情緒，後來才逐漸成為一種强有力的學說；摩黎 Morley 說：「十九世紀政治上最顯著的運動，就是民族獨立運動，民族的情感，並不是新奇的事情，新奇的地方，就是將這種情感變為政治思想。」所以氏的結論就斷定：「民族主義，是一種本能，由這種本能而變為思想，由思想而變為抽象的原則，由此抽象的原則，又變為偏見，更由此偏見而變為政治信條。」可見民族主義是一種民族共有的本能，在近代政治當中占有重要的地位。民族主義的思想，是從法蘭西革命戰爭開始鼓動出來，而一八一五年日耳曼聯邦的成立，是歐洲民族主義最盛的時代。此外，如一八二七年希臘的自由運動，意大利的統一運動等，都是受當時民族主義的影響。民族主義和國家主義，完全處於相對的地位，這為一般人所容易誤會的，而民族主義與世界主義，乃是互相啣接的所謂民族主義，是建設民族的國家而再幫助他民族建設民族國家而國家主義，只顧自己得到獨立平等，不要人家獨立不許他人平等，詳細的說國家主義所最尊重的國家，是以武力威力做基礎的，並非以單純的民族爲本位，而是以一民族壓迫多數民族爲原則的，而民族主義一方而是主張自己民族的民族自決，但是同時援助他民族的自決運動，其終極目的，是求民族平等的大同世界之實現。中山先生說：「中國如果强盛起來，我們不但要恢復民族的地位，還要對於世界負一大責任，甚麼責任呢？現在列强走的路，是滅人國家的，如果中國强盛起來，也要去滅人國家，也要學列强的帝國主義，走相同的路，便是蹈他們的覆轍。所以我們要先決定一種政策，要濟弱扶傾，才是盡我們民族的天職，我們對於弱小民族，要扶持他，對於世界的列强，要抵抗他。」執上以觀，吾們亦可演繹出一個結論，就是狹隘的國家主義之成功，不過是以暴易暴而已，換句話說，就是只把民族間舊的不平等，換上新的不平等，而民族主義則要把民族間一切不平等變成平等。民族主義之偉大的理想，就是大同世界，換句話說，就是世界主義。不過民族主義主張的世界主義與帝國主義所主張的世界主義，根本不同，帝國主義所提倡的世界主義，是想征服別人，站在萬國之上，做全世界的主人翁，始終是帶着帝國主義的色彩；反之民族主義所提倡的世界主義，就是各民族自由平等而相聯合一起，牠以民族主義爲出發點，以民族平等爲唯一要件，假使自己民族未得獨立解放，而就大唱世界主義的高調，這是好高騖遠，不求實際的現象。孫先生這樣說：「我們要知道世界主義，是從甚麼地方發生出來的呢？是從民族主義發生出來的，我們要發達世界主義，先要民族主義鞏固才行，如果民族主義不能鞏固，世界主義就不能發達，由此便可知世界主義實藏在民族主義之內。」總之，中山先生的民族主義，是有徹底的偉大的理想做基礎，又能適合我民族的需要，同時，更能合乎近代世界的新潮流。本來中山先生民族主義的本身，是一種王道，而不是一種霸道，一面在求我國的獨立自由，他方而還要扶助世界弱小民族，企圖消滅侵略的帝國主義，使世界成爲一個大同的世界。所以三民主義中民族主義的特點，有如下述：（一）三民主義中的民族主義，其主要目的，在使中國民族，解脫帝國主義的壓迫，以求得我民族之獨立與自由，更承認本國境內各民族的自決權，企圖以本國現在的民族，構成大中華民族，建設民族的國家。（二）三民主義中的民族主義，不是狹義的民族主義，而是主張與一切殖民地半殖民地的被壓迫民族，在反帝國主義的基礎上，共同聯合，共同奮鬥，更使世界各弱小民族，都有自決的機會，促成民族平等，世界大同理想之實現。（三）三民主義中的民族主義，又是與民權民生主義同時進行的，我們所希望的，不僅是一個獨立自由的國家，並且還要進一步求人民之有權管理與安居樂業，以實現眞正的爲民所有爲民所治爲民所享的國家。吾們現在看看中國民族的情形怎樣？今日中國民族，忍受天然力與自然力的掠奪，天然力中，以人口的增減，最爲重要，而人爲力中，包含有政治與經濟兩大動力，許多人以爲中國民族，從前不知經過了多少災害！至今依然存在，未致滅亡，以後無論若何災害，決不致於滅亡，但是孫先生這樣的警告我們：「此後中國民族，如果單受天然力的淘汰，還可以支持一百年，如果兼受了政治力和經濟力的壓迫，就很難渡過十年，故在十年以內，就是中國民族的生死關頭。」中國民族所受列强的經濟侵略，可說是登峯造極，已臻最高限度。侵略的情形例子甚夥，比如列强海陸軍，可以自由的開到中國，此其一；許多中國領土，如上海廣州香港旅順大連灣廣州灣等處，有的侵佔，有的租借，實際上都淪爲帝國主義治下的領土，此其二；中國人對外國人訴訟須由外人審判，中國人對中國人在租界訴訟，亦由外人審判，這就是所謂領事裁判權，此其三；其餘一切不平等條約，都是我們的賣身契，他們用了種種威迫瞞騙，明搶暗奪，陰險奸滑，詭譎卑劣的外交伎倆，將我國軍港商港鐵路礦山土地所有權，商工業，以及一切沿海港灣島嶼佔去，吾們如從主權上國防上經濟上交通上種種方面觀察，無一不關係中國的生死存亡，此其四；至於種種經濟侵略，如(一)洋貨的侵入，每年奪我權利約五萬萬元；(二)銀行鈔票侵入我市場，與匯兌的折扣，存款的轉借等事，每年奪我利權約五萬萬元；(三)出入口貨運費的增加，每年奪我利權約數千萬至一萬萬元；(四)租界與割地的田賦地租地價三項，每年奪我利權約四五萬萬元；(五)特權營業，每年奪去利權約一萬萬元；(六)投機事業，及其他種種剝削，每年不下數千萬元。這六項經濟壓迫，總共有十二萬萬元，如果不想挽救，則有增無減，十年要增加兩倍半，就是每年三十萬萬元，分担到我們四萬萬人身上，每人每年要擔七元八角，與外國人除女子老弱不能生利外，每一個男子，須年擔四十五元的人頭稅與外國，此其五；我國人民赴英美法日等帝國主義的國內及其屬地，忍受他們的虐待，驅逐，殺戮，與亡國奴實不相上下，此其六；這都是中國民族受侵略壓迫的事實。有人以爲中國民族的目前情況，乃是準殖民地的地位，因爲中國表面上雖是獨立國家，實際上帝國主義的鐵鏈枷鎖，已加在我們身上，所以雖不能算作完全被異族呑併的殖民地，事實上也和殖民地相差不遠，故名之曰準殖民地。孫先生以爲中國是在次殖民的地位，準殖民地的地位，在殖民地之上，次殖民地的地位，在殖民地之下，安南亡於法，地域變爲法國殖民地，人民變爲法人奴隸，朝鮮亡於日本，地域成爲日本的殖民地，人民成爲日本的奴隸，安南朝鮮的民族，衹做一國的奴隸，而我國截然不同，凡帝國主義國家或其資本家，常以主人翁的地位對我們，所以實際上我們做十幾國的奴隸，還不如朝鮮安南，只能算爲次殖民地。中國民族的地位，既瀕危殆萬分之境，而民族精神與民族自信力，消沈衰落，不忍卒述，一般國人對外的心理，由鄙視而排斥，而畏懼，而諂媚，而倚賴，其間經過情形，思之令人於邑！當在海禁未開前，國人目外人爲戎狄蠻夷，倨傲鮮腆，夜郎自大，此種心理，已屬大謬，自交通發達，接觸日多，國人對外人，醜態百出，厥狀可笑，於是民族精神，遂每況愈下，陷於萬刼不復的狀態了。中國民族，今日所處地位，既甚危險，則今後吾人欲求民族問題的適當解決，就非實行三民主義中的民族主義不可，所以民族主義，是解除中國民族困阨的唯一福音。民族主義解決民族問題的方針，可以分爲對內的與對外的兩種，所謂對內的，就是以本國現在的民族，構成大中華民族，建設民族的國家，對外就是扶助弱小民族，實現世界民族間的平等，這兩種意義，是十分重大的。就第一種意義來說，中國境內各民族，務求一律平等，因爲辛亥以後，滿洲的宰割政策，既已摧毀無餘，則國內各民族，自應獲得平等的結合，所以民族主義對內的要求，就在求國內各民族的平等結合，而民族主義的貫徹，尤在積集各民族的勢力，隨國內革命勢力之伸張，而漸與諸民族爲有組織的聯絡，并講求種種具體的解決民族問題的方法，承認中國境內各民族有自決權，在反帝國主義及軍閥的革命勝利以後，當組織自由統一的「各民族自由聯合」的中華民國。再就第二種意義來說，中國民族對外在求能自由獨立於世界，在辛亥革命前，民族主義的作用，在脫離滿洲的宰割政策，及列强帝國主義的瓜分政策，辛亥以後，滿洲的宰割政策已爲革命運動所摧毀，而列强的帝國主義，依然兇橫如故，由瓜分的宣傳變成實際共管，在政策上由武力的掠奪變爲經濟的壓迫，而其結果依舊使中國民族長久喪失其獨立自由，中國民族在政治上經濟上都在被宰割被侵略的地位，所以民族主義對外在發揚國民的能力，成功健全的反帝國主義底運動，以求中國民族眞正的自由與獨立。我們由這兩種意義看來，民族主義實爲解決中國民族問題的唯一利器，我們要使中國民族得到已失的獨立與自由，就非實行民族主義不可。至於民族主義的實行方法，可分爲積極的與消極的兩種，所謂積極的，就是振足民族精神，求民權民生的解決，所謂消極的，就是凡列强不以平等待我者，不與合作，這是實現民族主義的兩大途徑。孫先生積了四十年的經驗，決定中國民族革命的方略，對內須喚起民衆，對外須聯絡以平等待我的民族，要喚起民衆先要恢復民族精神，要恢復民族精神，第一，須使民衆了解中國民族現在所處的地位，以促其民族的自覺；上面已說過，中國民族正受自然力政治力與經濟力的壓迫，民族地位危險萬分，這種現狀，應使民衆有澈底的了解。第二，須利用中國固有團體，結成堅固的民族，中國人民的民族觀念，非常淺薄，這是無可諱飾的事實，而國人對於家族宗族和鄉土的觀念非常深刻，正可利用家族宗族的團體，聯合成為民族的大團體，一方面順應進化的趨勢，一方面又加以人力的促成，則中國民族的團結自能日趨鞏固。除利用固有團體結合成國族團體外，還須恢復固有道德，有了固有道德，然後能恢復民族的地位。中國的固有道德首是忠孝，次是仁愛，其次是信義，其次是和平。孫先生以為此種舊道德，就是民族精神之所寄托，不但不能棄若敝屣，且當極力求其發揚光大。孫先生認定「忠」字不可廢的，從前忠字，專作忠君的解釋，而今可以「忠於事忠於國忠於民」解，所以皇帝雖已廢除，忠字仍可存在的；至於「孝」字，也是中國民族的特長，為世界各國所望塵莫及的。孫先生曾這樣說：「國民在民國之內，要把忠孝兩字講到極點，國家便自然可以強盛。」至於「仁愛」與「信義」，也是民族的好道德。先生說：「古時有所謂愛民如子，有所謂仁民愛物，無論對於甚麼事，都是用愛字去包括，不過是中國人對於仁愛，沒有外國人那樣實行，但是仁愛還是中國的舊道德，我們要學外國，只要學他們那樣實行。」又說：「講到信義，中國人實在比外國人好得多，中國人交易，沒有甚麼契約，只要彼此口頭說一句話，便有很大的信用。」此外「和平」，更是中國人極好的道德。孫先生以為：「各國人公同去講和平，是因為怕戰爭，出於勉強而然的，中國幾千年來酷愛和平，都是出於天性，論到個人，便重謙讓，論到政治，便說不嗜殺人者能一之。」總之，孫先生認定「這些特有好道德，便是我民族的精神，必須發揚光大，然後我們民族的地位，才可以恢復。」

在消極方面，應採取不合作的辦法，實行經濟絕交，使帝國主義得以稍減少其作用。本來帝國主義所憑藉的，是我民族的土地原料人工，現在我們要把這些土地原料人工保持着，不再供給帝國主義的掠奪，以保存我民族的生命，同時，并認清妨礙我民族發展的，是我民族的仇敵，以平等待我的，是我民族的好友，我們應該本着孫先生昭示我們實行民族主義的方法，共同努力以實現我民族的自由與獨立。說到此處，我們須注意民族主義不僅以求得中國民族的自由與獨立為滿足，且須進一步聯合世界上被壓迫民族，共同奮鬥，以求世界大同理想的實現，在前面已略為說及。孫先生這樣的對我們說：「我們在今日沒有發達之先，立定扶傾濟弱的志願，將來到了强盛時候，想到今日身所受過了列强政治經濟壓迫的痛苦，將來弱小民族，如若受到這種痛苦，我們便把那些帝國主義來消滅，那才算是治國平天下。我們將來要想治國平天下，便先要恢復民族主義和民族地位，用固有道德和平做基礎，去統一世界，成一個大同之治，這便是我們四萬萬人的大責任，諸君都是四萬萬人的一份子，都應該担這個責任，便是我們民族的精神。」我們由可知孫先生的民族主義，確含有世界的意義。列寧將全世界人類，劃分為兩大部分，一為壓迫民族，一為被壓迫民族，他說：「若全世界的人口為十七萬萬五千萬，則被壓迫的民族，實佔全世界人口百分之七十一。」孫先生主張在這種情形之下，聯合被壓迫民族，以打倒壓迫民族，帝國主義既是一個整個壓迫的階級，則弱小民族，亦應聯合在一條戰線上去對付，所以中國民族運動實有世界的意義。三民主義中的民族主義，對於世界的貢獻，可分兩項說明：第一，主張世界各民族，立於平等地位，孫先生主張「民族自決，」他說「我國人民，發生一種新覺悟，……現在要解除痛苦，故不得不除去帝國主義，主張民族自決，……俄國的主張，與威爾遜的主張是不約而同的，都是主張世界上的弱小民族，都能夠自決都能夠自由……世界上各弱小民族，都能贊成共同來求自決。」可見孫先生是主張以民族自決的精神，求到世界上各民族平等的地位。第二，被壓迫民族的聯合戰線，是打破帝國主義的最好策略，孫先生主張「與世界上以平等待我之民族共同奮鬥。」這種弱小民族聯合的戰略在積極方面言之是脫除國際帝國主義的宰割，謀各民族的獨立成功在消極方面言之是促短帝國主義的生命，促成世界大同理想之實現。

## 二　民權革命的意義

「民權」兩字照孫先生所下的定義，就是「以人民管理政事便叫做民權。」具體的說近代所謂民權，不外是瑞士人民所行使的「選舉權」「罷免權」「創制權」和「複決權」而言。自辛亥革命以後，中國人民，已脫離封建政治成爲民國的主人，中國臨時約法第二條，已明白說明：「中華民國主權在民。」所以孫先生民權主義的內容並不是主權的存在問題，而是主權的運用問題。換句話說民權主義就是在使中國人民既獲得主權的資格以後，如何去運用其主權，以求到政治地位上的平等。孫先生說得好：「夫中華民國者，人民之國也，君政時代則大權獨攬於一人，今則主權屬於國民之全體，是四萬萬人，卽今之皇帝也，中國之百官，上而總統，下而巡差，皆人民之公僕也。」我們由此可知孫先生的民權主義，是想用四萬萬人來做皇帝，不僅要四萬萬人領有皇帝的虛名，而在得有皇帝的實權，因爲人民有了選舉罷免創制複決四個民權，對於政府，可以指揮去留，這豈不是已享有了皇帝的實權嗎？所以孫先生說：「這四個民權，就是四個放水制，或者是四個接電紐，我們有了放水制，便是以直接管理自來水有了接電紐，便可以直接管理電燈有了四個民權，就是以直接管理國家政治。」本來「民權」是要以「自由」「平等」爲原則的，但是這種所謂自由，並不是那種沒有界限的自由，而是要恢復我們國家的自由，因爲人人若把自己的自由擴充到極大，全國人民要變成一盤散沙，無民族團結的精神，所以孫先生主張糾正這種謬誤，而須注重團結的行動。至於中國人民所要的平等，也不是「把位高的壓下去，成了平頭」的平等，而是求人民在政治上地位的平等。所以「民權」雖是以自由平等爲基礎，但須以國家政治上的自由平等爲主，所以民權主義的精神，就是人民於間接民權之外，復行直接民權，也就是說，人民不僅有選舉權，而且兼有創制複決罷免諸權，人民運用這四個政權，以管理政府，政府應用司法立法行政考試監察五個治權，替人民工作，企圖人民在政治上地位的平等，促成全民政治的實現。民權實爲近代的產物，從前神權君權，盛行於世，到了十九世紀以來，民權運動的勃興，大爲熱烈。本來，神權君權和民權，都各具有歷史的價值，和時代的意義，某一個時代需要神權和君權的時候，政權便屬諸個人，時代需要民權的時候，政權便屬諸人民，這完全是一種自然趨勢，非人力所能左右的。孫先生所以說：「世界自有歷史以來，政治上所用的權，因爲各代時勢的潮流不同，便各有不得不然的區別，比方在神權時代，非用神權不可，在君權時代，非用君權不可。」但是從前需要神權或君權，爲何現在卻需要民權，「因爲從前的人類的知識未開，賴有聖君賢相去引導，在那個時候，君權是很有用的。君權沒有發生以前，聖人以神道設教，去維持社會，在那個時候，神權也是很有用的。現在神權君權，都是過去的陳迹。到了民權時代，就道理講究竟爲甚麼反對君權一定要民權呢？因爲近來文明很進步，人類知識很發達，發生了大覺悟，好比我們在小孩子時候，便要父母提攜，但是到了成人謀生的時候，便不能倚靠父母，必要自己去獨立。」由此我們可知歷史發展到現在時代，需要民權，所以管理政治的力量應該屬諸人民。

孫先生的民權主義，有其特殊優點，先生從政治的理論和實際問題上，區別權能，這是現代政治學上一個很大的發明。從前許多學者，雖看到此點，但是沒有相當的解決方法，先生以爲歐洲爭民權歷史，雖爲時很久，但是結果，還是沒有多大利益，這都是由於大家分不清「權」與「能」的區別。先生說：「這個權能分別的道理，從前歐美的學者，都沒有發明過。」我們由此知先生這種區別權能的主張，是引起政治學上的一個大革命，所謂權能區別，就是將政權與治權分開，政權包含選舉權罷免權創制權複決權，而治權包含司法權立法權行政權考試權監察權，這就是所謂五權憲法。至於這九個權的關係，孫先生解釋得異常清晰，他這樣說：「人民要怎樣管理政府，就是用選舉權罷免權創制權和複決權。政府要替人民做工夫，就是實行立法權司法權行政權考試權和監察權，有了這九個權，彼此得保持平衡，民權問題，才算是眞解決，政治才算有軌道。」這樣說來，所謂政權，就是人民用來直接管理國家的政權，有了這選舉罷免創制複決四權，來管理政府，政府本身應該有很完全的組織，來替人民工作，組織有能幹的政府的方法，就是應用司法立法行政考試監察五權分立的政府，這樣組織的政府，才是完全的機關，才能盡量運用其能力，這樣就是所謂權與能分開的辦法，人民有了這四種政權，便可以管理政府，政府有了五權憲法，便可以盡力爲人民工作，如此，政府既可以充分的運用其職權，人民又可以充分的使用政權，管理政府，成爲最有效能的政制。現在我們要將民權主義的特質說一說。三民主義中的民權主義，本是近世民主主義中的一種主義，但牠是近世民主主義中最進步最完全的一種主義。所以牠有其特質，與一般所謂民生主義，根本不同的。民權主義的第一個特質，就是不僅主張間接民權，而且是直接民權。近代政治不外乎是「直接民主制」與「間接民主制」，所謂直接民主制，就是主權者爲人民全體，以全國人民直接去行使立法司法行政各種權能，這種制度，在以前希臘的城市國家與近代瑞典及美洲的幾邦中，很見通行。盧梭爲主張直接民主制最熱烈的人，他以爲主權是人民的總意集合體，除此集合體以外，他人不能代表，因爲權力雖可轉移，而意志不可轉移，一人的意思，雖或於特種事項，偶然與人民之總意相同，然誰能保證其永久相同？在本質上私人之意思，近於偏好，國民之總意，趨於公平，私人之意思有時或能與總意偶然相同，所以主權者，只能對於他人已發表之意思，加以贊同，而斷不能附和他人尚未發表的意思。盧氏這種意見在解釋主權的本質，證明代議制的虛僞，想以立法的權限，付之於全國人民直接構成的國民大會，國民大會除行使立法權以外，並且有指揮監督或廢置行政部的權能。但是由全國人民構成的國民大會，又恐難有良好結果，而直接政府的範圍，既僅限於立法權，其進行又必感到十分的困難，所以羅爾眉 Lolme 說：「以國民全體直接行使立法權而欲得到良好的結果實在是做夢，大多數的人民，終日為生活忙迫，那有安閒的時間，來作立法的事業，即使他們得有餘暇，而大部分又都缺乏知識，當然不能判別法律。天之生材有限，立法事業至繁，國民中能勝任的僅一小部分，所以人民以立法權委之於少數能幹的議員，就好像病家信賴醫生，訴訟人信任律師一樣。」可見以人數衆多的國民大會，處理行政瑣務，不獨民衆的知識，不能勝任，而於時間及組織上，都發生許多難題。至於間接民主制，就是人民祗有主權的虛名，而以政府的作用，完全委之於其他的機關，自己毫無參預的權力，現在世界大多數的國家，還是採用這種制度，英美法三國人民參政的機關，都靠議會，參政行為，都靠選舉代議士或官吏。英國所謂大憲章，在法理上是積極的限制君權，並是積極的保障民權，所以英國一切法律，沒有得國王裁可，便不能成立，議會也由國王召集，自國務總理直至各級官吏，更都由國王任命，法院並且由國王名義，行使裁判權，這種政治，完全是君權主義，夠不上稱為民治。法國議會，最初僅是一種咨詢機關，代表國內特殊階級，後來勢力漸大，實際上不過是階級作用的擴張，並不以立法機關為運用民權純粹根據地。美國創立三權分立的憲法，議會成立，是根據憲法上的立法職權，但在實際上立法的職權，徒成畸形的發展，美國雖施行三權憲法，但各部權力，有時法律上或政治上，過於澎漲，結果凡百政務，都由政府和委員協定，立法部的代表會議，僅是形式上的通過而已，可見間接民主制，雖國家主權在名義上屬於國民全體，然而國民却以政府的作用，完全委之於立法司法行政三種機關，這三種機關，雖都是由人民間接或直接產生，但國家大事，非經他們允許，則不能執行，所以實際上這種機關一旦產生後其權力無限而其所作爲可以任意違反民意人民亦無可如何因之間接民主制，較之直接民主制的弊端尤多。孫先生的民權主義，完全與上述兩種政制不同，一方面排斥間接民主制之處爲，他方面又認定直接民主制之難見諸實行，所以民權主義就是折衷於兩者之間，把國家的政治大權分爲兩個，一是政權，操在人民手裏，一是治權，操於政府的機關，這種制度，又有人稱爲半直接民主制，實爲民權主義精義之所在。民權主義的特色，就是在這種半直接民主制度之下，人民雖以政府的作用，委之於其所選出的代表，同時在一定情形之下，仍保留直接參預的權利，一方面可以利用選舉權，使人民能選出優秀的人材組織政府，他方面又能給人民以罷免權創制權及複決權，使政府不能不服從國民的意志。所以民權主義的基礎，就是建築在權能的區別上，把國家的政治大權，分成兩大部，政府得掌有立法行政司法監察考試的治權，人民得以其選舉罷免創制複決等政權，監督政府，孫先生說：「現在民權政治，是要靠人民作主的，所以四萬萬人都是很有權的。」但是人民應該把治權委托於有能力的政府，因爲現在各國自實行民權以後，政府的能力很退化，人民恐怕政府有了能力，管他不住，這樣反使政治難於施行，所以孫先生說：「如果權與能不能分開，人民對於政府的態度，總是不能改變」。他拿汽車作比喻，人民就是汽車的主人，政府就是汽車夫，汽車夫是有能無權的，主人是有權無能的，「這個有權無能的主人，應該靠有能的專門家代他駕駛民國的大事，也是一樣道理。」所以民權主義的眞義，可以下列一個略圖表明之。

政權
- (一)選舉權
- (二)罷免權
- (三)創制權
- (四)複決權

治權
- (一)司法權
- (二)立法權
- (三)行政權
- (四)考試權
- (五)監察權

這種權能分治的作用，是有十分密切的關係，孫先生對於這層，更有很精微的解釋。他說：「所以四個民權，就可以說是機器上的四個節制，有了這四個節制，便可以管理那機器的動靜。政府替人民做事，要有五個權，就是要有五種工作，要成五種門徑去做工，人民管理政府的動靜，要有四個權，就是要有四個節制，要分成四方面來管理政府，政府有了這樣的能力，有了這樣做工的門徑，才可以用出無限的威力，才是萬能政府，人民有了這樣大的權力，有了這樣多的節制，便不怕政府到了萬能沒有力量來管理他的一動一靜，人民隨時可以指揮的，像有這種情形，政府的威力便可以發展，人民的權力，可以擴充，有了這政權與治權，才可以達到美國學者的目的，造成萬能政府，爲人民謀幸福，中國能夠實行這種政權和治權，就可以破天荒的在地球上造一新世界。」總上說來，民權主義除有間接民權外，復有直接民權，而與歐美大多數國家所行的民主政治，只主張間接民權者，完全不同的。

第二，民權主義，主張「革命民權，」而不如歐美民主主義的主張「天賦人權。」「天賦人權」的學說，在法國大革命時非常盛行，這派代表就是盧梭，他們以爲人類生來就是自由平等，因爲人類不能離羣而獨立，所以結合而成公共團體，以保持各人的公共利益，這種團體的成立，都是根據我們的契約，我們服從團體，不啻服從總意，而這種總意，就是各個人意思之總集，所以我們雖然服從團體，仍不失固有的自由平等。在十八世紀時候，一般民主主義者所主張的民權，都以這種「天賦人權」的理論爲根據。吾們在前面早已說過一種制度，祇能適合於某時代，一旦時過境遷，便不適用，理論和學說，也是一樣，「天賦人權」說在法國革命前的時代，很適合時代的要求，因爲其時歐洲階級區別甚嚴，農夫貴族，世襲相傳，農夫之子，生而爲農夫，貴族之子，生而爲貴族，當時的「君權神授」的學說，盛行一時，以爲君主的權力，不是從任何地方奪來的，而是由神給與的，從這個學說演繹下來，一切社會上的不平等，都由神造，非人人所能挽回的。社會組織，既由神造，無論何人應絕對的服從，不得有所表示，倘使有人反對社會組織，就是反對神意，反對神意，就是罪惡。在這種情狀之下，天賦人權說，就是打破這種君權神授說的。而法國的大革命，即以「天賦人權」說相號召，在當時確是一個强有力的學說。但回顧中國，這種學說，完全不能適用，中國革命，實在不需要天賦人權，國民黨第一次代表大會宣言已告訴吾們說：「國民黨之民權主義，與所謂天賦人權者殊科，而唯求適合於現在中國革命之需要，蓋民國之民權，唯民國之國民，乃能享之，必不輕授此權於反對民國之人，使得藉以破壞民國；詳言之，則凡眞正反對帝國主義之個人及團體，均得享有一切自由與權利，而賣國國民，以效忠於帝國主義及軍閥者，無論其爲團體或個人，皆不得享有此等自由及權利。」吾們知道中國所以會弄到這個地步，罪魁都是軍閥走狗，如果他們仍得參與政治，任他們活動自由，他們就會利用政權，破壞革命，所以一切反對民國之人，都不授以政治的權利。等到這種人肅清以後，國內沒有反對民國之人，然後一切人都享有政權，全民政治，方得實現。簡單的說，革命民權只有革命的平民，才能享受，不輕授這種民權於反革命的人，在革命民權的口號之下，反革命的份子，就沒有要求民權的理論的根據。在目前中國，天賦人權，反是妨礙革命的進展，唯有革命民權，才是達到全民政治的途徑。

第三，孫先生的民權主義，主張一國政權，隸屬於中國一切民族人民與一切階級的人民。吾們知道歐美的民主主義，在表面上力主一切人類，都是自由平等，但實際上他們所謂一切人類，祗屬於一個國家以內，尤其是一個民族以內的人類。在這般民主主義者的心目中，各以爲自己民族是「天擇之民」，別的民族，都是落伍的。他們既有此不平等的觀念，必然的就以爲自己民族在政治上立於優越的地位，別的民族，在政治上，立於從屬的地位。吾們試觀美洲殖民地的獨立運動，本是近代民主主義的一個具體的表現，但自美國獲得獨立後，國內黑人與白人，完全立於不平等的地位，黑人在法律上不承認其有獨立的人格，而將其作商品式的買賣，後雖經林肯的一番努力，解放黑奴，但不平等觀念，仍舊根深蒂固，難於消滅，從這一個例子，就可知道歐美的民主主義，是一民族的民主主義；孫先生的民權主義，根本不同，主張一切民族的自由平等，漢滿蒙回藏，既是共同組成中華民國所以滿蒙回藏的人民，在政治上，具有與漢族人民平等的地位和權利，絕對不加歧視的。其次，歐美的民主主義，對內所主張的一切人民自由平等，也是一種官冕堂皇的話，實際上自由平等，祇由資本階級所享受，大多數人民，祇享自由平等之名而已，在普選制度沒有實行前，選舉權的有無，只以財產爲標準，有了若干財產，才有選舉權，自實行普選制度後，財產標準的選舉制，完全廢除，表面看來，全體人民，都有參與政治的權利。但是，歐美的民主主義，因爲沒有民生主義的基石，所以實際上，資產階級，握着政權，一般人民，仍不得眞正的自由平等。自有政黨制度以來，人民總算得到參政的實權，然平民組織政黨後，金錢勢力，不及資產階級，選舉競爭，難獲勝利，這都可證明歐美的民主主義，是一階級的民主主義。三民主義中的民權主義，不僅廢除以財產爲標準的選舉制度，而實行普通選舉，並且要使一切人民，均能實際利用選舉權，所以在第一次代表大會的宣言中說：「近世各國所謂民權制度，往往爲資產階級所專有，適成爲壓迫平民的工具，若國民黨之民權主義，則爲一般平民所共有，非少數人所得而私也。」由此觀之，民權主義，主張一國政權，屬於國家全體人民，與歐美民主制度，爲資產階級所操縱者不同。民權主義，因有上述幾個特質，所以是現代政治中最優良的一種政治方略，而且是對於現代政治制度一種補救的方法，處今日我們要救濟代議制度的弊病，只有採取權能分開的主義，增加人民的權力，使人民能直接監察政府，以督促其爲善，防止其爲惡，民權主義，推翻間接民主制，而備有直接民主制的實質，間接民主制的弊端，是在用法律上的空條文，來實現虛僞的假民權主義，使人民完全受政府或代議士權威所支配，不能充分發展民意。眞正的民權主義，決不能在代議制中表現出來；歐洲國家的人民，爲補救代議的弊端起見，除有選舉權外更有罷免複決創制三種民權，若能把這三種民權組織完備，亦足以濟代議制度之窮。本來，代議制之在歐美，已失去其往日的價值，發生無窮的弊端，只有孫先生所採用半直接民主制的民權主義，始能改進代議政治，人民有了充分的民權，政府的能力雖大，亦不能爲害於人民，因爲在這種情形之下，政府的能力，祇是爲善的能力，而非爲惡的能力，也就是說權能分開的效果，政府祇有辦事的能力，而去留動作之權，仍在於人民。所以孫先生說：「如果政府是好，我們四萬萬人，便把他當諸葛亮，把國家的全權，都交到他們，如果政府是不好的，我四萬萬人可以實行皇帝的職權，罷免他們，收回國家的大權。」可見人民操有政府去留之權，就可以免除近代代議制度各種的弊端。但是民權主義，雖主張以直接民主制做基礎，但直接民主制，實際上又有許多困難。我們若依盧梭的主張，以立法的權限付諸全國人民組成的國民大會，但是這種國民大會，能否制成良好的法律，還是一個大問題，若是件件法律，都由全體人民制定，在事實上，也難實行。所以孫先生的民權主義中，對於直接動議制定法律，用複決與創制兩種方式來補救，有了這兩個權，不獨可以防止政府制定不良的法律，幷可使政府不能不制定善良的法律，我們若把複決權比作甲冑，則創制權就是槍劍，人民可以利用複決權，抗拒違背民意的法律，同時，人民又可利用創制權，另闢途徑，使自己的意思，成爲法律。又就其效果言，政府的立法部，好像是馬，複決權是馬口中所啣的勒鐵，足以勒馬，使其止步，創制權是馬鞭，足以策馬，使之速行。總之，複決權與創制權，是直接運用民權主義的方式，至於直接行使民主制，在美洲中的幾邦，因爲採用直接選擧，更有所謂選擧權，又因爲要直接限制官吏的專橫，更有所謂罷免權，不過其中亦難免流弊，於是孫先生又主張用考試制度，補救選擧制度，可以免除像美國對於一切事務人員都用選擧方法的麻煩，同時又有獨立的彈劾權，審查吏治的優劣，監督職官在職務上的行爲，使罷免權臻於至善。所以民權主義的功能，在補救間接民主制與直接民主制的流弊，使人民不必有處理政務的能力，而可以享有國民主權的實權，這完全是由於分開權能的效果，也是孫先生所以高出於盧梭一輩學者的地方。一般政治學者，有的主張授人民以權，而强其所不能，有的因其所不能，而强奪其所有權，都不是解決的正當方法，我們從此益知孫先生民權主義的偉大。

近代所謂民權，具體的說，就是瑞士人民所行使的創制權複決權罷免權及選擧權而言，這四個政權的運用，就是民權實施的基礎，其中創制複決和罷免三種，是直接民權，而選擧權是間接民權。所謂創制權，就是國民常有集合法定以上的贊成人，要求議會修改憲法，或制定法律的權力，換言之，創制權就是人民制定法律的權，因爲立法部不尊人民公意，制定不合需要的法律，人民便可提出議案，讓立法部通過，或要求交付人民表決，或更直接提出來，由提出團公決，所以創制權是以人民參與立法，居於主動的地位，可以自創法律的一種權利。至於人民行使這種創制權的時候，或是連同法律草案，送於議會而請議決，或以起草之權，仍予之於政府或立法機關，在理論上，第一種辦法較合於民權主義的精神，但在實際上說來，欲得科學的系統的立法，宜委托備有專門知識的人材，以從事於各種法律案的起草。北美合衆國，以議院包攬起草權，已有政客式立法的弊病，近日創設的立法起草局，Drafting Burern 就是這缺點的補救，因爲議員多不能勝任起草的責任，若是由這樣產生的法律草案，雖期完善定可預卜，所以創制權不宜與起草權合而爲一，創制權雖宜給與人們，但起草權則宜讓與政府。創制權的目的，不外是求民權主義的貫輸，而他的功效，可分作幾項說明，第一，創制權可以增進人民在政治上的幸福，因爲人民施行創制權，必須經過議會的預聞，同時議會一方面對於人民，提出案件發表意見，他方面又可以提出一種計劃來抗議，但議會對於法律和政治，如恐人民提出，有時雖不利於本派本系，或使個人私利，受有影響，而却不能不勉强通過，這是創制權的好處。第二，創制權又可以消滅政治上的革命，因爲昔日人民官吏間，沒有搆通方法，政府施行的法律，有時失去時代精神，不合民衆需要，而政府又要强制施行，結果便釀成革命，若是有了創制權，人民對於不良的法律，可以拒絕施行，政府也不能干涉，所以創制權是以和平手段改革法律，並且是進行民主制度的重要途徑。所謂複决權，就是人民對於議會所議决的憲法或普通法律，有最後的決定權，在半直接政府的政制下，議會雖有立法權，關於憲法，或特種法律的制定或修改，議會不可不在提案之前，先得人民之許可，或於議決之後，得人民之批評，前種辦法，謂之諮詢的複决權，後種情形，謂之批准的複決權。例如在議會中，議員爲修改憲法的决議，乃以應改憲法的一問題，請求人民公決，是謂諮詢複决權，又如議會中對於某種法律案，已爲具體的議決，但因關係重大，不可不得人民的同意，乃以法律的內容公佈之於人民，而求其批准，是爲批准的複決權。複決權運用的效果，第一，是在防止革命的發生，因爲在代議制度下，國會議事，取決於多數，但往往多數議決的事，或爲少數人利害關係，指爲非眞正的民意，或爲眞正民意所在，而多數人恃勢，故與民意爲難，因是激起人民的反抗，若是有了複決制，則法律案非由人民議決，不能有效，成爲防止革命風潮最鞏固的提案。第二，可以促成立法的完善，因爲複決權的施行，凡一切不合民意而有利於政府的法律案，人民不與以同意，決不能通過，務使立法者非處處適合於民意不可，否則其所制定的法律，便難有效。第三，可以發展民主的精神，法律是要全國人民共同遵守，自不能不讓人民來制定，所以採用直接民主制，而必須有複決權，就是這個原故。至於罷免權，在近代政治上，尤爲重要，近代所謂民主政治國家的主權，本是存於全體人民，而人民實爲國家的主權者，一切行政官吏所行使的，都不是固有的權力，他們一切措施，雖是以主權者的名義行之，但是他們對於主權者，當負責任，這是很明顯的事，所以人民對於行政官吏，不負責任時，得隨時實行其罷免官吏之權，在瑞士各州，與美國各邦的人民，都有一罷免權，凡人民滿了若干人，就可以對於他們認爲失職的議員行政官吏或法官，要求人民總投票，罷免他們的職務，這種制度，在瑞士和美國很盛行。德國一九一九年的新憲法，也是採取這種制度，人民自有罷免權，即可以用諸監督政府與國會，這樣行政官吏和議員，就不敢倒行逆施，這是保障民權主義最好的方法，因爲人民得罷免官吏，便可以限制行政官或議員底權力極端的擴充，同時並可制止他們的專制行爲，所以人民要求保障他們的權力，必須有罷免權。除上述三個政權外，人民還有選擧權，近代各國因民主主義運動的猛進，與國民教育的發展，選舉權的普及，已成文明國家的通例，歐戰以後，很多國家，選舉權並已普及到男女兩方面，近代選舉制，分間接選舉與直接選舉兩種，所謂間接選舉，就是凡議員或官吏的選舉，不由選民直接選定，僅由公民選出的代表選定，這種間接選舉制度，有種種形式，有以選民選出若干「初選當選人，」而以選定議員之權，付諸此項初選當選人者；又有以地方議會爲選舉團體者；但是這種間接選舉制，流弊甚多，第一，在使選舉制度對於一般選民政治知識，不能發生重大的教育作用，而人民對於民權，更不能直接行使；第二，各政黨競爭選舉，容易發生選舉賄賂與選舉恫嚇的事情，眞正民意，更無由表現，所以近代各國，皆通行直接選舉制；除了對於上議院尚有採用間接選舉制以外，下議院的選舉，則幾一致採用直接選舉制。本來，近代選舉的弊端很多，但直接選舉的結果，足爲立法行政分立的保障，使政府不受議會結黨的影響，所謂直接選舉，就是由全國人民總投票，舉出全部分議員，每一選舉人所投的票數，等於全體代表的額數；這就是所謂全國選舉制，這種制度，大多數國家，都是由人民直接投票選舉代表，不過這種直接選舉的弊病，自然很多，第一，人民不是個個都有知識，自難免不爲政黨所利用；第二，被選者是否合格，也是一個問題，往往富有能力的專門家，因不長於言論而落選，而不學無術者，反藉其言詞手段，而取得被選的資格，此外，金錢的運動與種種選舉黑幕，在在都難表現眞正的民意，孫先生早鑒及此，所以於五權憲法中，設有攷試權，以消除選舉的一切流弊。人民有了上述四種政權，就可指揮和監督政府，人民自由，不致爲政府所侵害，但是人民有權，而政府無權，依然不能建立有能的政府，爲人民謀幸福，因此政府就有五種治權，也就所謂五權憲法，五權憲法爲實施民權主義的基礎，亦爲完成治權的重要工具。近代政治組織，大都以民主政治爲主，而憲法便是一種實行民主政治之國家的根本及其作用的大綱，其目的在求整飭自由與秩序，使個人自由不致影響及社會秩序，而維持秩序，就是運用個人的自由，使民主政治得以順利進行，所以民主政治必須有良好的憲政。近代憲法中本有所謂一權憲法與三權憲法，英國是憲政運動中最早的國家，其政權完全操於議會，所以盛行一權憲法，這是因爲英國原是君主國家，且人民富於保守性，中上社會又多貴族氣習，對於極端的民主政治，究竟未能盡量發揮。美國是採用三權憲法，其主旨在使權力分立，也就是使立法行政司法三權分立。本來權力分立說是起於美國及法國革命時代，當時政治家都認定三權分立是確保人民自由之最有效的政治制度，英人洛克 J. Locke 首先主張立法權，行政權分立，而孟德斯鳩更完成三權分立說，他把國家的權力之一切作用，分爲立法行政司法三種，他以爲「於各國裏面，有三種權力，就是1.立法權，2.屬於國際法律的事件之執行權，及3.屬於國內法律的事件之執行權。依第一種權力，制定廢止或變更一時的或永久的法律，依第二種權力，媾和作戰，派遣使節，接待使節，保全安寧，防禦攻擊，依第三種權力，可以稱爲司法權，第二種權力，可以單稱爲行政權。」孟氏所以主張三種權力，須分屬於不同的機關，其理由就在因爲「政治上的自由，雖於限制的政府之外，不能存在，但即使限制的政府，政治的自由也不一定存在，若治者濫用其權力，則自由不能存在，徵之古代的經驗，凡有權力的人，都有濫用權力的傾向，其濫用的程度直至達到其界限仍不止，此事誰也不能否認。雖在道德，亦尙有界限的必要，所以要想權力不被濫用，除將權力分配，使權力限制權力之外，沒有法子。」他更進而說明三種權力，應該分立的必要，說：「若同一人或同一人會議，兼有立法權及行政權，則自由不能存在，爲什麼呢？因爲同一的君主或同一的會議，想爲專橫的執行，所以就要制定專橫的法律。司法權若不與立法權及行政權分離，則自由也不能存在。若他與立法權相倂合，則對於人民的生命及自由的權，變爲擅斷，爲甚麼呢？因爲裁判官同時爲立法者。若使他屬於行政權，則裁判官有壓制者的力量。若同一的人，同一的諸侯或人民的會議，倂行此三種權力，即有制定法律之權，有行政公共決定之權，有處罰罪人裁判人民的爭訟之權，則一切自由，完全消滅。」孟氏的學說，到了十九世紀以後發現許多謬點，歐洲大陸的憲政運動，多採用內閣制和委員制，拋棄着三種分立的原則。所以我們今日絕對不能採用英國的一權憲法，與美國的三權憲法爲基礎。民權主義中的五權憲法，即以補救英國的一權憲法及美國的三權憲法的弊端，並斟酌國情，創立攷試監察兩種，以求盡量的表現三民主義。所以孫先生對於五權憲法的根本精神，曾這樣的說：「我們現在要集中外的精華，防止一切流弊，便要採用外國的行政權立法權司法權，加入中國的考試和監察權，連成一個很好的完璧，造成一個五權分立的政府，像這樣政府，才是世界上最完全最良善的政府。」

現在我們要將五權分立說明：近代所謂立法機關，職權甚大，舉凡提議和制定法律，修改或删除現有法律，以及修改憲法，均在其掌握中自十九世紀以來，議會政治風行各國，立法機關權力之伸張，益形猛進，因之立法機關，不僅保有立法行政種種權力，並且兼有監督和彈劾行政機關的職權，回顧五權憲法中的立法權，僅有議決法律案預算案大赦案宣戰案媾和案及其他較為重要的國際事項之職權，而發覺官吏犯罪與糾彈官吏不法的事件，則已屬之於監察院，所以五院之中的立法院，主要的職務，就在與行政府交互決議，與執行國家的行政計劃與政策，而由國民大會行使中央的統轄權，若各院間發生衝突，均得就國民大會，以求解決的方法。我們又要知道，立法院在五權制度下，雖有制定法律之權，但祗能制定普通法律，至關於憲法之制定，則屬之於國民大會，據孫先生建國大綱第二十三條所規定：「全國有過半數省分達至憲政開始時期，卽全省之地方自治完全成立時期，則開國民大會決定憲法而頒佈之。」又第二十條中說：「憲法頒布後，中央統治權，則歸國民大會行使之，卽將來國民大會，對於中央政府官吏有選舉權罷免權，對於中央法律有創制權有複決權。」可見國民大會是一種造法機關，而有制定憲法之實權。不過建國大綱第二十三條又規定：「憲法草案，當本於建國大綱及訓政憲政兩時期之成績，由立法院議定，隨時宣傳於民衆，以備到時，採擇施行。」由可知立法院又有關於憲法的提案權，唯制定權，仍屬於國民大會，其次，五權憲法中的行政權，亦有其特殊作用，近代各國行政權，有的屬於一人，有的屬於數人組成的議會，前者謂之獨任制，後者謂之合議制，行政合議制的缺點，是在行政權之分授於數人，權分力弱，且每事必須取決於多數，容易互相牽制，互相排斥，政務反將因之而停滯。但實際上，這種制度，一方面足以滌盪君主之遺跡，防杜行政之專制，他方面則以國家大權，界之於一個合議團體，足以補救行政人選的錯誤。五權憲法下的行政權，與近代國家行政機關的組織不同，第一，近代國家盛行總統制與責任內閣制前者將行政機關的職權，集中於行政之首而成爲一種純粹的行政獨裁制，後者行政全權操於內閣元首的命令，非得內閣副署，不生效力。至於五權憲法下的行政權，既不是總統制，也不是責任內閣制，而是與立法司法考試及監察各院，保持其平等的地位，各院同向國民大會負政治上的責任，同時國民大會又有罷免一切官吏之權，這樣便可以防止行政首領之個人的專制。至於內閣制最大的特點，在於給議員以彈劾行政部之權，使內閣對於議院負完全政治上的責任，而在五權憲法下的彈劾行政部的權，不在立法院而在監察院，則責任內閣制，已根本不能成立，這就是五權中的行政權特質之一。第二，近代國家行政機關與立法機關之關係，各因其制度而異，五權憲法下行政權與立法權，是同處於國民大會統治之下，五院間發生衝突，都由國民大會解決之，比如行政院所反對的法律案，若經過覆議，而不能得到圓滿協調的結果，或行政院所提出的預算案，不能獲得立法院的同意，而行政院又不願取消或修改其原案時，可以兩方面理由交付國民大會覆決，爲最後的裁判，所以行政院與立法院的關係，並不如各國政制的複雜，而行政院職權的範圍，也很有限。至於五權憲法中之司法組織，也有其特異之處，依照建國大綱的規定，司法權的獨立，與考試監察各院相同，惟孫先生於司法行政與司法審判制度，應如何組織，雖未嘗多所指示，不過在五院組織下，各級裁判官的選用，當由考試院提出，再由政府加以任命，關於初級及地方的裁判官，則於考試及格的人中提出，關於最高法院裁判官，則於曾任高等裁判官中提出，這樣關於司法官的任命，不致漫無標準，幷且考試院專任鑒別裁判官的職務，則其所提出的，自然沒有不正當的。司法權中主要的，是審理民刑訴訟事件，若解剖言之，就包括稽核和決定事實，把法律的條文，應用到已經決定的事實上去，所謂解釋法律，就是凡法律條文有不清晰的，或條文中有衝突的，司法機關宜詳加解釋，決定其意義與範圍，這是法庭極重要的職務；此外，在政治上，依五權憲法的規定，還有解釋法律之是否違憲之特別權力，因為司法權，若不能這樣，則行政與立法機關，可任意增減憲法所保障的個人權利，而無救濟的方法，並且剛性憲法的功用，也必因之而大減。說到監察權，在五權憲法中，獨立存在，用以擴大彈劾官吏的權力，企圖積極防止官吏的犯罪，本來官吏是應對人民負責，凡不稱職的官吏，理應由代表人民意志的監察院來彈劾，議會不過是一種立法機關，不能事事都可代表人民，故須有與立法平等的獨立機關來代替人民行使彈劾的權力，而且監察與司法權的範圍，各不相同，司法行使權力的對象，是私人，監察權行使權力的對象，則為官吏，前者在處理官吏的個人違法，個人犯罪，後者則指官吏之職務違法，及職務犯罪，所以監察權的職權，就在處理關於彈劾或審判官吏之職務違法及職務犯罪等而言。監察權的職權，可分為彈劾與審計兩種，而其主要的職權，不外是糾彈一切官吏之職務犯罪或違法，而訴追犯罪，糾正違法，及關於各機關的決算及預算之審理等，所以監察權完全是一個行使彈劾權的最高機關。最後說到考試權，考試權可以完成治權的行使，表現治權的力量，且可補救選舉權的弊端，孫先生說：「政府之中包含兩個力量，一個是政權，一個是治權，……一個管理政府的力量，一個是政府自身的力量。」所以考試權就是在使政府表現出自身的力量，因爲要自身有力量，必要組織政府的人，先有力量，政府的自身力量才能表現出來，假使組織政府的人，如不經過考試，則執政的官吏份子不良，不獨不能表現自身的力量，且使人民厭惡政府，放棄政治，所以考試權能獨立組織，可以完成治權的行使表現治權的力量，而且依孫先生的主張，「國家政治根本上要人民有權，至於管理政府的人，便要付之於有能的專門家。」這裏所謂專門家，也要考試權獨立存在後，才能搜羅得到。考試權的重要職務，第一，就是搜求人材，三民主義的民權主義，一面既要充分發展民權，以保障民衆的幸福，他方面又要儘量的登用專家，以增進政府的效能，在發展民權方面，既規定人民有罷免複決創制選舉四個政權，在登用專家方面，就不得不注重於考試，因爲有了考試權，才能搜求到有能的專家，如果有權的民衆，信任有能的專家，有能的專家，服從有能的民衆，這樣才能推進政府的效能。第二，考試權又爲補救選舉制的缺點，近代國家，對於官吏，多用選舉的方面，但是大多數官吏，如果都用選舉的方法，也是很困難的，因爲人民不是個個智識充足，難免不爲政黨所利用，並且在被選舉人的資格方面，又未見得個個都能合格，有了考試權，就能定一標準，施行考試的方法，以作選擇官吏的根據，所以考試院爲求久獨力的最高考試機關，以掌理考選與銓敍兩大事宜，其重要亦可想見了。

## 三　民生革命的意義

「民生」兩字，如依我國古書上的解釋則有注重人民生活與國民生計的意思，如左傳上說：「民生在勤，勤則不匱。」又書經上說「惟民生厚。」照孫先生自己解釋，所謂「民生，」「就是人民的生活，社會的生存，羣衆的生命。」這就是說民生主義，是解決一切人類民生問題的主義，是研究一切人類的生存。如何可以使之不墜，一切人類的生命如何可以使之滋長繁殖，一切人類的生計如何可以使之向上發展的主義，總括的說：民生主義就是研究如何可以使大地衆生豐衣足食安居樂業。這便是孫先生所謂民生的眞義。民生主義理論的基點，是在糾正馬克斯學說的錯誤，解決國民生計，以求經濟上的平等。馬克斯的思想，歸納起來，可分四部：第一是唯物史觀的歷史哲學；第二是剩餘價值的經濟理論；第三是階級鬥爭的革命策略；第四是無階級的各盡所能各取所需的理想社會。馬氏的階級鬥爭，是實現共產主義的主要辦法，他以爲人類的歷史是一部階級鬥爭史，自由民和奴隸貴族和平民，領主和農民，工主和工匠，自古至今，繼續鬥爭，鬥爭結果，或是兩敗俱傷，或是被壓迫階級，獲得勝利，自工業革命後，工廠制度，與大宗生產實現，社會上就形成資本階級與無產階級，共產主義者使無產階級起而推翻資產階級，實行無產階級專政，這就是共產主義的辦法。階級和階級鬥爭，確是一種事實，孫先生也曾說：「……後來工業發達，機器創出，便人和人鬥，從前人類戰勝了天同獸之後，不久有金錢發生，近來又有機器創出，那些極聰明的人，把世界物質都壟斷起來，圖他個人的私利，要一般人都做他的奴隸，於是變成人與人爭極劇烈的時代，這種戰爭，要到什麼時候，纔可以解決呢？必要到再回復到一種新共產時代，才可以解決。」吾們如站在社會進化的立場上來批評階級鬥爭，則可知階級鬥爭，不過是社會的一種病態，而非常態，孫先生亦以爲近代社會進化的事實，都不是經階級鬥爭而得到的，例如經濟上的社會與工業的改良，運輸與交通之收歸公有，直接稅的徵收，和分配的社會化，都是由改良方法進化得來的。就是吾們承認階級鬥爭的存在，其結果有時固能實現社會的新建設，但有時亦必致弄巧成拙，反使社會形成紛擾的狀態，所以孫先生又說：「古今一切人類之所以要努力，就是因爲要求生存，人類因爲要有不間斷的生存，所以社會才有不停止的進化，所以社會進化的定律，是人類求生存，才是社會求進化的原因。階級戰爭不是社會進化的原因，階級戰爭是社會當進化的時候，所發生的一種病症，這種病症的原因，是人類不能生存，因爲人類不能生存，所以這種病症的結果，便起戰爭。馬克思研究社會問題，所有的心得，只見到社會進化的毛病，沒有見到社會進化的原理，所以馬克思只可說是一個社會病理家，不能說是一個社會生理家。」由此可知馬克思的主張，沒有一種健全的理論之根據，欲望其能解決中國今日社會經濟問題，戛戛乎難，因之民生主義，便成爲解決中國社會經濟的重要途徑。民生主義解決的方法，與馬克思主義，完全不同，主張在資本階級未發達以前，須用調劑的方法，防止資本階級的發生，同時，並須竭力避免採取階級鬥爭與無產階級專政的手段，孫先生自己說得好：「我主張解決民生問題的方法，不是先提出一種毫不合時用的劇烈辦法，再等到實業發達，以求實用，是要用一種思患預防的方法，來阻止私有的大資本，防備將來社會貧富不均的大毛病，這種辦法，才是正當解決今日中國問題的方法」

在前面吾們說過，馬克思又主張唯物史觀，換句話說，就是主張以物質爲歷史的重心。孫先生加以極力的抨擊，他引用美國學者威廉氏的話指出「馬克思以物質爲歷史的重心，是不對的，社會問題才是歷史重心，而社會問題中又以生存爲重心，這才合理。」孫先生以爲這位美國學者的發明，與民生主義「若合符節。」這就是說：「民生爲社會進化的重心，社會進化又爲歷史的重心，歸結到歷史的重心，是民生，不是物質。」這是民生主義與共產主義根本不同的地方。本來物質是死的，沒有生命的，祇有人來用物質，而物質決不能用人的，所以物質是工具，不是目的，人生是目的，不是工具，人生雖非物質，不足以達目的，而物質究竟不過是達到人生目的的一種工具，人類的一部文明史不外是一部人生進化史。「欲望」是屬於人生內部的，物質是屬於人生外部的，欲望是人生的原動力，物質是人生的滿足物，若是離開了人生，欲望自然無從依附，而物質更無由施其作用，幷且人們心理方面起了生活生存生計或生命的欲望，對於外界所欲望的物質，便起了要求，欲望所表現出來的行爲，便是他的努力，努力的結果，如屬成功，則他所欲望的物質，便羅置於前，滿足他的生活生存生計和生命，個人欲望，既經養成，既經一度滿足以後，或是說一種理想的「生活」既經滿足之後，便難揮之而出，久之便養成習慣，這個習慣在個人形成個人生活史，在社會便形成社會生活史。習慣養成之後，固難變遷，但也不是決不變遷的，變遷的條件，便是人們的生活生存生計或生命上另起一種新欲望，於是另尋新物質，以滿足「生」之要求，滿足之後，再形成新習慣，這時個人的生活史或社會的生活史，便有變遷了。由此可見歷史的變遷，完全是由於

「人生」的變遷所以孫先生說：「民生為社會進化的重心，社會進化又為歷史的重心，歸結到歷史的重心，是民生，不是物質。」我們在前面又曾說過，馬克思氏主張剩餘價值的學說，他以為工人所生產物品的盈餘價值，都被資本家奪去，孫先生對這點也痛下批評，他說：「馬克思以為資本家的盈餘價值，都是從工人的勞動中剝奪來的，把一切生產的功勞完全歸於工人的勞動，而忽略社會上其他各種有用分子的勞動。」先生把紗廠中賺錢，來作一個比喻，他說：「一個紗廠，如果要賺錢，一定要有好的出產品，出產靠原料，那就不能不把一部分的功勞，歸給研究植棉選種的農學家，又不能不把一部分的功勞歸給辛勤種棉的農夫，製紗須利用機器，機器的好壞，與出品的優劣極有關係，所以紗廠的成功，也不能不把一部分的功勞，歸給機器師，紗的銷行，不能不靠運輸和市面，所以也有一部分的功勞，應該歸給運輸者和推銷者，而推銷順手與否，又要靠顧主的需求。」這樣一分析，就知道一個紗廠，能否賺錢，不是全靠工人，所以紗廠中的盈餘，也不能完全歸功於廠中的工人。孫先生又把美國福特汽車廠中的情形，來證明馬克思學說的錯誤，他說：「馬克思所說的，是資本家要延長工人工作的時間，福特車廠所實行的，是縮短工人工作的時間，馬克思所說的資本家要減少工人的工錢，福特車廠所實行的是增加工人的工錢，馬克思所說的是資本家要抬高出品的價格，福特車廠是減低出品的價格，像這樣相反的道理，從前馬克思都不明白，所以他的主張便大錯特錯。」因之先生便毅然決然斷定：「馬克思認階級戰爭是社會進化的原因，……是倒因為果，……本源不清楚。」

民生主義既是糾正馬克思學說的錯誤，而爲解決民生問題重要的方法，所以他的理論，實有許多獨到之處，而爲馬克思及其他學者觀點所不能及的。民生主義的最大特色，在使社會上大多數人的經濟利益相調和，本來社會的發展，是全賴社會中各個分子能互助互倚養成諧和的境界，若是社會中各個分子，互相衝突，互相殺戮，社會的健全，就難於實現，社會的生命，也就難於發展，所以孫先生認定馬克思「階級鬥爭」是倒因爲果，他斷定「社會之所以有進化，是由於社會上大多數的經濟利益相調和，就是爲大多數謀利益，大多數有利益，社會才進化。」孫先生又接着說明利益調和與民生以及進化的關係，「社會上大多數的經濟利益之所以要調和的原因，就是因爲要解決人類的生存問題，古今一切人類之所以要努力，就是因爲要求生存，人類因爲要有不間斷的生存，所以社會才有不停的進化。」可見社會有了衝突，不是社會的常態，乃是社會的病象，而階級戰爭，僅是社會進化的時候，產生的一種病症，這種病症的原因，是因爲人類不能生存，因爲人類不能生存，於是這種病症的結果，便起戰爭，所以孫先生歸根說起來：「社會進化的定律，是人類求生存，人類求生存，才是社會進化的原因，階級戰爭，不是進化的原因。」其次民生主義，是要使生產與消費，融和發展，本來生產是由消費而來，歐美產業先進國的生產，雖然豐富，但不是爲消費而生產，是爲賺錢而生產，其結果是生產與消費，不能融洽，所以孫先生說：「在私人資本制度之下，種種生產方法，都是向任一個目標來進行，這種目標是甚麼呢？就是賺錢，……專以賺錢爲目標，民生問題，便不能解決，……如果實行民生主義，便要把生產糧食的目標，不在賺錢，要在給養人民，……所以民生主義和資本主義根本上不同的地方，就是資本主義是以賺錢為目標，民生主義是以養民為目標。」這是孫先生說明民生主義，使生產和消費融和發展的眞理，這個眞理裏面，至少有三個重要道理：一是生產量要和消費量相融和，先生說：「我們要達到這個目的，便要把每年有餘的糧食，都儲蓄起來，不但是今年的糧食很足，就是明年後年的糧食，都要很足，等到三年之後的糧食充足，才可以運到外國出賣。」這是說明生產量必要與消費量相等，並且進一步說明預防明年後年的生產量不足，不能與將來的消費量相等，所以有餘糧的話。二是生產技術與消費技術要有相等的進化，自工業革命以後，生產的技術，一天一天進步，而消費的技術，則停滯不進，所以一方面要用國家的大資本從事大規模的生產，他方面又須要顧到民生根本問題的消費，要使人民不但有生產品可供消費，還有發展人民消費的技術，使大家知道運用什麼最經濟的方法，可以得到那些所需要的物品，所以同時必須要講消費合作。三是生產和消費的融洽，要借重分配方法，「歐美經濟學者，多專講生產，而不講分配，他們不講分配的原故，是因為他們不講消費，這是歐美各工業國的病根之所在。」孫先生則不然，他講生產，是因為消費而講的，所以他於生產與消費之間，非注重「分配」不可，先生說：「我們要完全解決民生問題，不但是要解決生產的問題，就是分配問題，也要同時注重的，……我們所注重的分配方法，目的不在賺錢，是要供大家公衆來使用的。復次，民生主義是求增進國民的財富，民生主義中所謂「富，」是為民生而言的，凡有益於民生的富，才是民生主義上的富，而言富的目的，置富的標準，和求富的方法，都與衆不同。民生主義言富，是以提高全民生活爲目的，要以國家資本發展大規模的工商業，以求提高全民的生活，至於置富是以消費爲主，一般經濟學家，倒因爲果，以生活爲主，以消費爲副，其結果生產雖多，不能應消費的需要，使消費方面所得的利益，不能與生產方面所出的「血本」相銷，這是個人資本主義下最大的弊害，爲救濟這種弊害起見，只有以消費置富的主義，才不致釀成生產過剩的毛病。

民生主義，有兩大原則，就是平均地權與節制資本。這兩大原則，是民生主義飛向理想社會的兩翼，所以平均地權與節制資本，同樣重要，沒有軒輕，不過在民生主義中，最早發生的，却是平均地權。平均地權四字，最初見於同盟會盟約中，一九〇五年（乙巳年）孫先生在日本創立中國同盟會，訂定盟約四條，就是(1)驅除韃虜，(2)光復中華，(3)創立民國，(4)平均地權，這樣說來，平均地權的創立，還在民生主義之前。孫先生又在三民主義的演講中說：「講民生主義，又非用前同盟會所定之平均地權方法不可，今日革命事業，並未成功，想革命成功，當先解決土地問題。」我們由此可見平均地權，在民生主義中的重要了。本來，土地是自然存在的東西，有一定的限度，決不能爲少數人所獨佔，私有，用以居奇獲利，當爲社會所公有，并且土地是一切資本的泉源，在人類生活上，乃是一個最重要的原素，經濟學告訴吾們：生產有三個要件，卽資本，土地，勞力，而資本與勞力的來源，都是土地，所以人類經濟生活的一切問題，莫不以土地問題爲其重心。土地分配若得其平，則人民貧富，不致懸絕，否則地權若不平均，則分配不公，大資本家兼併壟斷，結果釀成社會革命的慘劇；要免除這種慘劇，唯有把地價的增加歸於社會，這樣才不致使人民貧富懸殊。孫先生在社會主義演講中解釋十分透澈，他說：「土地價值之增加，咸知受進化之影響，試問社會之進化，果彼地主之力乎？若非地主之力，則隨社會之進化而增加之地價，又豈應爲地主所享有乎？可知將來增加之地價，應歸社會公有，庶合於社會經濟之眞理。倘不收爲社會公有，而歸土地私有，則將來地主，必爲大資本家，三十年後又將釀成歐洲革命流血之慘劇，故今日之主張社會主義，實爲子孫造福計也。」此外，先生於民國十二年，對北大政治考察團的談話，關於平均地權之原理，更加以具體的說明，孫先生說：「地權怎樣才會平均呢？土地是我們人民的天惠物，無論何人都應當有一份享受的權利，不能由一人或少數人獨占壟斷的。社會上的經濟不平等，大半是由「土地私有」——狹義的財產私有——而來，因爲其他貨物的漲價，尚有相當的勢力的原因，或變其性質，或變其形狀，或變其位置，無論農工商他的貨物加價，均非偶然而生的。至土地之漲價，毫無勞力的原因在其中，只是偶然的運氣罷了。例如都市中的房屋鐵路馬路旁的地方，完全因人口集中和交通便利的原故，驟然增高地價，有土地房產的人，自然是坐食其利，不勞而獲的。如廣州長堤地方，有二十七八萬元一畝地的地方，上海大馬路黃浦灘，也有十多萬兩一畝的地方，將來都市發達，像這樣飛騰的地價，豈不是於民生有百害而無一利嗎？」在先生這短簡的談話中，已經把平均地權，必要的理由，闡明盡致的了。可知平均地權，實是行使三民主義經濟政策最要的前提，也是調劑社會經濟防止貧富懸殊的必要方略，所以平均地權的目的，在以土地還諸社會，使人各得均其權利，歐美各國學者，對土地有具體的主張的，要推美國學者亨利喬治的單稅制，他這種制度，是經濟改良的一種計劃。依他的意見，認定土地是與空氣一樣，享有同一的權利，現在社會貧富懸隔，所以這樣利害的，是由於土地私有制，因此必須廢除土地私有制，實行土地單稅法。所謂土地單稅，就是把一切租稅完全廢除，而單存地稅，逐漸增加其稅率，以致和地租全部相等，這樣地租就全部爲國家所有；地稅如果不超過地租的全部以上，便不能奪取地主由土地改變應得的利益，因而就不能影響於土地之改良；於是當歸個人的（如地主改良土地）歸於個人，當歸社會的（如自然生出的價值）歸於社會，從此地丁頓增，即以之當付國家經費，全部還有餘裕，而地稅以外之租稅，都可取消，國民的負擔便能免除，因而實業可以振興，社會幸福可以增進，這是單稅法的大概。孫先生的平均地權，雖受單稅制的影響，但有些地方未必盡同。孫先生是取單稅法的特長，而去其缺點，創爲有系統的平均地權論。本來，單稅制的主旨重在一個「單」字，而孫先生則主張收別的租稅，因爲單稅不足以供全國的政費，並且地稅過重，仍不免有害於貧民，比如所得遺產各稅不能轉嫁者，及爲保護本國產業發達的各種關稅，仍有徵收的必要。先生於一九二三年六月，對西人 John Brailsparel 的一段談話，很可以看出先生的平均地權與單稅制不同的地方，先生說：「我現仍信地價稅原理，我與正統單稅制不同的，就是我仍注重其他租稅，以增加國家收入，現在國家情形，太爲複雜，所以單稅制原理狹義的應用，已不能實行，並不公平。我所贊同的計劃，即徵收現在地價稅，並宜言將來土地上的不勞增益，當屬於國家，我許地主自行估價，但國家隨時有依原估價目收買的權利。」平均地權實行的方法，可分爲規定地價及徵收地價稅兩種，今將孫先生的施行具體辦法，分述如下：第一，按地價抽稅法，就是按擔稅者能力的大小而定稅額的多寡，使納稅者適如其量，沒有畸重畸輕的毛病，這是很合租稅正確及公平原則的，這種法則的內容孫先生在社會主義講演中說得很詳盡，先生說：「我國今日而言社會主義，主張土地公有，則規定地價及徵收地價稅之二法，實爲社會主義之政策，卽調查地主所有之土地，使定其價，自由呈報國家，按其地價徵收地價什一之稅，地主報價欲昂，則納稅不得不重，納稅欲輕，則報價不得不賤，兩者相權，所報之價，遂不得不出之於平，國家據其地價，曾載在戶籍，所報之價，卽爲規定之價，此後地價之增加，咸爲公家所有，私人不得享其利，地主雖欲壟斷，亦將無辭可藉。」此外，孫先生又在英文本中國之第二步（China's Next Step）中說：「尙有一點，我們須十分注意，卽當新政府已成立，所有一切地契，必須更改，這是革命後所不能免的，倘若我們想實行社會革命而得最大的效果，則當先稍變地契的形式。我國地稅，素以面積多少計，其中衹分上中下三等而已，但將來地稅須以地價之高下而定，不能定於面積之多少，且地價比率，和上中下三級的比例，相差很遠，南京地價和上海堤岸的地價，我雖未詳細知悉，但若想評論兩地之價值，而用舊法，必不能得公平的結果。地價稅依地價而定者，則必甚爲妥當，地價高則納稅多，地價低則納稅少，地價高之地，常在繁盛商場，地主必富厚，故可負重稅，而不爲苛，地價低的，常在鄉間，遠離商埠，地多爲窮民所有，他們所負之稅宜輕。」第二，定地價稅法，平均地權實行後，增加地價，卽爲社會所公有，由國家制定地價稅法，徵收地價的所得，都市所在和鐵路運河所經過，經濟上有重大價值的地方，則由國家依據土地徵收法，收歸國有，或地方公有。其他土地係以原始地價，或賤賤購得者，即由國家重新測量估價，以昭平允。孫先生對這層解釋得很詳盡，他說：「我們底民生主義，是有辦法的；其辦法爲何？即「定地價，」按關於地價一層，前英國辦此事，有定地價的衙門，又有不服所定地價的控訴衙門，此爲英國規定地價大體辦法，中國可以不必倣行，中國人怕興訟，怕到衙門，倘定一地價，而要兩度到衙門，必覺得不堪其擾，這是衆不願意的。兄弟的辦法，極簡單而又極公平，即令人民自由報價，政府則律以兩種條件，其一按所報的地價，照値百抽一而收稅，其二則照價收買，此可使他們不敢隱瞞公家，不致以多報寡，或以寡報多，其法至善，何以說不敢以多報少，譬如人民將自己所有之地報價後，公家就隨時可照價收買其地，想瞞稅的反要受報價的虧損，彼以少報多者，以爲其計甚得，設公家不收買，則又須照其所報之價納稅，報價多納稅亦重，以希冀收買而少報多的一方面，可以毋慮；但是報少價的，雖可減輕稅銀，但果公家照價收買其地，彼必虧本，此希冀減稅而以多報少的一方面，可以毋慮，所以那些地主，想來想去，報多報少，皆有危險，結果不如報一折中底實價爲愈，如此辦法，公家不甚費力，可坐收稅銀，而在地主方面，亦甚有利，法之至善，無愈於此。」平均地權的具體辦法，又在國民黨政綱第十四項內，有專條規定，就是：「由國家規定土地法，土地使用法，土地徵收法，及地價稅法，私人所有土地，由地主估價呈報政府，國家就價徵稅，並於必要時，得依報價收買並徵收之。」這樣的辦法，可以使土地增價的利益，不致歸地主不勞而獲得國家可以利用這宗款項，做普及教育，擴充交通，改良市政，增進人民幸福等經費，這便是以社會發達的利益，還諸社會人民，不致再受房租地租的苛索及因地價高而直接間接加重負擔，使土地的權利，爲國民平均享受。或者有人要這樣問「平均地權的辦法，還不甚澈底，如根本取消土地私有制，實行土地國有制，那豈非更爲澈底嗎？」吾們要解答這個疑問，須先明了中國土地的實際情形，中國土地分配的狀態，並沒有集中於少數大地主之手，而比較起來，尚屬平均，試以左表爲證：

| 所有面積 | 總面積 | 百分率 |
|---|---|---|
| 十畝以下 | 一七、九一四、二三一 | 四二、三% |
| 十畝以上 | 一一、三〇三、五七〇 | 二六、六% |
| 三十畝以上 | 六、七一二、三六六 | 一五、八% |
| 五十畝以上 | 四、一三七、一三六 | 九、七% |
| 百畝以上 | 二、二七三、三五五 | 六、六% |
| 合計 | 四二、三四五、六五八 | 一〇〇、〇% |

從上表看來，可知農民佔有土地在十畝以下及十畝以上者，佔百分之六八、九，中國小地主之多，由此可見。我們再看左表：

| 省區 | 年度 | 十畝未滿 | 十畝以上 | 三十畝以上 | 五十畝以上 | 百畝以上 |
|---|---|---|---|---|---|---|

| | | | | | | |
|---|---|---|---|---|---|---|
| 京兆 | 民六 | 二二五 | 一八九 | 一四八 | 一二二 | 六四 |
| | 民七 | 一五二 | 一三五 | 一四五 | 一一五 | 六三 |
| | 民八 | 一六〇 | 一四一 | 一五一 | 一二二 | 七〇 |
| | 民九 | 一五九 | 一六〇 | 一五七 | 一一五 | 六四 |
| 直隸 | 民六 | 一、三六四 | 一、〇八七 | 七九七 | 五〇二 | 二一六 |
| | 民七 | 一、三七三 | 一、〇八一 | 七九七 | 五〇九 | 二二四 |
| | 民八 | 一、三五五 | 一、〇九四 | 八〇二 | 五〇九 | 二二三 |
| | 民九 | 一、三六五 | 一、二〇一 | 八一七 | 五二二 | 二三一 |
| 吉林 | 民六 | 五二 | 九七 | 一一〇 | 一二二 | 一五八 |
| | 民七 | 四四 | 九八 | 一六一 | 一三二 | 一五三 |
| | 民八 | 一三八 | 一二二 | 一九四 | 一七一 | 一七五 |
| | 民九 | 四五 | 一〇七 | 一七七 | 一三三 | 一一六 |
| 山東 | 民六 | 二、一〇七 | 一、五五二 | 九五八 | 四九七 | 三四一 |
| | 民七 | 二、一八五 | 一、五三八 | 九三三 | 四八八 | 二〇八 |

| | | | | | | |
|---|---|---|---|---|---|---|
| | 民八 | 二、三九〇 | 一、五〇三 | 八八四 | 四三九 | 一五一 |
| | 民九 | 二、二六〇 | 一、六八六 | 八九六 | 四四七 | 一九九 |
| 河南 | 民六 | 一、五九七 | 一、五六九 | 一、五二五 | 八七七 | 五六三 |
| | 民七 | 一、八三〇 | 一、一一九 | 七九九 | 四九〇 | 三二九 |
| | 民八 | 二、五六〇 | 一、六五二 | 一、〇八六 | 六五四 | 三五九 |
| | 民九 | 二、五三二 | 一、六三〇 | 一、〇八八 | 六八六 | 三八五 |
| 山西 | 民六 | 二八四 | 三六〇 | 三九八 | 三三八 | 一五二 |
| | 民七 | 三八四 | 三九四 | 三六二 | 三三七 | 一五二 |
| | 民八 | 二八三 | 三六〇 | 三九八 | 三三八 | 一五二 |
| | 民九 | 二八三 | 三六〇 | 三九七 | 三三八 | 一五二 |
| 陝西 | 民六 | 六一六 | 三六九 | 一八九 | 八九 | 六四 |
| | 民七 | 四九六 | 四四四 | 二一四 | 九九 | 五六 |
| | 民八 | 三九八 | 四五二 | 二五三 | 一四七 | 五八 |
| | 民九 | 三八〇 | 四五二 | 三六三 | 一九〇 | 五五 |

| | | | | | | |
|---|---|---|---|---|---|---|
| 江蘇 | 民六 | 二、七二六 | 一、三一二 | 四八七 | 二六〇 | 八七 |
| | 民七 | 二、三一五 | 一、二九四 | 五六七 | 二七一 | 九五 |
| | 民八 | 二、三八八 | 一、三三二 | 五〇〇 | 二五三 | 八七 |
| | 民九 | 二、二二四 | 一、三五七 | 五三四 | 二八二 | 一〇五 |
| 安徽 | 民六 | 一、〇三一 | 九八七 | 三四四 | 二〇九 | 一七六 |
| | 民七 | 一、〇三八 | 九三二 | 四〇五 | 三〇〇 | 一九九 |
| | 民八 | 一、〇二五 | 九四二 | 三八七 | 二二二 | 六六 |
| | 民九 | 一、一三五 | 八九四 | 四〇三 | 二三〇 | 九七 |
| 察哈爾 | 民六 | 一一三 | 一四 | 二四 | 二九 | 三六 |
| | 民七 | 一一三 | 一四 | 二四 | 二九 | 三六 |
| | 民八 | 一二四 | 一三 | 一二 | 一八 | 三六 |
| | 民九 | 一二 | 一三 | 一二 | 一九 | 六九 |

上表雖不免簡陋，但吾們也可知道自十畝至三十畝的小農都有增加的傾向，三十畝至五十畝的中農，也在繼續增加，而五十畝至百畝以上的地主，大體的說，非但沒有增加反趨減少，這一點是值得注意的。吾們再看左述

的農家戶數及耕種種別表：

| 省區 | 自耕農 | 佃農 | 自耕兼佃耕 | 總計 |
| --- | --- | --- | --- | --- |
| 京兆 | 三六三、九三七 | 一四三、二一四 | 一四八、九六八 | 六五五、七一九 |
| 直隸 | 二、八六〇、六四〇 | 五三〇、七六九 | 六四四、五四三 | 四、〇三五、九五二 |
| 吉林 | 二八六、五九四 | 一五九、六五一 | 一三三、三一一 | 五七八、五五六 |
| 山東 | 四、〇〇七、六一八 | 六六〇、三三〇 | 八一九、三一〇 | 五、四八七、一五八 |
| 河南 | 三、五〇三、九七三 | 一、六六一、七七五 | 一、一五四、三五三 | 六、三二〇、一〇一 |
| 山西 | 一、〇七八、六三六 | 二三八、七二〇 | 二二三、一九七 | 一、五二九、五五三 |
| 陝西 | 八六九、一三二 | 三〇八、一〇四 | 二六二、七六五 | 一、四四〇、〇〇一 |
| 安徽 | 一、二七二、八三五 | 九〇九、二六〇 | 五六七、八二六 | 二、七四八、九二一 |
| 江蘇 | 二、〇六〇、二六一 | 一、三八二、五六三 | 一、〇九五、二四六 | 四、四五〇、二〇七 |
| 江西 | 一、七一四、五一〇 | 一、二四一、二〇二 | 一、一〇九、二四四 | 四、〇六四、九六五 |
| 福建 | 五九五、九七一 | 五二四、五〇九 | 四一〇、二一五 | 一、五三〇、六九五 |
| 廣東 | 一、三一六、五〇〇 | 一、四六三、七五一 | 一、一四四、八四二 | 三、九二五、二〇七 |

| | | | | |
|---|---|---|---|---|
| 熱河 | 四五四、六六五 | 一〇〇、五三九 | 一一六、四一一 | 六七一、六一五 |
| 察哈爾 | 八九、三一〇 | 三、三一七 | 一四、三六八 | 一二四、九九五 |

根據上表，可知除廣東一省外，自耕農數較佃農數爲多，自耕兼佃耕農數，除十四省區中四省外，都較佃農爲少。從此吾們更可深信中國小地主多於大地主，土地分配狀態尚稱公平。在這種情形之下，取消土地私有制，儘可不必，祇要對於地主實行限田制，使其不成爲大地主，對於沒有土地的農夫設法使其獲得土地，實現耕者有其田的理想，對於自耕農襄助其維持固有地位，對於佃農幫助其升致自耕農的地位，這樣土地問題便可告一段落的圓滿解決。孫先生所主張的平均地權，其理論基礎也就在這裏，這是吾們要特別注意的。

節制資本與平均地權，同爲民生主義的兩大原則，本來近代資本主義的成立，是由於工業革命之後，實業集中在私有財產的原則上面，少數有產階級的人，一方而負設計組織管理的全責，一方而操分配的全權，而其結果則享受最大限度的報酬，一切實業的運用，又都在自由競爭與工銀制度兩個原則之下，種種社會病態，都由此發生出來。所謂民有民治民享的政治原則，只能適用於極少數的有產階級，因之由經濟生活上的不平等，而引起政治不平等的現象。中國因幅員廣大，交通阻滯，一切富源，尚未開闢，加以生產技術幼稚，所以日久停滯於手工農業的經濟狀況之下，還沒有很大的資本主義發生，只不過受帝國主義經濟的壓迫，阻礙我民族一切生產事業的發展，所以我們今日一方應竭力遏止資本主義的成長，同時尤須以國家的力量，經營一切生產事業，所以孫先生說：「資本問題，是今天世界上最大的問題，也是最難解決的問題，凡是資本發達的國家，業已沒有辦法，中國幸而資本尚未發達，我們應該未雨綢繆，趕緊設法免得再蹈覆轍，主張以外資建設生利事業，開闢市場，興建工廠，建築鐵路，修治運河，開發礦產，舉凡一切天然物產皆歸公有，各種新事業之利潤，悉歸公家。」由可知節制資本有兩種意義，一是節制私人資本使地主不勞而得的利益，不歸私人而歸工家，使掠奪的機會減少，資本主義的遺毒不致發見於我國；二是以國家自爲大資本主義，用集產的方法，把一切交通機關，基本工業，以及原動力的供給，大規模的生產，視能力之所能及，都由國家經營，給國民經濟以至深至大的刺激，使實業可以蓬勃興起，這是節制資本的偉大作用了。

節制資本的眞義，是在不是節制資本本身，因爲資本是生產要素之一，生產力與資本數量，成爲正比例，換言之，資本越充足，生產力越雄厚，生產力越雄厚，人生所需的物質，隨着增加，而人類幸福，也就因之增進，所以節制資本，不是用以節制資本本身的增加與充足，而是節制資本的私有，以緩和並消滅資本私有的弊害。我們爲進一步明瞭節制資本的眞義起見，又可分爲積極的與消極的節制資本去解釋。節制資本的消極的意義，就是消滅資本的弊害，節制資本的積極的意義，是在發展資本。就後者來說，就是積極的努力於生產事業，使生產力銳增，就前者來說，就是設法公平的分配，不致形成資本主義的罪惡。在目前中國情形之下，積極的節制資本，尤當積極提倡，因爲中國目前的大患，是在患貧，欲救此弊，非先從增加生產下手不可，這一點，我們又當特別注意的。

節制資本的方法，可分兩層來說：第一，節制私人資本，孫先生認定現在外國所行的「所得稅」制度，是節制私人資本的一種方法，但是單收所得稅，是不能解決民生問題的。所以孫先生又主張獨佔業公有，可以防止資本家的壟斷專橫剝削腐敗等流弊。獨佔事業私營的弊害在美國更爲顯然，據美國伊利教授說：「獨佔事業之公有，於自由發達亦有裨益，……私人之大公司，甚或有以攻擊大學以箝制經濟學及政治學之口者，前曾有煤氣公司之職員威嚇某大學經濟學教授，關於煤氣問題，猶繼續運動不已，則將褫奪其教授之位置。」獨佔事業之公司，竟有能力干涉他人的言論自由思想自由，可見其勢力之兇橫。美國獨佔事業所有者，妨害政治及人民的地方尤不勝枚舉，他們利用財富，極力避免政府之監督或親入政界，或賄買議員，政界中許多腐敗的現象，大都由獨佔事業者的橫暴所造成，他們既有政界的勢力，要想把所有獨佔事業，一概收回，是做不到的，除非經過社會革命。孫先生能到看這層，先事預防，訂爲成文的政綱，適應時勢的要求。第二，發達國家資本，民生主義若祇節制私人資本，還是偏重於消極方面，尤須在積極方面，發達國家資本，而主要的則在產業國營。產業國營的利益有二：第一、生產的主要目的，既在滿足國人的需要，產業國營，便能按市場需要之程度，而爲相應的適當的生產，免除私人經濟之種種無謂的耗費；第二、以社會的經濟，還諸社會，就是說以產業的利潤，歸國家公有，用爲建設及增進人民幸福的事業，可以矯正分配不均的趨勢，並可以減殺大資本家利用財富，阻礙政治及文化的改進。產業國營既有這種種的好處，所以本黨政綱，特別注重，據國民黨宣言及黨綱中關於產業國營的規定，有下列的幾條：「凡本國人及外國人之企業，或有獨佔之性質，或規模過大，為私人之力所不能辦者，如銀行鐵道航路之屬，由國家經營管理之，使私有資本制度，不能操縱國計民生，此卽節制資本之要旨也。」「建設之首要在民生，故對於人民之衣食住行四大需要，政府當與人民協力，共謀農業之發展，以足民食，共謀織造之發展，以裕民衣，建築大計劃之各式房屋，以樂民居，修治鐵路運河，以利民行。」「企業之有獨佔的性質者，及私人所不能舉辦者，如鐵路航路等，當由國家經營之。」上述各條中，第一項是宣言中說明產業國營的宏旨，第二項包括「民衣」「民食」「民居」「民行」四大類，幾乎把產業全部都置於國家「協力」經營之下，第三項特別注意有獨佔性質之企業，這就是上述免除私人獨佔企業之弊害。

孫先生所主張發達國家資本的途徑，第一是鐵路，第二是工業，第三是礦業生產，此外並擬有七個增加生產方法的問題，一是機器問題，二是肥料問題，三是換種問題，四是除害問題，五是製造問題，六是運送問題，七是防災問題。這七個問題之中，防災問題着重興辦森林，本來森林事業非國家經營，不能充分發揮效果，孫先生極力主張由國家大規模造林，以保護農業。對於上述三種實業，在孫先生的實業計劃中討論非常詳細，孫先生對於實業建設上，可以分為設計組織管理三個大部分，把全國的人口土地生產消費的能力作標準，製成總計劃，為建設民生主義的社會之基礎，在原則上務求實業的設計組織管理之權，完全屬之國家，孫先生這種產業國營的大計劃，分六十綱領，詳載於實業計劃中；其第一計劃，在經營北方發展北方之實業，以直隸灣為北方大港，建西北鐵路，以新疆蒙古為移民之中心地，由國家收買土地長期貸給移民耕種，開濬運河，以聯絡中國北部中部通渠及北方大港，並開發山西煤鐵礦源，設立製鐵煉鋼廠。第二計劃在經營東方發展東方之實業，築東方大港於杭州灣中的乍浦岬之間，整理揚子江水路及河岸，以利航行，並建設內河商埠及大士敏土廠。第三計劃，在經營南方發展南方的實業，改良廣州使成為世界大港，並改良廣州水道，建設中國西南鐵路系統，以及沿海商埠及漁業港，而創立造船廠，尤為重要。第四計劃為敷設十萬英里長鐵路的計劃，共分中央鐵路東南鐵路東北鐵路西北鐵路及高原鐵路等五個系統，此外並計劃創立機關車客貨車製造廠。第五計劃則為用外力扶助發達基本工業之計劃，以謀人民食衣住三種必需生活的滿足。第六計劃為開採礦產的計劃，這六大計劃，可以說是孫先生偉大精密的計劃。

## 第二章　中國革命之理論的演進

### 一　民族主義形成的階段

三民主義形成的階段，可以由三民主義本身進化的痕跡尋找出來的。據孫先生自己說：「這三民主義，本來是一貫的，若考他發生的秩序，不止我們中國，就是世界各國，也都是先由民族主義進到民權主義，再由民權主義，進到民生主義。」可見三民主義最初發生的是民族主義。本來近代政治的開篇，即是民族主義史的開篇，百年以來的世界政治經濟的變動，有意無意間都以「民族問題」爲中心，而在我國，滿洲政府，以一民族宰制中國至二百餘年之久，對外事事仰承帝國主義者之意旨，而以箝制漢族爲得計，對內橫征暴斂，剝削平民，痛苦不堪，在他方面帝國主義的列强，又利用滿洲政府的昏庸，實行瓜分政策，掠奪我國自然的富源與土地，使我國陷於次殖民地的地位，於是我國政治經濟各方面都根本發生搖動，因之發生種種病象，民族問題便是這種病象匯合起來的結果。中法之役（一八八四年）我國喪師辱國，我民族的弱點完全暴露，列强對我國的壓迫，日益加緊。孫先生遂於此時，決意革命。後來中日戰爭失敗，高麗割於日本，威海衞（今已收回）旅順大連廣州灣又被英法俄德强迫租去，先生乃組織興中會，實行革命，全國的革命空氣，因之緊張。所以三民主義中的民族主義，最初的表現，是在興中會的宣言中，當時宣言最重要的話，就是「堂堂華國，不齒於列强，濟濟衣冠，被輕於異族，有志之士，能不痛心！」這是說明我民族在當時處境之危，以喚起民衆的民族自尊的思想，復以民族獨立的意識，詔示於人，所以在這宣言中，更嚴重的說：「强鄰環列，虎視鷹瞵，久垂涎於我中華五金之富，物產之多，蠶食鯨吞，已見效於踵接，瓜分豆剖，實堪慮於目前。」這是民族主義還在胚胎時期，到了日俄之戰以後，孫先生組織同盟會，這時候已把三民主義稍稍宣佈出來，同盟會當時所謂四綱，就是（一）驅除韃虜，（二）恢復中華，（三）建立民國，（四）平均地權，雖然「建立民國」已有民權主義的思想，「平均地權」已有民生主義的思想，但革命思想的大部份，仍着重於「驅除韃虜」和「恢復中華」兩個目標上面。當時民族主義的中心，就是「革命排滿，」這種革命排滿的口號，在當時孫先生是想拿一種很具體的目標來激動民族的情感，於民族革命的前途，是有不少影響的。雖是「排滿，」祇得解決一部份的民族問題，但是是走到民族解決路上的一個重要歷程，所以「排滿」就是民族革命最初的具體表現。辛亥革命之後，本黨雖主張漢滿蒙回藏五族平等，但明白宣告這種主張，是在孫先生三民主義完成之後，而民族主義的內容，因之更爲擴大。民族主義推進的程序，第一是我國民族自由解放，自辛亥以後，滿洲的宰割政策，已爲初期的民族運動所摧毀，但列强帝國主義，依然兇橫如故，所以民族主義對外在發揚國民的能力，成功健全的反帝國主義的運動，以求到中國民族眞正的自由與獨立。第二是我們境內各民族務求一律平等，因爲辛亥以後，滿洲的專制既已摧毀無餘，則國內各民族，自然應該得到平等的結合，所以民族主義，對內的要求，就在求國內各民族的平等結合。最後，民族主義的完成，又在進一步與世界上被壓迫民族共同奮鬥，以實現世界大同的理想。孫先生對於民族主義終極的目的，就是：「我們在今日沒有發達之先，立定扶傾濟弱的志願，將來到了强盛時候，想到今日身所受過了列强政治經濟壓迫，將來弱小民族，如若受到這種痛苦，我們便把那些帝國主義來消滅，那末算是治國平天下。我們將來要想治國平天下，便先要恢復民族主義，民族地位，用固有的道德和平做基礎，去統一世界，成一個大同之治。」

## 二　民權主義形成的階段

在興中會章程中雖有「民爲邦本本固邦寧。」的話，可以看作民權主義的雛形，但充分的顯示出來，還是在同盟會時代同盟會四綱中有「建立民國」一條，其中要旨就是：「今者由平等革命，以建立民國政府，凡我國民皆平等皆有參政權大總統由國民共舉議會以國民公舉之議員構成之，制定中華民國憲法，人人共守，敢有帝制自爲者，天下共擊之。」由這一條中民權思想，可謂極其充分，而在同盟會時代所謂民權主義，還是着重在民主立憲的一點上。當時黨中同志與梁啓超一派保皇黨所爭持最烈者，也是在民主立憲的主張，不過當時民權主義完全是以歐美一般的民主主義爲立場的。當時孫先生說：「民權主義，就是政治革命的根本，中國數千年來都是君主專制政府，這種政體，不是平等自由的，這由於政體不好的緣故，不是政治革命，是斷斷不行的，……政治革命的結果是建立民主立憲政體。」這種以民主立憲爲骨幹的民權主義思想，一直到民國成立的初期，仍是非常發達，但是這時民權主義的意義，可以說是極其簡單，民權革命的對象，祇是滿洲皇帝，而所藉以表現民意的也祇有選舉權一種而已。總之，民權主義，最初的形式，完全不脫歐美普通所行的間接民主制，在我國國民甫經二千年的專制政體，一旦轉入民主政治中來，這種間接民主制的過渡時期，也是必然的。但是歐美所行的間接民主政治到現在已經弊害很多，最大的缺點，就是資產階級的色彩太重，選舉權既以財產爲標準，祇有少數資產階級可以享受，大多數的人，則多被排斥於選舉之外，所以孫先生乃進一步主張直接民權，先生說：「中國革命以後，要倣效歐美，實行民權，歐美的民權，現在發達到了代議政體，中國要跟上外國，實行民權，所以也有代議政體，但是歐美代議政體的好處，中國一些沒有學到，所學的壞處，却是百十倍。」所以孫先生認定「代議制度不是眞正民權，美法英各國雖主張民權主義，仍然不是直接民權。」國民黨第一次全國代表大會宣言中說：「國民黨之民權主義，於間接民權之外，復行直接民權，卽爲國民者，不僅有選擧權，且兼有創制複決罷官諸權也。民權之方式，規定於憲法，以孫先生所創之五權分立爲之原則，卽立法司法行政考試監察五權分立而已。凡此旣以濟代議政治之窮，亦以矯選擧制度之弊，近世各國所謂民權制度，往往爲資產階級所專有，適成爲壓迫平民之工具，若國民黨之民權主義，則爲一般平民所共有，非少數所得而私也。」民權主義到了第一次全國代表大會的時候，已經意義極其完備，不獨推翻間接民主制，而備有直接民主制的實質，幷且權能分治，使人民不必有處理政務的能力，可以享國民主權的實權，所以能成爲現代政治中最優良的一種政治方略。

### 三　民生主義形成的階段

民生主義最初是以「平均地權」爲起點，乙巳年（一九〇五年）同盟會四綱中最後一條，就是「平均地權，」當時平均地權的意義，據同盟會四綱中所說，就是：「文明之福祉，國民平等以享之，當改良社會經濟組織，核定天下地價，其現有之地價，仍屬原主所有，其革命後社會改良進步之增價，則歸於國家，爲國民所共享，肇造社會的國家，俾家給人足，四海之內，無一夫不獲其所，敢有壟斷以制國民之生命者，與衆共棄之。」可知民生主義最初的目的，就是要拿土地政策來做解決社會經濟問題的手段，但是民生主義的來歷，却發生在同盟會之前。據孫先生自述說：「予自乙酉中法戰敗之年，始決傾覆淸庭，創建民國之志，倫敦脫險後，則暫留歐洲，以實行考察其政治風俗，結交其朝野賢豪，兩年之中，所見所聞，殊多心得，始知徒致國家富强，民權發達，如歐洲列强者，猶未能登斯民於極樂之鄉也，是以歐洲志士，猶有社會革命運動也，予欲爲一勞永逸計，乃採取民生主義，以與民族民權兩問題，同時解決，此三民主義之主張所由完成也。」在辛亥革命以前，民生主義的重心，祇是「想法子改良社會組織，防止後來的社會革命。」而以平均地權爲唯一的辦法，因爲我國土地問題，爲一切經濟問題解決的基礎，并且土地是一切資本的來源，土地分配平均，人民貧富不致相差懸絕，否則地權若不平均，則分配不公，必爲大資本家所兼併壟斷，釀成社會革命的慘劇，要免除這種慘劇，只有把地價的增加，歸於社會，這樣才不致使人民貧富懸殊，所以孫先生說：『講民生主義，又非用前同盟會所定之「平均地權」方法不可，今日革命事業，并未成功，想革命成功，當先解決「土地問題」』。可知民生主義，最初在以平均地權爲骨幹，謀解決我國土地問題，以避免歐美各國資本主義的弊害。但是民生主義最初的用意，祇是在消極方面防患未然，孫先生創立三民主義，是在三十年以前，那時，我國國內還沒有資本主義發生，新式的工業生產也不多見，就是有少數新式的工業也不過是外國資本家所經營，所以當時的民生主義完全着重在防止資本主義在我國發生而演成種種社會的病象，所以孫先生自己解釋說：『如果達到了民有民治的目的，不管民享的問題，二三十年後，必定再有一種痛苦發生，……我們如果把民生問題，現在能够同時來解決，就可以免將來經濟革命的痛苦，如果民生問題，不同時來解決，將來人民富足，純是少數人的富，不是多數人的富。』

辛亥革命以後，帝國主義列强的經濟勢力，在我國非常發展，國內各通商口岸，已經有近代工商業的發展，中國的產業狀况，雖未形成到一種資本制度，但是帝國主義在中國資本勢力發展的結果，使手工業破產，中國的產業在帝國主義資本勢力之下，遂日近於新式產業的地位，所以三民主義中的民生主義，更在積極方面謀增加我國的生產能力，以抵抗外而資本的形勢，同時，並防止由生產能力發展而生的社會病態。所以民生主義，於平均地權之外，更增加節制資本，形成民生主義的兩大原則。因爲在帝國主義經濟壓迫之下，我們一方面固然應該竭力遏止資本主義的成長，同時尤須以國家的力量，經營一切生產事業，以國家自爲大資本主義，用集產的方法，把一切交通機關，基本工業，以原動力的供給，大規模的生產，都由國家經營，同時更節制私人資本，使地主不勞而獲的利益，不歸私人而歸公家，掠奪的機會減少，資本主義的遺毒，才不致發見於我國，民生主義至此已經達到了一種完備的地位。

## 第三章　中國革命之歷史的因緣

### 一　我國固有思想之淵源

凡是一種革命的成功，必須有事實與理論的兩大基礎，前者指實際生活上客觀的需要，後者則是全賴思想上信仰系統的組成因爲革命的成功，自然是需要產生革命的事實作基礎，但是尤須於一個時代的精神與時代的心理做他的依據，所以一貫的理論的主義之普遍的伸張與擴大，是十分切要的。孫中山先生以始終如一的精神，從事國民革命的奮鬥，歷時至四十餘年之久，更以先生偉大的創造力，拿三民主義作爲民族奮鬥的理論的指導，使中國民衆在先生理論的指導之下，於極艱難的境況中去求我民族出死入生的獨立之路，因之三民主義，便成了中國革命的唯一的哲學的根據。但是我們應該知道：一種政治學說的產生，幷不是憑空結構從天而降的，乃是根據當時客觀的政治情形與政治制度產生的，一種思想家的學說，總離不了社會的環境，師友的陶薰，和個人的特性之外，所以眞正配稱爲科學的政治學說，一定要受國情遺制風俗習慣禮法的影響。孫中山先生的三民主義，既然是中國革命的中心理論，所以這種主義的產生，一定是有歷史上的淵源，我國民族自有史以來，祇有漢族獨能適應天然力創造所謂「文化的穹廬」，使各民族都有膏沐恩澤，成爲一個「萬山皆拱」的趨勢，所以我國歷來傳統的民族思想，就是「以漢族爲本位」的思想。我民族從來對於華夷之見極深，凡本部以外的各民族，都一概視爲夷狄蠻荒，加以鄙視，這種「以漢族爲本位」的民族思想，最初始於皇帝，春秋戰國時代，華夷之分猶嚴，厥後每況愈下，至東晉宋元時代最消沉，迄明代朱元璋，始恢復已失的民族思潮，驅逐韃虜，先復漢族，在朱元璋的討元檄文中說：「自古帝王臨御天下，中國居內以制夷狄，夷狄居外以奉中國，未聞以夷狄居中國而治天下者。」這檄文中已充滿着「以漢族爲本位」的民族思想。其後，明社既屋，清以異族入主中國，擅兵專制，塗毒漢人，明朝遺老，不僅抱國亡家破之慘，更具有紹光恢復之志，且以種族不同之故，尤增「蠻夷猾夏」之痛，於是有志之士，以「排滿復明」爲職志，奔走呼號，前仆後繼，迨東南復國運動相繼失敗，明代一般遺老，乃復遯跡山林，從事著述，民族主義的思想，已種其基了。

我國民族革命之思潮，又與固有的民本思想，多少有點關係，誠如孫中山先生所說：「中國對於民權的見解，二千多年以前已經早想到了。」本來我國民權之說，自古已有，在書經上常可看出國家的最高意志在「天，」而天的意志則在乎民衆，這種「天治主義」與「民治主義」之聯合，是民主政治初期的雛形。至於國家大事，有許多國家是直接請命於百姓，尤其是較小的國家，比如盤庚遷殷，本來是國家大事，所以不敢由王自主，必須「王命衆於庭」來取決同意。孟子載太王預備遷到岐山的時候，也必須「屬其耆老而告之」與盤庚遷殷的事實很相似。這種古代的詢民政策，爲現代議會政治的胚胎，這些幼稚的民衆的意志之表現，雖不能與現代政治相提並論，但與我國民權運動的發生，也有極大的影響。古代民權思想，以儒家唱之甚盛，比如孔子說：「湯武革命，順乎天而應乎人。」但是提倡民權思想最有力量的，還是孟子。孟子的政治學說，多是充分的發揮我民族固有的民權思想，比如他說：「賊仁者謂之賊，賊義者謂之殘，殘賊之人，謂之一夫，聞誅一夫紂矣，未聞弑君也。」（梁惠王下）又說：「民爲貴，社稷次之，君爲輕，是故得乎丘民而爲天子。」（盡心下）儒家的政治哲學，向來主張「尊君」，提到一個「君」字，便覺神聖不可侵犯，有時拿君臣對舉，就像一個天，一個地，并沒有計算到地底以下的人民。孟子答齊宣王說：「君之視臣如草芥，則臣視君如寇讎。」已經非常胆大並且說人民比君主貴重得多，尤其是國事要徵得人民的同意，證明人民有最高的權力，一切社稷，都爲人民來變置，證明人民是一國之主，這正是民權思想充分的表現。但是這種古代的民權思想，祇是主張在君主統治之下，實行民本主義的精神，他們僅知民爲邦本，政在養民，而一切政治，當由人民施行的方法，則始終沒有具體的主張，比如孟子雖已認識了民權的道理，却不曾想到政治組織上，如何實行，若是政之所從出，而其權力乃在人民以外，則此種無參政權的民本主義，又有何用？所以我國古代的民本思想，雖是對於民權主義，直接間接，有不少的影響，但是這種沒有民權實質的民本思想，缺點殊多，民權主義，就在充實這種固有的民本思想，使之成爲民所有，爲民所治，爲民所享的全民政治。

「中國革命之終極理想，依據孫先生的主張，是在實現大同之治。本來，我國古代，原有一種大同思想，這種大同思想，就是儒家政治哲學最高的理想。儒家所謂「仁」，便是民生充裕的世界，這個世界，就是所謂大同世界。至於大同思想的內容，據禮記禮運篇中所說：「大道之行也，天下爲公，選賢與能，講信修睦，故人不獨親其親，不獨子其子，使老有所終，壯有所用，幼有所長，鰥寡孤獨廢疾者皆有所養，男有分，女有歸，貨惡其棄於地也，不必藏諸己，力惡其不出身也，不必爲己，是故謀閉而不興，盜竊亂賊而不作，故外戶而不閉，是謂大同。」這種固有的大同思想，對於孫先生革命學說的影響很大，先生平生所服膺的，也就是這種「天下爲公」的大同理想，先生嘗自己發揮這種大同的思想的內容說：『吾人生在惡濁世界，欲打破此舊世界，剷除一切煩惱，以求新世界之出現，必須有高尙理想，以爲之先，在我國數千年前，孔子有言：「大道之行也，天下爲公。」如此則人人不獨親其親，不獨子其子，是謂大同世界。大同世界即所謂天下爲公，要使老者有所養，壯者有所用，幼者有所敎，孔子之理想世界，眞能實現，然後不見可欲，則民不爭，甲兵亦可不用矣。』由此可見孫先生對於大同理想之企望，而三民主義中民生主義最終的目的，就在使人民得享有一切社會上的福利，民物包與，實現大同之治，所以大同世界可以說是中國革命最終極的理想。

## 二　排滿思想的勃興

中國民族思想，至明代而中興，明太祖朱元璋以淮右一布衣，而能提挈漢族，與韃虜反抗，終至於光復華夏，驅逐韃虜，在我國歷史上，增一頁的光榮，成爲一代的偉業，但是自明祚中葉以後百六十年間，羣小在位，濫賞淫刑，國事敗壞不堪，加之東林議政，黨禍日熾，正人君子，誅僇無算，國政更紊亂不堪，卒致覆國，爲滿洲勢力所乘，造成異族宰制中國的局勢。所以明朝亡國的原因，第一，由於內政失修，魏忠賢以閹官專權，無惡不作，以致民不聊生，羣盜紛起，而李自成張獻忠得以猖獗一時，陷據京師，明祚爲之覆滅。第二，由於邊防之廢弛，明朝自朱元璋創國之初，頗能整軍經武，鞏固邊陲，永樂宣德兩朝，尙能振作，至萬曆，邊防已廢弛不堪，遂與滿族以可乘之隙。第三，由於武人之媚外，缺乏民族思想，惟知崇拜現實勢力，雖有文人如史可法張煌言一輩富有民族思想的人，但是到了多數武人如孔有德耿仲明尙可喜洪承疇吳三桂等先後降淸以後，都城無備，大事已無可爲，故明祚隨之以亡，所以明朝之亡於滿族，完全是由於政治的腐敗與民族思想的消失爲其最大的原因。

滿洲入關之初，尙行籠絡漢人的政策，以收拾人心爲急務，所以當時所施方略，俱不外減輕負擔，俯順民情的籠絡術，多爾袞入關之前，卽有令旨說：「曩者三次往征明朝，俱爲俘掠而行，今此之行，非同昔日，蒙天眷顧，要當定國安民，以成大業，入邊之日，凡有歸順，不許殺害，除薙髮外，秋毫無犯。」這可見滿族入關最初一方面以武力震懾滿朝遺臣之外，他方面又以治術收拾人心，卽使以薙髮一層來說，滿族入關時，卽令人民薙髮，及後奠定北京，亦以薙髮從制，著爲詔令，後以抵抗者衆，乃不得不假爲權宜之計，以順從當時一般人的心理。多爾袞特下手諭說：「予前因分別順降之民，故以薙髮分順逆，今聞甚拂民意，是反乎予以文敎定民之本心矣，自茲以後，天下臣民，照舊束髮，悉聽其便。」如此可見淸廷收拾人心的籠絡政策的一斑。及至東南復國運動崛起，南都偏安，當時北都雖破，大江南北之地，尙多爲明室所有，且一時民族思想勃發，假使福王（田松）稍有志氣，又未嘗不可以圖謀恢復，又因馬士英專權，福王昏庸無能，雖有史可法張煌言之耿耿孤忠，然而大勢已成衰頹，東南半壁，終難保全，及至史可法戰死於揚州，張煌言兵敗被執，復國運動已經絕望，淸廷乃以武力屠殺政策以威懾漢族。淸兵攻陷揚州之役，據焚戶簿所載，人民之慘遭兵禍者，兵民莫辨，凡十日間，已有八十餘萬之多，而被擄與落井投河及閉門焚縊者，尙不在內，其後松嘉諸郡，相繼失陷，屠殺之慘，尤爲慘酷。江陰一役，士女死者，井池皆滿，卒無降者，清兵連屠三日不止，死者人數城內約九萬七千餘，城外在七萬五千以上，清兵之淫虐，一至於此。東南既破，滿族已以武力屠殺政策統一全國，便實行旗兵駐防政策，欲以武力鎮壓各省，以勁旅八旗守備國都，而以八旗子弟駐防山東江蘇浙江福建廣東湖北四川陝西等省，名曰駐防八旗，其制適如金人之「猛安」「謀克」，猛安與謀克爲全國之主軍，在屯田軍之形式下，駐防中國各地，其數甚多。據金史所載，大定二十三年（西紀一一八三）間，猛安之數爲二百二，謀克千八百七十八，而其所領之戶口爲六十一萬五千六百二十四戶，共計人口爲六百十五萬八千六百三十六，此數超過當時金國全戶口約一成七分；至清朝八旗駐防八旗戶口之全數，雖不可知，但據聖武紀所載，勁旅駐防合計二十萬有奇，而在北京者半數，荊州駐防八旗志所載該地駐兵額爲七千餘名，（光緒九年）駐粵八旗志載廣東創建當時（康熙二十年）之兵數爲三千餘名，這完全是實行以武力征服漢人的策略。清廷於武力征服之外，更欲實行轉移漢族的民族性，而以薙髮易服爲入手，南北大定之後，復頒薙髮易服之令，其內容即說：「向來薙髮之制，未即劃一，而姑聽其自便者，因欲待天下大定而始行之也。今中外一家，君猶父，民猶子，天下一體，豈可違異？若不劃一，終屬異心，不幾爲異國之人乎？自今布告之後，京城內外限旬日，直隸各省地方自部令所到之日，亦限旬日，盡使薙髮，遵依者爲我國之民，遲疑者同逆命之寇，必置重罪；若巧亂爭辯，決不輕貸。該地方文武各官，嚴行察驗，若復爲此事瀆進奏章，致使已定地方之人民，仍存明制不隨本朝之制度者，殺無赦。」此令頒布各縣後，并有「留髮不留頭，留頭不留髮」的話。清廷更令薙匠負擔遊行市上，見蓄髮者，卽執而薙之，如稍抵抗，卽殺而懸其頭於擔之竿上，以示衆，（嗣後薙髮擔上，一柱矗立，卽其遺制。）殺戮之慘，可以想見。胡蘊玉髮史序中，更沈痛言之，今摘錄如下，以見一斑。「薙髮令下，吾民族之不忍辱，而死者不知凡幾，幸而不死，則埋居土室，或遁跡深山，甚且削髮披緇，其百折不回之氣，腕可折，頭可斷，肉可臠，身可碎，白刃可蹈，鼎鑊可赴，而此星星之髮，必不可薙，其意豈在一髮哉！蓋不忍視上國之衣冠淪於夷狄耳！」由此可見我民族的精神之義烈，此種不屈不撓的民族精神，實爲中國民族之至寶。其次，最令漢族不平的，就是滿漢的待遇上，極不平等，滿州自開國以來，雖以「滿漢一體，並無歧視」二語爲口頭禪，但是實際上，滿族在我國社會上，居特殊的權力，無論在政治上經濟上，皆占優越的地位，比如在政治上，朝廷大吏，雖是滿漢兼用，但往往漢人任事而品低，滿人反品貴而權重，至於外省撫司以下，間用漢人，而總督職分，從不以漢人充任，因爲地方的政權軍柄，都在總督一人手裏，滿族絕不許漢人充任，但滿族中又少才能之士，國政窳劣，官吏貪黷婪索，無所不用其極，受苦不堪。至於經濟上，更爲剝削，尤不平等，清兵入關之初，東來之王及八旗兵丁，强佔田地，視爲己有，圈以標誌，謂之圈地，因爲滿州利用當時戰勝征服之餘威，無形中取消前朝之土地所有權，而以圈畫爲先佔，清廷更佔北京近畿房地，撥爲旗產，又給旗民以口糧，七歲以上，卽食全俸，六歲以下，爲半口，減半給糧，由是旗民可以不勞而獲，坐享清廷的贍養，而在漢人方面，賦斂煩苛，受苦日甚。清廷官吏，貪瀆無厭，以致民間財富，悉充私囊，人民處此情形之下，乃不得不流爲盜賊，川楚教匪，亦遂猖獗，後來教匪之平，固賴鄉勇之力，但鄉勇衣無布履，食無兼糧，以致間常啗敵肉以爲生，當時稱之爲「丐兵」，兵窮財匱的景象，已可概見。因爲人民連年困苦於刀兵之下，不能從事耕殖，生產力自然大減，加以滿清末年外交處處失敗，割地喪權，賠償巨款，又不得不重索之於人民，因之人民生產日益陷於水深火熱之中。最後，我們應該注意的就是清廷對於漢人所施的愚民政策，清廷欲羈縻漢族的智識階級，實行科舉制度，使一般智識階級，競於詞章，務於記憶，終身役役於經義帖文，墨義口義，而拘守於五經四書的陳舊，結果使全國的智識階級，都竭其智慧於制藝之間，心思錮蔽，自不能好亂犯上，清朝便可以維持其「家天下」的命運。所以康熙時候，有個滿洲大臣說得好：「非不知八股爲無用，特以牢籠人材，舍此莫屬。」把清朝之用心，一語道破，所以科舉制度的大害，就在以讀書爲作官的工具，欲想造成「學成文武藝，貨於帝王家」的奴隸人材，幸而清末一般革命先覺登高一呼，於是人民對於科舉之弊端漸明，更加以革命思想之傳播，卒賴吾民族精神之復振，使清廷二百六十年的家天下，一朝覆滅，此亦時代思潮與民族精神交互推進有以造成的。

### 三　文字之獄

滿清自統一中國後，對漢人的思想，實施抑制政策，因之文字之獄，紛紛而起，殺戮無辜，傷心慘目，在許多文字獄中，尤以明史獄，南山集獄，呂晚村之獄，胡中藻之獄爲最慘毒。先是明相國朱國楨（浙江吳興人）著有明史一書，後爲莊廷鑨所得，幷竄名印行，補崇禎一朝事，中多指斥清人語。康熙二年，爲已卸職之歸安知事吳之榮所告發，卒釀大獄，當時廷鑨已死，戮其屍，并誅其弟廷鉞，舊禮部侍郎李令哲曾作序，亦被殺，令哲有幼子，年祇十六，法司令其減供一歲，例得免死充軍，而其子對曰「予見父兄死，不忍獨生。」卒不易供而死。其後更株連無辜，死者七十餘人，婦女並發邊而告發之漢奸吳之榮，且因之邀功受上賞。自後有桐城戴名世與方孝標，晚年相接，孝標曾仕吳三桂，名世平日頗留心明代史事，并時訪明季遺老，考求故事，兼訪求明季野史，參互考訂，以冀日後成書。康熙中，其門人舒城余堪（字石民）偶與釋氏犂支相晤談明桂王時事，因爲犂支原爲宦者，後因桂王被殺，乃皈依釋氏，改名犂支，名世聞之，乃往余湛處訪問，至而犂支已去，不及相見，名世歸，及囑余生將所聞於犂支者，一一書示。後又購滇黔紀聞，（方孝標所著）乃與余生書考其異同，並以所疑致書余生，其書卽爲他年文字興獄之根源。書中大意，都關於探討的辭句。至康熙四十一年，名世門人尤雲鶚爲刊其文行世，名曰南山集，集中多採方孝標所紀事，而前與余生書，亦搜入集中。後於康熙五十年爲左都御史趙申喬據南山集奏議名世爲書狂妄，淸刑部於康熙五十一年奏請從嚴處置，奏中所列辦法，至爲慘酷，謂戴名世方孝標之祖父子孫兄弟及伯叔兄弟之子，年十六歲以上者，俱查出解部，卽行立斬。其母女妻妾姊妹子之妻妾十五歲以下子孫伯叔父兄弟之子，亦俱查出，給功臣家爲奴，凡其族人，都受相當懲罰，是案牽連至數百人，而尙書韓炎，侍郎趙士麟，御史劉灝等三十二人，亦以平日與名世論文，亦坐罪議處。降至雍正一代，文字之獄尤盛，其中以呂晚村之獄爲最著，晚村名留良，浙江人，性狷介，富民族思想，師法黃黎州，著書立論，排斥滿洲，不遺餘力，嘗有『淸風雖細難吹我，明月何嘗不照人』句。又著論華夷之別說：『孔子何以許管仲不死公子糾而事桓公，甚矣美爲人者，是實一部春秋之大義也。君臣之義固重，而更有大於此者，所謂大於此者何耶？以其攘夷狄救中國於披髮左袵也。』這種攘夷的激烈言論，頗風行於一時。晚村生平絕意仕進，後又削髮爲僧，自稱爲『東海之腐儒，』卒於康熙二十二年。其徒嚴鴻逵，推崇誦法，備述遺言，詆斥滿洲政府尤甚。曾靜（湖南永興人）尤醉心晚村學說，對於排滿運動更具熱忱，曾遣其徒張熙往說四川總督岳鍾琪，勸岳排滿復漢。鍾琪當時仍執迷不悟，乃將張熙囚於密室，刑訊問其指使之人。熙至死不吐，卒因鍾琪計誘，許以同謀，迎聘伊師，佯爲設誓，熙始以靜供，鍾琪具摺並其書奏聞，雍正披覽，爲之動容，後提訊曾靜，靜直言不諱，隨將張熙曾靜一同解京，此案發生後，人心惶惑，民族風潮，已一發而不可遏，清廷大懼，不得不發布大義覺迷錄以自辯，冀欲挽回已失之人心，但結果奏效甚微。雍正對這件曾靜的事情，株連無算，除已故呂晚村呂葆中嚴鴻逵俱被戮尸梟首外，呂毅中沈在寬亦皆被斬決，族人亦俱被誅殛，人民對此，憤恨達於極點，其影響於日後民族革命之爆發甚大。自此以後，滿洲政府更厲行壓制漢人的政策，由雍正時代至乾隆時代爲清廷最盛時期，所以乾隆一朝的專橫尤甚。當時因指摘誹謗以興大獄的事，更層出不窮，例如杭世駿以時務策被斥，胡中藻鄂昌以詩文中影響附會之詞，而遭殺戮，這都是乾隆威厲之先聲。其後，文網嚴密，羅織極細，文字間如有不妥處，一經告發，輒多獲譴，而刑誅之慘，誅連之衆，尤令人不寒而慄。庚子之後，民間革命的活動，進行非常緩滯，同時，滿清政府的昏庸也較前增加，一般滿人更提倡一種謬論，謂「寧贈朋友，不與家奴。」

此已成爲甘心賣國的唯一根據，而對漢人的殘殺，又爲嚴厲。聯芳輩明白張胆的說：「亡於漢人，吾族無噍類矣！」這種喪心病狂的怪言論公然博得當時官吏的附和，於是誅戮革命健兒的事更筆不絕書，肆無忌憚。當時最驚人的事件要算是捶斃沈藎一事，沈藎湖南長沙人，於庚子唐才常在漢口起事時，擔任在新堤發難，後失敗，走武昌，旋又北走燕京，欲有所活動，在京居二年，因在報上揭發清人與俄人私訂密約事，爲李蓮英等告密，於光緒三十三年，清太后令以非刑杖斃，死最慘酷。據當時字林西報所載：『捶斃沈藎，其行刑自四時起，以竹鞭撻背，至血肉飛揚，人猶未死，沈嘗請以勒死，免致痛苦，未許，直至晚始氣絕。』清廷不顧人道，以此種殘酷手段對待革命黨，因引起中外輿論的攻擊，而辜鴻銘反助桀爲虐，替慈禧辯護，其中且有「欲盡滅此役蟲，則不免嚴酷之辦法。」可謂全無心肝，此後清廷慘殺革命志士的事件所在而有，革命運動的爆發，即在指顧間了！

# 第四章　中國革命之經過

## 一　興中會時代

溯自滿清入主中國後，滿族以高壓暴迫的手段待漢族，在國內以一族宰割中國，怨聲載道，生靈塗炭，社會經濟，混亂不堪；對國外則以「寧贈朋友，不與家奴」的故智，隨意斷送國權，帝國主義得此良機，强佔領土，攘奪富源，國際地位，降至零度以下，在這種環境之下，革命種子，業已埋下，祇待及時爆發了。中法之役，（一八八四年）喪師辱國，莫此爲甚，列强對中國的壓迫，日益加緊，迨中日戰爭失敗後，高麗被割，國勢陵替，江河日下，一般有志的人目睹實情，都以爲非有重大的革命，不足以挽狂瀾於既倒，那時革命運動分作兩派，一爲康有爲梁啓超派，一爲孫中山先生派，前者力主君主立憲，步武日本的維新，但是後經戊戌政變，康梁逃到日本，改革運動完全失敗，惟有孫先生所領導的三民主義的國民革命，卒底於成，所以孫先生是我們中華民國的國父。孫中山先生，名文，字逸仙，民國紀元前四十六年（清同治五年）十月初六日（卽陽曆十一月十二日），生於廣東香山縣之翠微鄉，幼入本鄉私塾，年十四赴夏威夷，入耶教學校，十六歲返國，入廣州博濟醫學校，得識鄭士良，談論革命，士良悅服；十七歲轉至香港醫校讀書，又識陳少白、尤少紈、楊鶴齡、陸皓東諸人，與陳尤楊暢談革命，昕夕不斷，時人呼爲四大寇；二十歲畢業醫校，遂懸壺於廣州、澳門兩地，以作革命運動之出發點，又與陸皓東北遊京津，以窺清廷之虛實，深入武漢，以覲長江之形勢，假了行醫之名，作革命運動，持之以恆，十年如一日，他的革命精神和革命志氣，可想概見。甲午中日宣戰，先生深知革命工作，如沒有組織，沒有團體，決難成功，遂乘此時機，赴檀香山，集合同志，創立興中會，其宣言說：「中國積弱，至今極矣，上則因循苟且，粉飾虛張，下則蒙昧無知，鮮能遠慮，堂堂華國，不齒於列强，濟濟衣冠，被輕於異族，有志之士，能不痛心！夫以四百兆人民之衆，數百萬土地之饒，本可發憤爲雄，無敵於天下，乃以政治不修，綱維敗壞，朝廷則鬻爵賣官，公然賄賂，官府則剝民括民，暴過虎狼，盜賊橫行，饑饉交集，哀鴻遍野，民不聊生。嗚呼慘矣！方今列强環列，虎視鷹瞵，久垂涎吾中華五金之富，物產之多，蠶食鯨吞，已見效於接踵，瓜分豆剖，實堪慮於目前，嗚呼危哉！有心人不禁大聲疾呼，拯斯民於水火，扶大厦之將傾，庶我子子孫孫，或免奴隸他族，用特集志士以興中，協賢豪而共濟，切仰諸同志盡自勉旃！」宣言以外，復訂有章程，這裏爲篇幅所限，不克詳述。我們如將興中會的宣言與章程，加以觀察，就可知道興中會的宗旨，是在聯絡中外有志華人，講求富强之學，以振興中華，維持團體，充滿着民族主義的色彩，而於民權民生並無一字提及，至於興中會的組織，大部爲國內的會黨與海外的華僑。本來每次革命，效勞最大者，總是海外華僑，對於中國革命，誠有莫大的貢獻。這是值得吾們注意的。甲午中日戰爭，清兵大敗，人心憤恨，中山先生利用時機，偕鄧蔭南等三五人返國，進行革命運動，想奪取廣州，以作根據地，一切準備都已就緒，而不料運械不愼，事機洩漏，陸皓東丘四朱貴全等都死，被捕者不下七十多人。孫先生在敗後十多日，與陳士良陳少白潛赴日本，卒免於難，這是中國革命之第一次失敗。廣州之役失敗後，孫先生先至日本，後斷髮改裝，再去檀島，鄭士良被命返國，收拾餘衆，以謀再舉，陳少白則獨留日本，考察政治情形。孫先至檀島後，推廣興中會，但收效甚微，乃赴美洲從事宣傳，又沒有若何進展。那時清廷業已知道，就下令通緝，光緒二十二年八月，先生由美至英，被駐英使館拘禁，幸而得到香港醫校敎師英人康德黎的營救，始得釋放。自脫險後，留住英倫，完成三民主義，後又赴日本，命陳少白回香港，創辦中國報，鼓吹革命，又命史堅如入長江，聯絡會黨，又命鄭士良在香港，設立機關，招待會黨，於是長江閩粵之會黨，都併入興中會。庚子秋間，義和團攻北京使館界，先生又利用時機，入粵起事，不幸事機又洩，抵香港，不得上岸，於是將惠州起事的責任，交托於鄭士良，士良率領惠州大鵬山附近山寨之衆，相機起事，戰事勝利，但終以軍械不足而敗北。同時，史堅如炸兩廣總督德壽未中而被擒，此外黃興長沙之役，都告失敗。

## 二　同盟會時代

乙巳春，中山先生重至歐洲，其時歐洲留學生，已多數贊成革命，先生就揭櫫生平所懷抱的三民主義五權憲法，以號召之，組織革命團體。第一次會議召集於比京，加盟者三十多人，第二次召集於柏林，加盟者二十餘人，第三次會在巴黎，加盟者也有十餘人，以上三次會議，仍叫興中會，後至日本召集第四次會於東京富士樓，加盟者數百人，除甘肅一省外，十七省留學生及華僑都有加入，於是再併了黃克强宋教仁陳天華等所組織的華興會，章炳麟蔡元培吳敬恆等所組織的光復會，而就成立同盟會。同盟會成立後，發表六條黨義，就是(一)推翻現今惡劣政府，(二)建設共和政體，(三)維持世界和平，(四)主張土地國有，(五)主張中日兩國國民的聯合，(六)要求世界列邦贊成中國革新事業，又規定四綱，就是(一)驅除韃虜，(二)恢復中華，(三)建立民國，(四)平均地權。此外又訂三序，就是(一)軍法之治，(二)約法時期，(三)憲法之治。我們從上面看來，可知同盟會時代的思想，和興中會時代的思想，大爲不同。在興中會時代民族主義的思潮，洶湧一時，到了同盟會時代，又轉移目光於民權主義和民生主義，至此，三民主義的精神，已完全具備。所以先生的自傳，有這樣幾句話：「倫敦脫險後，則暫留歐洲，以實行考察其政治風俗，並結交其朝野賢豪，兩年之中，所見所聞，殊多心得，始知徒知國家富强，民權發達，如歐洲者，猶未登斯民於極樂之鄉也，是以歐洲志士，猶有社會革命之運動也，予欲爲一勞永逸之計，乃採取民生主義，以與民族民權問題同時解決，此三民主義之主張所由完成也。」惟那時康有爲梁啓超，仍舊竭力提倡君主立憲運動，這就叫做保皇黨，和同盟會同志辯論甚烈。自同盟會成立後，海內外加盟者，達萬餘人，聲勢浩大，革命運動，賡續不斷。在一九〇六年，有萍鄉醴陵之役，東京的會員，紛紛回國，參與革命，禹之謨劉道一胡英等，都被清吏拿獲，其餘都遁逃一空，這是同盟會會員第一次的流血。自此役失敗後，清廷就向日本交涉，把革命黨逐出日本境外，於是孫先生和胡漢民汪精衞等，一同至安南，設機關於河內，同年又有吳樾炸擊考察憲政大臣的事情，一九〇七年，安徽安慶又有徐錫麟的起義，徐氏用手槍擊斃皖撫恩銘，結果徐氏終被擒殺。當黃興之進攻欽州廉州，因軍器輸運的計劃破壞，卒致失敗，後來孫先生同黃興胡漢民並法國軍官及安南同志百數十人，襲取鎮南關，苦戰了三天，佔領鎮南鎮東鎮北三砲臺，後因軍械缺乏，不得已的退入安南，此外，又有黃岡和七女湖兩次革命，都告失敗。他如汪精衞黃復生的炸毀攝政王邸，熊成基的謀刺載濤，方佐治的謀刺載洵，倪映典的攻廣東省城，前仆後繼，都未成功。到了宣統二年正月，孫先生準備攻奪廣州，不料戎機都被洩漏，本來革命軍發動時期，原定三月十五日，於是祇好提早於二十八日，後又改至二十九日，這次結果，又完全失敗，黃興傷右手，朱執信熊克武王以通嚴驥等，都負重傷，死者爲數甚多，後來將死者葬於黃花崗，這就是現在所謂黃崗花七十二烈士。自黃花崗一役後，革命空氣，益形緊張，革命黨人，於是轉而起事於武漢，事前先已與湖北新軍接洽妥當，鄂督瑞澂，聽說革命黨將在武漢起事，加意防範，陸軍第八鎭統制張彪，分布軍隊，梭巡甚嚴，並派協統黎元洪駐防漢陽兵工廠，以防不測。辛亥八月十八日晚，巡防隊拿獲黨人數十名，破獲革命黨機關數處，武昌新軍，早已傾向革命，這時聽到瑞澂將嚴行查緝，心甚危懼，於是就在十九日（陽曆十月十日）舉事，十九日夜九時，熊秉坤最先發難，瑞澂張彪棄城遁逃，革命軍乃改諮議局爲軍政府，推黎元洪爲鄂軍都督，後來漢陽漢口也都被革命軍佔領。自武昌起事後，各省聞風響應，不滿一月，革命軍已得十餘行省，滿淸政府仍想恢復原狀，與革命軍開戰，不料漢口漢陽都被淸軍佔領，但在那個時候，南京已爲革命軍所得，淸廷於是不得不下令停戰議和。淸政府派唐紹儀和民軍代表伍廷芳，開會於上海，沒有相當結果，這時孫先生，正好回國，各省代表，在南京組織臨時政府，孫先生被舉爲臨時大總統，淸廷復命袁世凱，與臨時政府議和，淸帝退位，民國統一，孫先生乃向參議院辭職，由袁世凱繼任臨時大總統，袁氏旣被舉爲臨時大總統，因爲種種關係，不能到南京就職，參議院就許其在北京就職，袁氏就職後，卽組織國務院，以唐紹儀爲國務總理，外交爲陸徵祥，內務趙秉鈞，財政熊希齡，陸軍段祺瑞，海軍劉冠雄，敎育蔡元培，司法王寵惠，農林宋敎仁，工商陳其美，交通由國務總理兼任，於是唐內閣正式成立。國務總理旣經任定，孫總統就於四月一日頒解職令，並至參議院行正式解任禮，就在院中演說，演說辭如下：「本大總統，於中華民國正月初一日來南京受職，今年四月初一日至貴院宣布解職，自正月初一日至四月初一日，爲期適三個月，在此三月中，均爲中華民國草創之時代，當中華民國成立以前，純然爲革命時代，中國何爲發起革命，實以聯合四萬萬人推倒惡劣政府爲宗旨。自革命初起，南北界限，尚未化除，不得已而有用兵之事，三月以來，南北統一，戰事告終，造成完全無缺之中華民國，此皆全國國民及全國軍人之力所致，在本總統受職之初，不料有如此之好結果，亦不料以極端之時期，而能建立如此之大事業。本總統於一個月前，已提出辭職書於貴院，當時因統一政府未成，故雖已辭職，仍執行總統事務，今國務總理唐紹儀組織內閣已成立，本總統自當解職，今日特蒞貴院宣布，但趁此時間，本總統尚有數語，以陳述於貴院之前。中華民國成立之後，凡爲中華民國國民，均有國民之天職，何謂天職？即促進世界的和平是也，此促進世界的和平，即爲中華民國前途之目的；依此目的，而即可以鞏固中華民國之基礎，蓋中國人民，居世界人民四分之一，中國人民若能爲長足之進步，則多數共躋於文明，自不難結世界和平之局，況中國人種，以好和平著聞於世，於數千年前，已知和平爲世界之眞理，中華民國有此民習，登世界舞臺之上，與各國交際，促進和平，即是中華民國國民之天職。本總統與全國國民，同此心理，務將人民之智識習俗，及一切事業，切實進行，力謀善果。本總統解職之後，即爲中華民國之一國民，政府不過一極小之機關，其力量不過極小之一部分，大部分之力量，仍全在吾國國民。本總統今日解職，並非功成身退，實欲以中華民國國民之地位，與四萬萬國民協力造成中華民國之鞏固基礎，以冀世界之和平，望貴院與將來政府，勉勵人民，同盡天職，從今而後，使中華民國得爲文明之進步，使世界舞臺得享和平之幸福，固不第一人之宏願也。」由這演說詞看來，可知孫先生對吾國人的期望之殷了。後來黎總統也解大元帥的職務，參議院於四月二日，議決將臨時政府遷往北京，旋又議決將參議院本身也移至北京。

三　國民黨時代

自民國成立後因爲厲行議會制度，所以各派羣起組織政黨，想奪政權，這時一向祕密進行革命運動的同盟會，也成爲公開的政黨。政綱有九，就是（一）完成行政統一，促進地方自治，（二）實行種族同化，（三）採用國家社會政策，（四）普及義務教育，（五）主張男女平權，（六）勵行徵兵制度，（七）整理財政釐訂稅制，（八）力謀國際平等，（九）注重移民開墾事業。孫先生仍任同盟會的總理，黃興黎元洪爲協理，宋敎仁胡漢民馬君武劉揆一平綱張繼李肇甫汪精衞居正田桐爲幹事。那時同盟會的敵黨，有統一黨共和黨民主黨三黨，後來宋敎仁爲擴大黨勢起見，不問是否同志，就貿然合併統一共和黨國民公黨國民共進會共和實進會等而成爲國民黨。（民國元年八月）這次改組實非孫先生的本意，故自改組後，革命精神，不復存在。國民黨的政綱，分作五項，就是（一）促進政治統一，（二）發展地方自治，（三）實行種族同化，（四）注重民生政策，（五）維持國際和平，這幾條空洞玄虛的政綱，已把往日同盟會所主張的國家社會政策土地國有男女平權等，一概拋棄，洵可痛心。國民黨的組織，完全依照普通政黨的形式，設有理事九人，參議三十人，候補參議十人，理事九人中再分部辦事，設總部於北京，分設支部於各省市，至於宣傳方面則惟靠民權日報，當在民國元年，國民黨勢力甚大，各省都督，皆爲國民黨員，因爲這種情形，第一次國會議員選舉時候，國民黨獲得勝利。同時，吾們須知國民黨的勝利，適足以觸袁世凱的妒忌，袁氏一面組織大與黨，一面密謀暗殺宋教仁，共和民主統一三黨，又合組爲進步黨和國民黨對抗，袁氏再用金錢收買國民黨員以分化其勢力而國民黨卒致四分五裂，勢力分散，一蹶不振。自袁氏祕密派人在二年三月二十日刺殺宋教仁後，民黨同志髮指眥裂，憤恨塡膺，都以爲民國總統做這件暗殺案的主謀，非嚴辦不可，有的主張發兵聲討，有的主張組織特別法庭，依法審判，但袁氏蔑視國法，把國會彈劾案置諸度外，一方面又舉行善後大借款，購辦軍火，收買議員，以作對付的準備。上海國民黨同志目睹袁氏這種行爲，深知非起兵討伐不可，於是就推李烈鈞回江西發難，七月十二日李烈鈞起兵湖口，宣布獨立，實行第二次革命，率領的軍隊，就名爲討袁軍，檄告遠近，略謂：『民國肇造以來，凡吾國民，莫不欲達眞正共和目的，袁世凱乘時竊柄，帝制自爲，滅絕人道，而暗殺元勳，弁髦約法，而擅借鉅款，近復盛暑興師，蹂躪贛省，以兵威刼天下，視吾民若寇讎，實屬有負民國之委託，我國民宜亟起自衞，與天下共擊之。』於是江蘇安徽福建廣東湖南先後響應，黃興入南京，居中策馭革命軍士氣方面，確是令人欽服，但是軍火方面，較袁氏相差很遠，所以二次革命，終究失敗。自二次革命失敗後，全國實力都集中在袁氏威權之下，當時各省都督及一部分國會議員，因鑒憲法還沒有制定，都欲袁氏就正式總統。同時，參衆兩院探聽出袁氏左右擁袁爲帝的消息，很想先舉其爲正式總統，以免君主的復活，於是衆議院議決先舉總統案，提交參議院通過後，就開始選舉，結果袁世凱爲正式總統，黎元洪爲副總統，中華民國正式政府宣告成立。袁世凱既爲正式總統，國民黨議員，惟恐其野心不死，於是力主制定憲法，以樹民國的基石，後由兩院合組憲法起草委員會在天壇起草全部憲法，共有十一章一百十二條，內容規定「大總統須受制於國會及國務院。」當憲法起草時候，袁氏惟恐將來憲法有所束縛其行動，突於十一月四日，假了二次革命爲內亂的名義，解散國民黨，幷取消國民黨籍之國會議員，國會因不能滿足法定人數，陷於停頓狀態，憲法草案也被擱置。三年一月十日，袁氏下令停止兩院職務，國會於是完全廢止。二月三日，又明令停辦各省自治會，二十八日解散各省省議會，從此民國的法治精神，都被袁氏一掃而空了。袁氏解決國會後，乃有所謂政治會議產生，未幾又組織約法會議，這種組織，都爲袁氏私人的工具而已。

## 四　中華革命黨時代

三年五月一日袁氏公布所謂新約法，他的中央集權政策，完全成功，後又訂治安警察法，以箝制人民言論集會的自由，此後民國遂成功一塊冷招牌而已。八月十四日，有所謂籌安會產生，該會的宗旨，規定從學理上研究君主民主在中國何者爲宜，後來籌安會又改爲憲政協進會，對帝制作進一步的促進運動。到了十二月十二日，袁氏下令承認爲帝，三十一日又下令改明年爲洪憲元年，大頒爵賞，封黎元洪爲武義親王，錫龍濟光等百二十八人五等封爵，至此國民黨經了不少艱難困頓而締造成功的中華民國，竟斷送於袁氏的手中。

那時，孫先生看到宋敎仁改組後的國民黨，不惟不革命，幷且份子太爲複雜，又鑒帝國主義勾結國內軍閥，共謀搗亂，先生於是重行召集眞正的革命同志，在東京組織中華革命黨，標出革命二字，重整旗鼓，和惡劣環境，再圖奮鬥。

袁氏稱帝後，首舉義旗者，爲雲南唐繼堯蔡鍔的護國軍，蔡鍔字松坡，對袁氏帝制，密謀反抗，四年十二月二十三日，致電袁氏，要致其誅戮帝制禍首十三人，以謝天下，並且限定於二十五日十時前答覆，到了那時，竟無覆示，就在二十五日，通電各省，宣布獨立。中華革命黨員，早已分布於各省，準備舉事，一聽雲南起義的消息，就聯絡各省當局而響應，後來貴州廣西，先後響應。自滇黔桂三省獨立後，袁氏已經知道帝制的命在旦夕，不可持久，就在五年三月二十二日，下令取消帝制，仍想保護其總統位置，但是護國軍，要袁氏退位，袁還戀戀不舍，仍舊盤據北京，於是廣東浙江陝西四川湖南，也相繼獨立，表同情於護國軍。後來，袁氏羞憤交集，於六月六日病死於北京新華宮，黎元洪遵照約法繼任，以段祺瑞爲內閣總理，段祺瑞在那時，力主對德宣戰，黎氏非常反對，國民黨議員，對段氏主張，也不以爲然，段氏把對德宣戰案，提於參衆兩院，又沒有通過，段氏就移怒於國民黨議員，運動各省督軍，聯合呈請黎總統召開軍事會議，解散國會，黎氏早已知道此事，完全由段氏主使，於是下令免段祺瑞職。段氏免職後，督軍團大不滿意，各省先後宣布獨立，黎氏乃召安徽督軍張勳來京，那知張氏抵京，迫黎退位，實行復辟。孫先生聞訊，立命各省革命黨人，出師討賊，段氏也組織討逆軍，共策進行。後張勳失敗，段氏仍任總理職，段氏重行組閣後，因爲憤恨對德宣戰案的沒有通過，不將國會恢復，西南各省，起而宣布護法，舊國會議員，紛紛南下，召開非常會議，議決組織軍政府，舉孫先生爲海陸軍大元帥，唐繼堯陸榮廷爲副元帥。軍政府成立後，孫先生曾一度向非常國會辭職，本人就離粤赴滬，等到粤局大定，孫先生返粤。十年四月七日，國會議員開非常會議，議決中華民國政府組織大綱，選舉孫先生爲大總統。其後先生擬乘時北伐，以貫澈護法的初衷，乃命陳炯明先返廣州，擔任北伐軍後方接濟的責任，先生本人，親自出征，抵桂林後，組織大本營，統率各軍，準備北伐，到了桂林數月，陳氏始終不接濟餉彈，諸將乃議決改道北伐，移大本營於韶關，回兵廣東，向西江進發，陳氏對這件事情，頗爲惶惑，乃提出辭職。孫大總統免其省長及粤軍總司令之職，惟仍留任陸軍總長，希望其一旦悔悟。到了四月，孫大總統在韶關誓師，當北伐軍入贛的時候，陳炯明受吳佩孚指使，將軍隊退返廣州，乘機搗亂，孫大總統連接探報，總不相信，鎮靜如常，後由祕書參軍強挽孫大總統出府，登楚豫艦，就集中各艦，設法進攻，恢復廣州，一方面又令伍廷芳通告各國駐粤領事，嚴守中立。雙方開戰時期甚長，結果孫大總統接得失敗消息，早知沒有辦法，就離粤赴滬，另謀出路。到了上海，曾發表一個有名的護法總統宣言（八月十五日）自孫先生離粤至滬，廣東完全在陳炯明手中，陳氏自己兼任粤軍總司令，後來因爲財政竭蹶，想欲大宗借款，各界非常反對，海外華僑，更加憤恨，都主張請孫先生剷除陳氏，正本清源，後孫先生再令北伐軍進剿，連戰連勝，陳炯明失敗後，孫先生返粤，再任大元帥職，繼續北伐，以求貫澈。

## 五　中國國民黨時代

孫先生因爲看到過去的民國，在國際方面，地位低落得不堪設想，在內政方面，更是一團亂絲，在國體方面，則有袁氏的稱帝，張勳的復辟，在約法方面則有袁氏的新約法，曹錕的家憲法，總之，過去的民國，紛亂擾攘，誠令人不堪回首！先生就於十二年一月，發表中國國民黨宣言，宣言上說明中國仍舊在殖民地的地位，仍舊受帝國主義的壓迫，所以仍須厲行民族主義，普及教育，修改條約，至於民權方面，反對階級選舉的代議制度，實行普通選舉，直接投票，並確定人民種種自由權。至於民生方面，則力主產業國營，平均地權，改革貨幣，保障農民婦女的權利。後來先生與廖仲愷等，進行國民黨改組事宜，於民國十三年一月，在廣東召開第一次全國代表大會，由大會產生中央執監委員，並決定國民黨的總章，規定施行政綱及對內對外政策，於是國民黨就成為一個有紀律有系統的政黨了。說到此處，我們要回頭把當時國內的政局，作一個鳥瞰式的觀察。自民國十一年第一次奉直戰爭以後，直派勢力雄厚，總想擁護曹錕為總統，但是因為形格勢禁，不得不迎黎元洪復職，以作過渡。至十二年六月，直派驅逐黎元洪出京，迫他宣告辭職，曹錕遂從容辦理賄選事宜，凡議員選舉曹錕為總統者，賞給五千元，議員唯利是圖，不顧廉恥，紛紛允諾。十月五日，大選期已屆，到場議員有五百九十三人，而曹氏竟得票四百八十票，當選為大總統，事後，來議員有以賄選支票向法庭起訴，并在報端上發表，於是曹氏賄選事情，就風聞全國，沒有一個不知道這件事了。曹氏賄選的事情，孫先生絕端反對，奉天的張作霖和浙江的督軍盧永祥，也起而反對，他們就和孫先生，聯絡一致，產生奉浙粵的三角同盟。十三年九月三日，直派的江蘇督軍齊燮元，和浙盧開戰，這就是所謂江浙之戰，結果盧氏大敗。當江浙戰事時，廣東方面也組織北伐軍，出發北伐，發表北伐宣言，宣言上有這樣幾句話「北伐之目的，不僅在覆滅曹吳，尤在曹吳覆滅之後，永無同樣繼起之人，以繼續反革命之惡勢力。」同時，奉天方面也有軍事準備，分三路入關，當直奉兩軍在山海關激戰時，直軍第三軍總司令馮玉祥，忽然班師回京，包圍公府，馮等發表停戰主和的通電，幷要求曹氏頒停戰令，懲辦主戰人物及附和者，召集全國各省代表共同解決時局問題。後曹氏不得已從之，幷下令去免吳佩孚本兼各職，而馮玉祥自行組織國民軍，令黃郛組閣，實行攝政，以維持中央之局。事後吳佩孚屢次想抵馮，終究失敗。這時孫先生爲謀中國和平統一，幷應馮玉祥等及一般國民的請求，於十三年十一月十三日離粵北上，同行者二十多人，十七日抵上海，十九日招待上海新聞記者，當場說明這次北上力主召集國民會議，以解決國內人民生計問題，及廢除不平等條約兩件事，當時因爲上海沒有船直駛天津，所以乘日輪上海丸，繞道日本赴京，二十一日離滬，二十三日到長崎，十二月四日上午抵天津，這時已經有病。三十一日扶病入京，寓北京飯店，延醫診治，這時段祺瑞還想召集善後會議，以對抗先生的國民會議。先生想到段氏行動乖謬，力主國民黨不加入善後會議，仍想召開國民會議，解決國事，後來先生病勢日益加重，延至三月十二日（民國十四年）九時三十分，和一手創造的中華民國長辭了。自孫先生離粵北上後，由胡漢民代理大元帥，其時北伐軍在贛境作戰，而陳炯明仍想死灰復燃，進攻廣州，經了兩個月的戰事，將陳部完全解決。但是那個時候，雲南唐繼堯主張聯省自治，滿擬推翻廣東政府，消滅國民黨，結果終沒有達到目的。後來兩粵統一，國民黨同志出師北伐，任蔣介石爲國民革命軍總司令，率軍北伐，勢如破竹，至十四年七月一日，成立國民政府，自武漢克服，國民政府移至漢口，後來又在南京成立正式國民政府。在民國十五年一月，國民黨召開全國第二次代表大會於廣州，發表宣言所述各點，都根據着第一次全國代表的宣言。現在國民黨的勢力，彌漫全國國民政府的根基，日益牢固，從今以後，全國人民團結一致抱了孫先生當初革命奮鬥的精神努力於國內建設的事情，使三民主義，得在短期間內完全實現。

# 敬啟

「民國專題史」叢書，乃民國時期出版的著名學者、專家在某一專題領域的學術成果。所收圖書絕大部分著作權已進入公有領域，但仍有極少圖書著作權還在保護期內，需按相關要求支付著作權人或繼承人報酬。因未能全部聯系到相關著作權人，請見到此説明者及時與河南人民出版社聯系。

聯系人 楊光
聯系電話 0371–65788063
2016年3月28日